現場に役立つ日本語教育研究 6

語から始まる教材作り

シリーズ監修 山内博之　編者 岩田一成

くろしお出版

CONTENTS

現場に役立つ日本語教育研究 6　目次

まえがき　岩田一成　iii

第一部　語彙指導を支える知恵と工夫

第1章 話題による日本語教育の見取り図（山内博之）....................3

第2章 スタンダードを利用した
タスク・ベースの言語指導（TBLT）（小口悠紀子）..........17

第3章 語彙習得を促す「話題別読解」の提案（橋本直幸）...........31

第4章 類義語分析のためのチェックリスト（建石始）....................45

第5章 語彙に着目した
日本語教科書作成プロセスの歩み（田中祐輔）....................59

第二部　教材案Ⅰ：コース単位で利用できるアイディア

第6章 初級語彙の学習負担を減らす工夫と教材化（岩田一成）.77

第7章 スタンダードを利用した語彙の教材化（山内博之）...........91

第8章 初級漢字語の教材化（本多由美子）....................105

第9章 読むことを通じてことばの力を伸ばす
語彙学習支援ツールと教材化（柳田直美）....................121

第10章 現場指導（OJT）における
看護師養成と教材化（嶋ちはる）....................135

第三部　教材案Ⅱ：授業単位で利用できるアイディア

第11章 コロケーションリストの教材化（中俣尚己）.......... 153

第12章 国語科教育のためのオノマトペの教材化（中石ゆうこ） 167

第13章 感動詞の教材化（小西円）.......... 183

第14章 言語テスト作りを応用した
形容詞の教材化（渡部倫子）.......... 199

第15章 多義語の教材化（麻生迪子）.......... 215

第16章 語彙習得研究の成果を踏まえた
震災関連語彙の教材化（小口悠紀子・畑佐由紀子）.......... 233

あとがき　山内博之　247

執筆者紹介　253

まえがき

岩田一成

1. はじめに

　唐突ではあるが、中国のレストランで注文した料理がどうしても食べきれない状況（かつ、もったいないから置いて帰りたくないとき）を想定していただきたい。一言「打包（ダーバオ）」と言えば、お持ち帰り用のタッパーを用意してくれる。この時、格関係、テンス、アスペクト、ボイスなどという文法カテゴリーは知らなくてもかまわないのである。コミュニケーション場面において、単語が一つ言えることで意図が相手に伝わるなんてことはよくある。文法の重要性を否定するつもりはないが、語彙の重要性はもっと強調してもいいのではないかと考えている。本書は、「語彙を中心にして教材を作ってみたらどうなるか」という共通課題で取り組んだ論文集である。本書で伝えたいメッセージは、「語彙は文法導入のおまけではない」ということである。

　現在、語彙ではなく文法を中心に教材が作られているという背景がある。岩田（2014）では、1990年代後半以降の主要初級教材を対象として採択されている動詞関連の文法項目をカウントし、全体の93％（53項目）は教材間で横並び採択（不採択）を行っていることを明らかにしている。この採択初級文法は太平洋戦争中にシラバスが作られて以来ほとんど変わっていないことも明らかになっている（岩田2015）。つまり初級文法は、ここ70年間変わ

ることなく規範を守って初級教材に採択されてきているのである。初級総合教材に上級文法が紛れ込むなどということは絶対にありえない。

一方、語彙は教材間で全く一致していない。戦後の初級総合教材21種34冊を分析した田中 (2016) は 8,306 項目の語彙を抽出して分析を行っており、結果は以下のとおりである。

初級教材の語彙調査 8,306 項目 (田中 2016)

全教材で一致して使っている語彙
138　　　全体の 1.7%
半数以上の教材が採用している語彙
875　　　1割程度
1種類の教材にしか出現しない語彙
4,300　　　全体の半数以上

1990年以降の主要初級教材8種に絞ってみても、語彙の全体一致は 9.6% しかないことがわかっている (今西・神崎 2008)。それら8種の初級教材には旧日本語能力試験の4級語彙が 705 語採用されているが、全体一致は 314 語しかないことも同じ論文で指摘されている。初級教材は初級語彙を意識しているわけではないことがわかる。また、初級で一番普及している『みんなの日本語 (第2版)』には「網棚、暗証番号、受付、駅員、置き場」といった旧日本語能力試験の級外語彙の他、1級・2級語彙がたくさん入っており、初級教材には中上級語彙が入っていることもわかる。このように、語彙に関しては各教材がそれぞれの判断で独自に選んでいることになる (本書第5章の田中論文も参照)。

本シリーズ1巻の庵・山内 (編) (2015) で文法シラバスを見直す議論から始めて、本書は将来のあるべき姿「語彙重視の日本語教育」を提案する形でシリーズを締めくくることになる。本シリーズの2巻である森 (編) (2016) でニーズ別の語彙リストが公開され、山内 (編) (2013)『実践日本語教育スタンダード』(以後 'スタンダード' と呼ぶ) では膨大な語彙が話題別・タスク別に整理され、語彙中心の教材を議論・作成する環境は整いつつある。今、まさに語彙と教材の議論をする時期が到来しているのである。本書が、「語彙重視の日本語教育」を現場のみなさまと共有するきっかけになれば、幸いである。

2. 本書の構成

　本書には以下の 16 本の論文が掲載されている。以下、この順で各論文について簡単に解説していく。

第一部　語彙指導を支える知恵と工夫
　第1章　話題による日本語教育の見取り図　（山内博之）
　第2章　スタンダードを利用したタスク・ベースの言語指導（TBLT）
　　　　　　　　　　　　　　　　　　　　　　　　　　（小口悠紀子）
　第3章　語彙習得を促す「話題別読解」の提案（橋本直幸）
　第4章　類義語分析のためのチェックリスト（建石始）
　第5章　語彙に着目した日本語教科書作成プロセスの歩み（田中祐輔）
第二部　教材案Ⅰ：コース単位で利用できるアイディア
　第6章　初級語彙の学習負担を減らす工夫と教材化（岩田一成）
　第7章　スタンダードを利用した語彙の教材化（山内博之）
　第8章　初級漢字語の教材化（本多由美子）
　第9章　読むことを通じてことばの力を伸ばす語彙学習支援ツールと教
　　　　　材化（栁田直美）
　第10章　現場指導（OJT）における看護師養成と教材化（嶋ちはる）
第三部　教材案Ⅱ：授業単位で利用できるアイディア
　第11章　コロケーションリストの教材化（中俣尚己）
　第12章　国語科教育のためのオノマトペの教材化（中石ゆうこ）
　第13章　感動詞の教材化（小西円）
　第14章　言語テスト作りを応用した形容詞の教材化（渡部倫子）
　第15章　多義語の教材化（麻生迪子）
　第16章　語彙習得研究の成果を踏まえた震災関連語彙の教材化
　　　　　　　　　　　　　　　　　　　　（小口悠紀子・畑佐由紀子）
＊第二部・第三部の各論文で作成されている教材例は、くろしお出版のウェブサイト（http://www.9640.jp/genba/）でダウンロードできる。

3. 各章の紹介

第1章 話題による日本語教育の見取り図 (山内博之)

　この論文は、100の話題を難易度順に並べることで、初級から上級までのロードマップが描けるという壮大な提案をしている。この前段階の作業として‘スタンダード’で5,495の名詞に「具体度」「親密度・必要度」という基準でラベルを貼って100の話題に振り分けている。それぞれの話題が抱える名詞の「具体度」「親密度・必要度」を点数化することで難易度順を設定している。より具体的で親密度や必要度が高い名詞を多く抱える話題は初級から利用できるという発想である。こういった話題中心の大きな見取り図を示しつつ、初級では文法に重点を置き、中級ではタスクに重点を置く形で全体像を進めることを提案している。論文では初級における具体的な教授項目にまで踏み込んでその組み立て方が例示されている。

第2章 スタンダードを利用したタスク・ベースの言語指導 (TBLT)
(小口悠紀子)

　この論文は、タスク・ベースの言語指導 (TBLT) に注目して語彙の教育を考えようとするものである。タスク・ベースの言語指導におけるタスクの定義は、授業の序盤で習った文型を使用するための活動とは明確に区別される。それは意味に焦点を当てた真正性の高いやりとりであり、タスクの遂行には語彙の重要性が明らかである。タスクジェネレーターを紹介することでタスクの設定方法を理論的に論じる一方、中級教材の具体例を提案することで具体的な実践への提案も行っている。第1章で示された話題の難易度を利用している点、中級レベルをタスクで行おうと提案している点において、第1章の山内論文の延長線上にある。

第3章 語彙習得を促す「話題別読解」の提案 (橋本直幸)

　この論文は、語彙の習得を促進するために「話題別読解」という活動を提案しようとしている。「話題別読解」とは、共通の話題 (topic) の読み物をまとめて読むものである。この提案を教室内で具体的に応用できるように、既存教材の膨大なデータに、話題という横串を刺していくつかのカテゴリー

にまとめようとしている。例えば、既存教材（初級〜上級）120から、「食」に分類された読み物が124あり、それらをまとめて読んでいくことで様々なメリットがあることを紹介している。既存の教材を利用することで各教育現場での実践が容易になっている。一方、「食（124）」「言葉（173）」のような教科書で取り上げられやすい話題と「税（6）」「株（3）」「選挙（2）」「芸能界（1）」のような取り上げられない話題があることも明らかになっている。既存教材だけでバランスの良い読解を行うには限界もある。

第4章　類義語分析のためのチェックリスト（建石始）

　この論文は、日本語教師や中上級の日本語学習者が類義語の分析をするためのチェックリストを提示している。日本語教育で語彙の問題を考えるに当たり避けては通れないのが類義語であると言える。「XとYはどう違うのですか?」という質問は定番で、X・Yには「うまい・おいしい、近づく・近寄る」など様々なものが入りうる。一つ一つ類義語辞書をひいて考えるのも重要ではあるが、この論文ではそれらを考えるためのヒントをわかりやすく提示することで、自分で考える力を育むことを目指している。具体的には、「うまい・おいしい」の違いは使用する人物が男か女かで異なり、「近づく・近寄る」の違いは有生・無生の違いが関わっている。

第5章　語彙に着目した日本語教科書作成プロセスの歩み（田中祐輔）

　この論文は、教科書作成プロセスを語彙的側面から明らかにしたもので、作成者へのインタビューを用いた点が際立って新しい手法である。その結果、教科書作成において先行教科書は文型を中心に参照されているということである。語彙の選定については、会話、場面、トピック、学習者の属性など、様々な観点が各教科書作成者によって設定され、教科書毎に独自性のある語が掲載されていることが明らかとなった。現在確認されているだけでも2000以上の教材がある中で、適切な教材選びは日本語教師の能力の一つであるという指摘を引用しつつ、教科書を研究する意義を説いている。教科書を分析する研究分野がこれから活性化するのではないだろうか。

第6章　初級語彙の学習負担を減らす工夫と教材化 (岩田一成)

　この論文は、学習負担を減らして初級語彙を提示する方法について論じている。初級語彙を、活用のない語彙（指示詞、人に関する言葉、数詞関連語彙、時間語彙、疑問詞、副詞・接続詞）と活用のある語彙（動詞、形容詞）に分けて論じている。活用のない語彙については一覧表にして学習者が常に見られるようにすること、活用のある語彙の動詞については 50 程度に数を絞って提示することを提案している。初級教育は普通形を導入するあたりから活用規則が複雑になるにもかかわらず、その期間に新出動詞も増える（『みんなの日本語』を例にとる）ため、結果として初級で 365 の動詞が提示されている。一覧表の提示や新出動詞の数を減らすことで学習負担を減らせるようになると主張している。

第7章　スタンダードを利用した語彙の教材化 (山内博之)

　この論文は、第1部第1章の山内論文において提案された教授項目の全体像を踏まえ、教材として落とし込む方法を提示している。具体的な初級教材の在り方を論じている論文である。最初に名詞の重要性を強調した上で、名詞を学習者に提示するために動詞をうまく利用することが提案されている。背景として品詞全体の分布を見渡す大きな議論がなされており、実質語 vs 機能語という対立軸をもっと連続的に捉えると名詞は実質語の典型であり動詞は機能語に近いという発想にたどり着く。名詞語彙の教材化を考えるときに、この発想が非常に重要な出発点となる。この論文は、'スタンダード'を利用している点で第2章の小口論文とつながり、初級語彙の名詞語彙を扱う点で、第6章の岩田論文と相補関係にある。

第8章　初級漢字語の教材化 (本多由美子)

　この論文は、非漢字圏の学習者が漢字語を効果的に学ぶための方法を論じている。岩田論文でも触れているが、非漢字圏の学習者の割合が高まっている現在、漢字語の指導を効果的に行うことは喫緊の課題である。この論文では、「近所」のように「近い」「ところ」という各意味要素の集合として理解できる漢字語と「世話」のように意味要素の集合では理解できない語がある

という点に注目している。先行研究で前者の割合が非常に高いと指摘されていることを踏まえ、後者について「意味の結びつきがない」と強調したうえで、ほとんどの漢字語は意味要素から合成できることを指導すればいいという提案を行っている。具体例として初級漢字語リストの全体像も公開しており、15のまとまりに分けて順に指導できることを示している。

第9章　読むことを通じてことばの力を伸ばす語彙学習支援ツールと教材化（栁田直美）

　この論文は、読書において学習者の自律学習をサポートするしくみについて論じている。学習者が自分の興味に合わせて読み物を選ぶこと、その読書活動を自分自身で管理しながら進めていくこと、こういった教育活動を提案している。この背景にあるのは、教師が提供する読み物ばかりでは学習者の「読むことを楽しむ気持ち」を喚起することは難しいという視点である。橋本論文でも指摘しているように、既存教材は話題に偏りがありバランスが悪い。結果として同じような話ばかり学習者に読ませることになる。提案する教育活動では、中級学習者が自分で選んだ本を読み進め学習者個別のことばの力を伸ばすことを目指している。

第10章　現場指導（OJT）における看護師養成と教材化（嶋ちはる）

　この論文は、看護現場で必要となるコミュニケーション場面を取り上げ、外国人の看護師養成について論じるものである。コミュニケーションの中でも「申し送り」場面を取り上げている。これまで国家試験対策に注目が集まってきた点を踏まえて、国家試験合格後の現場での教育を対象としている。また、日本語教師による教室支援ではなく、看護師による現場指導（OJT）を想定している点が大きな特徴である。看護現場には「空床、受診、夜勤、痰、オキシメーター」といった専門語彙がたくさんある。先行研究ですでに提示されているこれらの語彙を、現場指導で用いる学習活動案として具体的に提案している。

x | 岩田一成

第11章　コロケーションリストの教材化（中俣尚己）

　この論文は、コロケーションクイズという活動によりコロケーションを利用した語彙の習得について論じるものである。「ひく」という動詞の意味が分かっても、「辞書を」「目を」という共起名詞が使いこなせないことには、語の使い方を学習したとは言えない。こういった語と語の共起関係（コロケーション）の重要性を指摘している。コロケーションを教材化する際、語と語を結びつけるマッチング練習などが行われることもあるが、この論文では共起する中心語を隠してしまう教材を提案している。具体的に言うと、「ひく」という動詞は提示せずに隠しておいて、「辞書を」「目を」という名詞をたくさん提示して、「ひく」を当てさせる活動である。隠してある場所に何が入るのかを学習者が考えることにより、楽しく活動ができて理解できる語彙が広がっていく。

第12章　国語科教育のためのオノマトペの教材化（中石ゆうこ）

　この論文は、オノマトペの効果的な習得について論じるものである。具体的にはオノマトペ合わせカードを開発している。このカード教材は、中俣論文と同様コロケーションを利用したもので、例えば「ギラギラ」と「光る太陽」というセットで用いられるペアを利用するものである。国語科と言う科目は、小学校就学前に培った基礎的な日本語能力を前提として「日本語を学ぶ」教科であるとされている。そういう意味では家庭で日本語を用いていない外国につながる子どもたちにとっては大変不利な状況にある。また、オノマトペの習得・指導が難しいことはすでに指摘されていることであり、子どもたちがとっつきやすいカード教材を提案することは有効であると言える。

第13章　感動詞の教材化（小西円）

　この論文は、コーパスや教材の分析を通じて指導項目としての感動詞を抽出しようとするものである。感動詞の中でも、「わっ」「へえ」「あれ?」のような感情感動詞、「ええと」「あの」などの言いよどみを表すフィラーを主な対象としている。感動詞は正確に使うことで様々なメッセージを相手に伝えることができる。しかし文型中心の現状では、感動詞の指導は会話文で

てくるおまけの扱いであり、メインの指導項目にはなっていない。こういった背景からこの論文では、指導すべき感動詞一覧を作成し、その教材例を提示している。どの段階で指導すべきかは議論が分かれるところであるが、こういった意識的な感動詞の指導を求めている学習者がいることは間違いないであろう。

第14章　言語テスト作りを応用した形容詞の教材化（渡部倫子）

　この論文は、言語テスト作りの方法を応用することでよりよい語彙教材を作ることができるということを主張する。形容詞を例に、妥当性、真正性、実用性、信頼性、波及効果といった評価の概念が、教材化にどのように関わってくるのかを論じている。具体的な教育実践の方法は、市販のカードゲームを使ったものであり、応用可能性が非常に高い。形容詞は、具体的な場面があってはじめて導入が可能な語彙であり、その場面設定が非常に重要である。この論文では、カードゲームを上手に利用することで形容詞の使用場面を提示している。

第15章　多義語の教材化（麻生迪子）

　この論文は、学習者が自律的に多義語を学習する方法について論じている。動詞の多義語などは、学習者がその多義性に気づいていないと文脈に合わせて正しく意味を理解することができない。多義語は高頻度出現語であることはすでに指摘されていることだが、一方、学習者が上級になっても多義動詞の習得が不安定であることも指摘されている。この論文では、中俣論文、中石論文同様、コロケーションを利用して学習者の気づきを促そうとしている。論文のテーマは多義語なので、動詞を固定して、共起する名詞をたくさんの選択肢の中から分類させるという活動を提案している。この活動によって学習者は頭の中に語彙のカテゴリーを形成できるようになる。

第16章　語彙習得研究の成果を踏まえた震災関連語彙の教材化

（小口悠紀子・畑佐由紀子）

　この論文は、習得研究の知見を活かして教材を作ってみるとどうなるかと

いう設定で議論している。例として震災関連語彙を扱って教材化を試みている。付随的語彙学習の可能性を論じつつ、文章における既知語彙の割合などの研究成果も紹介している。理論を実践に移すべく、「よみもの」と「資料」からなる教材案を提示している。これらに震災場面で遭遇しうる語彙を意図的に埋め込み、遭遇回数を増やす工夫をすることで付随的語彙学習につながる可能性がある。現在、語彙シラバスは様々なニーズのものが公開されている。そういったものを使うことで同様の教材が作成できることを最後に触れており、教材作成の広がりが期待できる。

引用文献

庵功雄・山内博之（編）（2015）『データに基づく文法シラバス』くろしお出版.

今西利之・神崎道太郎（2008）「日本語教育初級教科書提示語彙の数量的考察」『熊本大学留学生センター紀要』11, pp. 1–16.

岩田一成（2014）「初級シラバス再考 —— 教材分析とコーパスデータを基に ——」第 9 回国際日本語教育・日本研究シンポジウム大会論文集編集会（編）『日本語教育と日本研究における双方向性アプローチの実践と可能性』pp. 647–656, ココ出版.

岩田一成（2015）「日本語教育初級文法シラバスの起源を追う —— 日本語の初級教材はなぜこんなに重いのか ——」『聖心女子大学論叢』126, pp. 85–110.

田中祐輔（2016）「初級総合教科書からみた語彙シラバス」森篤嗣（編）『ニーズを踏まえた語彙シラバス』pp. 3–31, くろしお出版.

森篤嗣（編）（2016）『ニーズを踏まえた語彙シラバス』くろしお出版.

山内博之（編）（2013）『実践日本語教育スタンダード』ひつじ書房.

第一部

語彙指導を支える知恵と工夫

第1章

話題による
日本語教育の見取り図

山内博之

1. はじめに

この論文では、山内（編）(2013) と山内 (2015) を利用して、次の2つのことを行う。

（1） 山内（編）(2013) の語彙リストを利用して、山内（編）(2013) で示された100種類の話題に難易度づけを行う。それによって日本語教育の全体像を示す。

（2） 山内 (2015) で示された初級文法シラバスとセットになるような形で、初級の語彙シラバスを示す。そして、そこで扱われる話題の難易度を、（1）の結果と照らし合わせてチェックする。

山内（編）(2013) とは、『実践日本語教育スタンダード』（ひつじ書房）のことである。その第1章では、8,110の実質語が100種類の話題によって分類されているので、その話題分類を利用して話題の難易度づけを行う。また、それによって日本語教育の全体像を示す。

次に、山内 (2015) とは、本シリーズの第1巻『データに基づく文法シラバス』に掲載されている筆者の論文のことである。山内 (2015) では、初級の文法シラバスを示したが、この論文では、それとセットになる語彙シラバスを示す。そして、そこで扱われる話題の難易度がどの程度であるのか、（1）の結果と照らし合わせることによってチェックを行う。

2. 話題の難易度の設定方法

2. では、山内（編）（2013）を利用して、話題の難易度づけを行う方法を説明する。話題の難易度づけを行う際のデータとして使用するのが、山内（編）（2013）の第1章「言語活動・言語素材と話題」の名詞のリストである。山内（編）（2013）では、8,110の実質語を100種類の話題に分類している。8,110の実質語のうち、名詞は5,495語である。ただし、1つの名詞が複数の話題に分類されていることがある。たとえば、「じゃがいも」という名詞は「食」という話題にしか分類されていないが、「スプーン」は、「食」のみでなく「マナー・習慣」という話題にも分類されている。このように、1つの名詞が複数の話題に分類されることがあるため、名詞の異なり語数は5,495語なのであるが、延べ語数はそれよりも多く、9,803語となっている。

9,803語の名詞が100の話題に割り振られているので、1つの話題の平均の名詞数は約98語である。ただし、割り振られている名詞の数は、話題によってかなりばらつきがある。名詞が最も多く割り振られている話題は「旅行」であり、名詞の数は260である。一方、名詞が最も少ないのは「容姿」であり、その数は15である。

そして、それぞれの話題には、2つの名詞リストがある。1つは具体物を表す名詞のリストで、もう1つは抽象概念を表す名詞のリストである。たとえば、「旅行」は、260の名詞のうち、155が具体物を表す名詞のリストに含まれており、105が抽象概念を表す名詞のリストに含まれている。

また、具体物を表す名詞のリストと抽象概念を表す名詞のリストのそれぞれには、ABCというレベル分けがある。レベル分けの基準は、具体物を表す名詞のリストと抽象概念を表す名詞のリストでは異なっており、その基準は、次ページの表1のようになっている。

表1を見ればわかるが、具体物を表す名詞のレベル分けの基準は「親密度」である。一般的な日本人がその名詞をどのぐらい身近に感じるかが、レベル分けの基準となっている。抽象概念を表す名詞については、その基準を一言で言い表すことがやや難しいが、言語活動を遂行する際のその名詞の「必要度」が、レベル分けの基準の中心的な要素となっている。

第 1 章　話題による日本語教育の見取り図　| 5

表 1　名詞のレベルの記述

レベル	具体物を表す名詞	抽象概念を表す名詞
A	一般的な日本人が非常に身近であると感じる語。	この語が使えないと、最低限の会話が成り立たない。あるいは、ティーチャートークでも使えそうな、やさしい語であると感じられる。
B	一般的な日本人がやや身近であると感じる語。	まとまった話をするためには、この語が使えた方がいい。このレベルの語群が使用できれば、とりあえず困ることはない。
C	一般的な日本人が身近であるとは感じない語。	この語が使用されると、話の抽象度・詳細度がぐっと高まったように感じられる。やや専門的になったようにも感じられる。

　先ほど、「旅行」という話題には 260 の名詞が割り振られていると述べたが、その内訳を見ると、A に属するものが 68、B に属するものが 126、C に属するものが 66 となっている。

　次に、以上のような名詞の分類を利用して、山内（編）（2013）における100 話題のそれぞれについて「具体度」と「親密度・必要度」を計算する。「具体度」「親密度・必要度」とは、話題の難易度を測定するために筆者が考案した指標である。「具体度」及び「親密度・必要度」を計算する式は、（3）のとおりである。

　　（3）　具体度＝具体物を表す名詞の数÷総名詞数×100

　　　　　　親密度・必要度＝{（A の名詞数）×1 点＋（B の名詞数）×0.5 点
　　　　　　＋（C の名詞数×0 点）}÷総名詞数×100

　（3）の「具体度」を算出する式においては、具体物を表す名詞の数を総名詞数で除することによって、その話題のすべての名詞の中で、具体物を表す名詞が占める割合を求め、それを百分率で表している。一方、「親密度・必要度」を算出する式においては、A に属する名詞に 1 点、B に属する名詞に 0.5 点、C に属する名詞に 0 点という得点をそれぞれ与えて平均を求め、それを百分率で表している。

　先ほどから例に挙げている「旅行」という話題について、（3）の数式に基づいて「具体度」と「親密度・必要度」を計算してみると、それぞれ 60%と 50% になる。

3. 話題から見る日本語教育の全体像

3. では、**2.** で説明した方法に基づいて話題の難易度を算出し、それを一覧表の形にして示す。

2. で説明した方法に基づいて、100 話題すべての「具体度」と「親密度・必要度」を求め、それを一覧表にしたものが、次ページの表2である。表2の横の列は「具体度」のレベルを表し、A、B、C、D という順で「具体度」が低くなっている。A、B、C、D のそれぞれの数値を示すと、A の「具体度」は「67% から 88%」、B は「45% から 66%」、C は「23% から 44%」、D は「22% 以下」である。100 話題すべての「具体度」を計算したところ、その最大値は「食」の 88% であり、最小値は「性格」「感情」「株」「税」「差別」「社会運動」「算数・数学」「サイエンス」の 0% であった。そのため、最小値である 0% から、最大値である 88% までを 4 つに割る形で、A から D までのレベルを設定した。

表2の縦の列は「親密度・必要度」のレベルを表し、Ⅰ、Ⅱ、Ⅲ という順で「親密度・必要度」が低くなっている。Ⅰ、Ⅱ、Ⅲ のそれぞれの数値を示すと、Ⅰ は「50% 以上」、Ⅱ は「42% から 49%」、Ⅲ は「41% 以下」である。100 話題すべての「親密度・必要度」を計算し、その平均値を求めてみたところ、42% であった。そこで、42% を基準として 100 話題をまず 2 つに分け、次に、そのうちのレベルが高い方のグループを、50% を基準としてさらに 2 つに分けて、最もレベルが高いものから順に、Ⅰ、Ⅱ、Ⅲ と名づけた。なお、Ⅰ、Ⅱ、Ⅲ の分類の基準となる 42% は「親密度・必要度」の平均値なのであるが、50% には特別な根拠はない。切りのいい 50% で分類してみたところ、日本語教育にとって実用的な表ができたように感じられたので、そのまま 50% を分類の基準とした。ちなみに、「親密度・必要度」の最大値は「趣味」の 71% であり、最小値は「株」の 15% であった。

第 1 章　話題による日本語教育の見取り図　| 7

表 2　話題の難易度一覧

	親密度・必要度 Ⅰ	親密度・必要度 Ⅱ	親密度・必要度 Ⅲ
具体度A	食、家族、家電・機械、パーティー、趣味、日常生活、日曜大工、手芸、コレクション（9話題）	交通、動物、学校（大学）、音楽、農林業、写真、軽工業・機械工業（7話題）	住、自然・地勢、工芸、重工業（4話題）
具体度B	旅行、学校（小中高）、町、出産・育児、友達、習い事、容姿（7話題）	人体、衣、医療、遊び・ゲーム、酒、植物、絵画、映画・演劇、引越し、エネルギー、家事、ふるさと（12話題）	買い物・家計、通信、建設・土木、水産業、メディア、死、手続き、自動車産業、宇宙、工業一般（10話題）
具体度C	美容・健康、季節・行事、思い出（3話題）	スポーツ、結婚、恋愛、マナー・習慣、芸能界、環境問題、芸術一般（7話題）	労働、歴史、文芸・出版、調査・研究、祭り、芸道、国際経済・金融、文化一般（8話題）
具体度D	気象、成績（2話題）	コンピュータ、試験、就職活動、喧嘩・トラブル、ギャンブル（5話題）	テクノロジー、言葉、戦争、算数・数学、事件・事故、宗教、政治、サイエンス、ビジネス、災害、悩み、社会保障・福祉、差別、選挙、人づきあい、少子高齢化、株、社会運動、経済・財政・金融、外交、性格、会議、税、感情、法律、夢・目標（26話題）

　表 2 は、100 種類の話題を「具体度」と「親密度・必要度」という 2 つの視点からまとめたものである。「具体度」は A から D の 4 レベルに、「親密度・必要度」は Ⅰ から Ⅲ の 3 レベルに分類したが、まず、「具体度」については、A に属する話題を扱うのが言語的に最も容易であり、B、C、D と進むにつれて、その話題を扱うことの難易度が高くなっていく。つまり、具体物を表す名詞が多い話題よりも、抽象概念を表す名詞が多い話題の方が、扱うのが難しいのではないかということである。

　そして、「親密度・必要度」については、Ⅰ に属する話題を扱うのが言語的に最も容易であり、Ⅱ、Ⅲ と進むにつれて、その話題を扱うことの難易度が高くなっていく。つまり、親密であったり、言語活動に必要であったりす

る名詞が多い話題を扱うのは容易であり、そうでない話題は扱うのが難しいということである。以上をまとめると、表2においては、左上にある話題は扱うのが容易であり、そこから右下の方に行くほど話題を扱うことの難易度が高くなっていくということである。

表2を眺めてみると、「具体度」において最も難易度が低いAのレベルにおいては、「親密度・必要度」のIのレベルに9話題、IIのレベルに7話題、IIIのレベルに4話題が属しており、Iのレベルの話題数が最も多い。そのため、「具体度」において難易度が低い話題は、「親密度・必要度」においても難易度が低いということがわかる。逆に、「具体度」において最も難易度が高いDのレベルにおいては、「親密度・必要度」のIのレベルに2話題、IIのレベルに5話題、IIIのレベルに26話題が属しており、IIIのレベルが最も多い。そのため、「具体度」において難易度が高い話題は、「親密度・必要度」においても難易度が高いことがわかる。そして、「具体度」の難易度が中程度のB及びCのレベルにおいては、「親密度・必要度」においても、概ね中程度と言ってよい難易度になっていることが窺われる。

表2には、このように、左上のAIという枠から右下のDIIIという枠に向かって、100種類の話題が難易度順に並んでいる。筆者は、この表を「日本語教育の全体像である」と言っていいのではないかと思うが、いかがであろうか。

表2を利用すれば、初級、中級、上級のそれぞれにおいて扱う話題を、概ね、次の表3のように示すことができるだろう。

表3　初級・中級・上級で扱う話題の領域

	親密度・必要度I	親密度・必要度II	親密度・必要度III
具体度A	初級（AI）	初級（AII）	中級（AIII）
具体度B	初級（BI）	中級（BII）	中級（BIII）
具体度C	中級（CI）	中級（CII）	上級（CIII）
具体度D	中級（DI）	上級（DII）	上級（DIII）

つまり、AI、AII、BIという難易度の低い話題は初級で扱い、CIII、DII、DIIIという難易度の高い話題は上級で扱う。そして、両者の中間に

位置するAⅢ、BⅡ、BⅢ、CⅠ、CⅡ、DⅠは中級で扱うということである。もちろん、これは厳密な区分ではないが、ある日本語教育機関の運営を考える場合などには、表2及び表3を参考にすれば、初級から上級までの連続的なコースを設定することが可能になるのではないだろうか。

　なお、このような初級から上級までの連続的なコース設計を考える場合には、文法やタスクという概念はあまり役に立たないのではないかと思われる。まず、文法に関しては、『みんなの日本語』（スリーエーネットワーク）のシラバスにおいて、日本語学の研究対象となる主だった文法項目はほぼ出尽くしているが、それだけで初級から上級までの連続的なコース設計を考えることは不可能であろう。それに、旧日本語能力試験の出題基準（国際交流基金・日本国際教育支援協会2002）の1級及び2級の機能語を足していったとしても、一本筋の通ったコース設計になっているとは言いにくいのではないか。

　また、タスクについては、たとえば、清水（編著）（2013）には「許可を求める」「依頼する」「謝罪する」「誘う」「申し出をする」「助言する」「不満を伝える」「ほめる」というタスクが挙げられており、田中・阿部（2014）には「ナラティブ」「描写」「説明」「論証」というタスクが挙げられている。これらを足し合わせ、さらに、これらを充実させるべく新たなタスクを足していったとしても、初級から上級までの連続したコース設計の骨組みを示すことは困難なのではないだろうか。初級から上級に至るまでの日本語教育の全体像を示すためには、やはり話題が優れているのではないかと思われる。

　しかし、もちろん、文法やタスクが重要でないというわけでは決してない。日本語の文の構造がまったく身についていない初級学習者にとっては、文法を学び、簡単な日本語の文が作れるようになることは非常に重要なことである。そして、簡単な文が作れるようになったら、次は、それらの文を用いて何ができるのかということが重要になる。つまり、初級の日本語教育においては、表3で初級と記された話題を主に用いながらも文法を教育のターゲットとし、次に中級においては、表3で中級と記された話題を主に用いながらもタスクを前面に押し出す。そして、上級においては、文法やタスクではなく話題を前面に押し出し、その話題が扱えるようになる教育を行

う、というような考え方でよいのではないだろうか。

　3. の最後に、表 2 に掲載した話題の順序について述べておく。表 2 において、たとえば、「具体度」が A で「親密度・必要度」が I のレベルの枠の中には、「食」「家族」「家電・機械」「パーティー」「趣味」「日常生活」「日曜大工」「手芸」「コレクション」という 9 つの話題がある。この「食」から「コレクション」に至るまでの順序は、山内（編）（2013）において、それぞれの話題に含まれている名詞の数の順序である。「食」の話題には 251 の名詞、「家族」には 109 の名詞、「家電・機械」には 62 の名詞が含まれている。以下、「パーティー」「趣味」「日常生活」「日曜大工」「手芸」「コレクション」には、それぞれ 52、48、41、34、27、19 の名詞が含まれている。A と I の枠のみでなく、その他の枠においても、枠内の話題は、その話題に含まれる名詞の数が多い順に並んでいる。

　教室で扱う話題の決定は、学習者のニーズに基づくのが最善であろう。しかし、教室にいる学習者たちのニーズが多様だったり、あるいは、学習者のニーズがはっきりわからないままに教材作成をしなければならなかったりする場合もある。そのような場合には、まず表 3 を見て、学習者たちの日本語レベルに合わせて、A I から D Ⅲ までの話題の枠の中でどの枠を選ぶのかを決め、次に、表 2 を見て、選んだ枠の中で、含まれる名詞の数が多い話題を選ぶのが無難であろう。含まれる名詞の数が多い話題の方が幅広い言語活動を生み出し得るし、学習者にとっても、どの名詞を覚え、どの名詞を覚えないのかという選択の余地が生まれるので、その話題の中での自分のニーズを考えて日本語を学んでいくことができる。

4.　初級テキストの構成

　4. と **5.** では、**3.** で示した表 2 と表 3 を利用して、山内（2015）で示した初級文法シラバスとセットになるような形の語彙シラバスを示す。**4.** では、まず、文法と語彙を統合した、筆者が理想的であると考える初級テキストの全体像を示し、**5.** では語彙シラバスの詳細を示す。

　文法と語彙を統合した初級テキストの全体像は、表 4 のとおりである。ただし、表 4 には、語彙を直接入れるのではなく、語彙が収納されている

入れ物である話題を入れてある。

表4　初級テキストの構成

課	タイトル	文法	話題
1課	自己紹介	名詞文	労働、趣味、習い事、音楽
2課	私の家族	形容詞文	家族、性格、容姿
3課	学校案内	指示詞：現場指示	学校（大学）、学校（小中高）
4課	私の部屋	存在文・所有文	住、動物
5課	私の一日	動詞文、格助詞	町、交通、メディア、文芸・出版、友達、学校（大学）、学校（小中高）、恋愛、結婚
6課	食べたい！買いたい！	希望文、勧誘表現、比較表現	食、家電・機械
7課	楽しかった旅行	動詞文：過去、形容詞文：過去	町、旅行、宗教、祭り
8課	高校時代	名詞文：過去	学校（小中高）

　表4の縦の列は、左から順に「課」「（課の）タイトル」「文法」「話題」である。これらのうち、「課」「タイトル」「文法」は、山内（2015）において示したものと同一のものである。したがって、表4は、山内（2015）の63～65ページの表14に「話題」という列を足したものであると言える。

　表4の「話題」欄には、表2に示された話題を入れていったのであるが、その際には、まず、表5のような、語彙に関する教授項目を考えていった。

表5　第1課「自己紹介」の教授項目

課	教授項目（語彙）
第1課 自己紹介	《私はXです。》 X＝「労働」【公共サービス】【サラリーマン等】【特殊業】【役職】 《私の趣味はXです。》 X＝「趣味」【趣味】、「習い事」【習い事】、「音楽」【楽器】

　表5は、表4で示した初級テキストの第1課の語彙に関する教授項目を示したものである。表4によると、このテキストの第1課の文法項目は「名詞文」であり、「タイトル」は「自己紹介」である。そのため、学習者が「自己紹介」できるようになるよう、「私はXです。」という名詞文と「私の

趣味はXです。」という名詞文のそれぞれのXに入り得る名詞を教授項目として挙げることにした。

表5の「労働」というのは、表2における、そして、山内（編）（2013）における「労働」という話題を指している。山内（編）（2013）には、「労働」に関する名詞が意味分類を施された形で掲載されており、それらの意味分類のうち、【公共サービス】【サラリーマン等】【特殊業】【役職】という4つのカテゴリーに属する名詞が「私はXです。」のXに入れるのにふさわしい名詞だということである。参考のため、【公共サービス】に属する名詞を（4）、【サラリーマン等】に属する名詞を（5）、【特殊業】に属する名詞を（6）、【役職】に属する名詞を（7）に、それぞれ挙げておく。

（4） 先生、教師、教員、医者、歯医者、看護婦、医師、公務員、役人、官僚、官、警官、お巡りさん、警察、刑事、消防、巡査、警部、検事

（5） サラリーマン、事務、営業、秘書、従業員、社員、タイピスト、配達、ドライバー、職人、大工、技師、エンジニア、カメラマン、工員、業者、問屋、～屋、店員、ボーイ、ウェートレス、コック、給仕、パイロット、スチュワーデス

（6） 記者、ジャーナリスト、作家、詩人、画家、歌手、モデル、役者、俳優、女優、タレント

（7） 社長、部長、課長、代表、重役、～長、主任、幹部

同様に、「私の趣味はXです。」のXには、「趣味」という話題の【趣味】という意味分類に属する名詞、及び、「習い事」という話題の【習い事】という意味分類に属する名詞、「音楽」という話題の【楽器】という意味分類に属する名詞が入り得るので、それらを教授項目にするということである。結局、第1課では、「労働」「趣味」「習い事」「音楽」という4つの話題に属する名詞を教授項目として使用したので、表4の「話題」欄には、これら4つの話題を入れている。

第2課から第8課についても、同様の手順で語彙の教授項目を決め、その語彙が属する話題を表4に入れていった。そのようにしてできたのが表4の「話題」欄である。表4の「話題」欄に掲載されている話題のうち、

（8）は表3で初級としてふさわしい話題であるとされているもの、（9）は中級もしくは上級としてふさわしいとされているものである。

（8）　趣味、習い事、音楽、家族、容姿、学校（大学）、学校（小中高）、動物、町、交通、友達、食、家電・機械、旅行

（9）　労働、性格、住、メディア、文芸・出版、恋愛、結婚、宗教、祭り

　（8）と（9）を比べると、どちらかと言うと（8）の方が数が多い、つまり、難易度が低い話題の方が数が多いことがわかる。中級テキストのシラバスを考える際には、（8）よりも（9）の方が多くなるべきであろうし、上級テキストを考える際には、さらに難しい話題がより多く扱われるようになるべきであろう。また、正直なところを言えば、山内（2015）を執筆する際には、すでに表2と表3は作成済みであったので、山内（2015）において、各課の学習目標であるとも言える「タイトル」を決める際には、表2と表3を大いに参考にした。やはり、表2と表3を拠り所にできると、テキスト作成が楽になるのではないかと思う。

5.　初級テキストの教授項目（語彙）

　表4の初級テキストの第2課以降の語彙の教授項目を、次の表6に示す。

表6　第2課以降の教授項目（語彙）

課	教授項目（語彙）
第2課　私の家族	《Xは優しいです。》 X＝「家族」【親】【祖父母】【夫婦】【子】【孫】【先祖】【子孫】【兄弟】【親戚】 《母はXです。》 X＝「性格」【外向性構文：修飾】【協調性構文：修飾】【勤勉性構文：修飾】【知性構文：修飾】【強さ構文：修飾】【金銭感覚構文：修飾】【性格一般構文：修飾】
第3課　学校案内	《ここはXです。》 X＝「学校（小中高）」【学内施設】、「学校（大学）」【学内施設】 《これはXです。》 X＝「学校（小中高）」【内装】【備品】【教科書】【文具】
第4課　私の部屋	《私の部屋にはXがあります。》 X＝「住」【内装】【家具】【機器】【寝具】 《私の部屋にはXがいます。》 X＝「動物」【動物】【哺乳類】【鳥類】【爬虫類】【魚介類】【昆虫】【ペット】

第5課 私の一日	《Xに行きます。》 X＝「町」【公共施設・公的機関】【文教施設】【商業施設】【会社・工場】【交通拠点】 《Xに帰ります。》 X＝「町」【住宅】 《Xで行きます。》 X＝「交通」【車】【電車】【船舶】【航空】【オートバイ】【自転車】【徒歩】 《Xを見ます。》 X＝「メディア」【テレビ・ラジオ】【番組】 《Xを読みます。》 X＝「文芸・出版」【本】【本の種類】【清書】【原稿】【古本】【蔵書】【貴重書】、「メディア」【新聞・雑誌】【記事】【作品】【雑誌の形態・内容】【ジャンル】【原典】【文章】【版】【批評】 《Xに会います。》 X＝「友達」【友達】、「学校（小中高）」【児童・生徒】【上下関係】【教員】、「学校（大学）」【学生】【先生】、「恋愛」【恋愛の相手】、「結婚」【相手】【親族】【客】
第6課 食べたい！買いたい！	《Xを食べます。》 X＝「食」【食べ物】【食事】【料理名：固体】【菓子・デザート】【食材】 《Xを飲みます。》 X＝「食」【料理名：液体】【飲み物】 《Xのはどれですか。》 X＝「食」【飲食構文：修飾】 《Xを買います。》 X＝「家電・機械」【電化製品】
第7課 楽しかった旅行	《Xに行きました。》 X＝「旅行」【行き先】【温泉】、「町」【公共施設・公的機関】【文教施設】【商業施設】【交通拠点】【寺社・教会】【遺跡・歴史的建造物】【タワー等】 《Xを見ました。》 X＝「宗教」【宗教施設】【偶像】【宗教文化・芸術】【宗教行事】、「祭り」【場所】【祭り】【行事】【儀式】 《Xに泊まりました。》 X＝「旅行」【宿泊施設】 《Xを持って行きました。》 X＝「旅行」【持ち物】
第8課 高校時代	《好きな科目はXでした。》 X＝「学校（小中高）」【科目名】

　表5及び表6の語彙に関する教授項目は、山内（2015）の63〜65ページの表14で示した文法に関する教授項目とセットになり得るものである。表

4に示したような形で、両者をコーディネートさせて用いると効果的である
が、しかし、名詞文・形容詞文・動詞文という3つの概念さえ理解できて
いれば、山内（2015）で示した文法を教えずに、表5及び表6の語彙のみを
教えることも可能である。また、それでも、ある程度以上のコミュニケー
ション能力がつくのではないかと思うが、いかがであろうか。

6. おわりに

　この論文では、**2.** と **3.** において、話題の難易度という概念に基づく日本
語教育の全体像を示した。初級では文法、中級ではタスクが前面に出るとし
ても、初級から上級までの日本語教育の全体像を俯瞰的に眺めるためには、
話題の難易度という概念が必要である。

　また、語彙という柱を強力に打ち立てるためにも、話題という概念は必要
である。語彙は、話題という入れ物に収まるべきものであり、この論文の
4. と **5.** においては、難易度が低い話題から取り出した語彙を中心に、初級
日本語の語彙シラバスが設定できることを示した。

引用文献

国際交流基金・日本国際教育支援協会 (2002)『日本語能力試験出題基準　改訂版』凡人社.

清水崇文（編著）(2013)『みがけ！コミュニケーションスキル　中上級学習者のためのブ
　　ラッシュアップ日本語会話』スリーエーネットワーク.

スリーエーネットワーク（編）(1998)『みんなの日本語　初級Ⅰ　本冊』スリーエーネット
　　ワーク.

スリーエーネットワーク（編）(1998)『みんなの日本語　初級Ⅱ　本冊』スリーエーネット
　　ワーク.

田中真理・阿部新 (2014)『Good Writing へのパスポート　読み手と構成を意識した日本語
　　ライティング』くろしお出版.

山内博之 (2015)「話し言葉コーパスから見た文法シラバス」庵功雄・山内博之（編）『デー
　　タに基づく文法シラバス』pp. 47–66, くろしお出版.

山内博之（編）(2013)『実践日本語教育スタンダード』ひつじ書房.

第2章

スタンダードを利用した
タスク・ベースの言語指導
(TBLT)

小口悠紀子

1. はじめに

「ちょっと気になるクラスメイトをご飯に誘う」「スーパーで購入した果物が傷んでいたので返金を依頼する」「目的の駅まで、学割を使用して新幹線の乗車券・指定席券を購入する」など、日本で生活する日本語学習者は日々様々な課題に直面し、言語的・非言語的コミュニケーションを通してそれらを遂行すべく奮闘している。

このような課題を遂行するために必要な能力を身につけることを目指した指導に、タスク・ベースの言語指導 (Task-Based Language Teaching：TBLT) がある。タスクを用いた指導は学習者にコミュニケーションの機会を与えるだけでなく、学習者の注意を言語形式に向け、言語習得を引き起こすことが期待される。また、学習者のニーズに合わせてタスクを設定することで、教室内でより実践的な言語活動を行うことが可能である。しかし一方で、日本語教育におけるタスクの活用や教材開発は、英語教育 (松村 2012、松村 (編) 2017) などと比べ遅れていることが指摘されている (小口 2018)。

タスクの作成は、学習者のニーズにあった話題を設定することから始まる (Willis & Willis 2007)。ある1つの話題を様々な角度から捉え、複数のタスクを作成することで、学習者は多様な言語活動に挑み、認知的スキルの幅を広げることができる。しかし、教師が実際に話題を設定する場合、何を優先

すればいいのか、どんな話題が学習者のレベルに合うのかなど、悩むことが多い。そこでこの論文では、本書第1章の山内論文で提案されている話題の難易度一覧（表2、p. 7）を取り上げ、日本語教師がタスクを作成する際に目安となる手順や教材例を示す。

この論文の流れとして、2.でタスク・ベースの言語指導について概説し、3.でタスク・ベースの日本語指導における語彙の重要性を主張する。4.で話題の選び方やタスクタイプの決定について述べる。5.では、タスク・ベースに生かせる教材案を示し、6.でこの論文のまとめを述べる。

2. タスク・ベースの言語指導とは

2.1 タスクの定義

タスクの定義については研究者や実践者の間で様々な議論がある（Skehan 1996, Ellis 2003, Samuda & Bygate 2008 等）が、ここではいくつかの定義を総合的に取り上げる。

既に日本語を教えた経験のある方は「タスク」と聞くと、授業の終盤に行う会話活動やアクティビティのようなものを思い浮かべるのではないだろうか。しかし、タスク・ベースの言語指導におけるタスクの定義は、学習項目である文型を使用することを重視した活動やアクティビティ、例文のリピート練習やパターン練習とは明確に区別される。ここでのタスクは、意味に焦点をあてた活動の中で、学習者が主体的にかかわりを持つものという前提がある。また、多くの場合、教室外で学習者が経験するような真正性の高い題材が積極的に用いられ、課題の達成が何より優先される。評価はある文法項目が適切に使用されたかどうかではなく、課題が達成できたかどうかという成果によって行われる。タスクはこうした要素を含みつつ、学習者が言語使用を通して乗り越えるべき課題を示し、その結果として言語学習を促進するものである。

日本語教育におけるタスク・ベースの実践を行った小口（2018）では、上記の内容を踏まえ、タスクを以下の概念を持つものとしてまとめている。この論文で扱うタスクも、こうした要素を含むものとして論を進める。

「タスク」とは

①（形式ではなく）意味に焦点がある。

②学習者の主体的な関与がある。

③現実世界の活動となんらかの関係がある。

④課題の達成が優先される。

⑤評価は成果によって行われる。

⑥言語学習を促進することを目的とする。

2.2　タスク・ベースの指導の流れ

　小口（2018）では、**2.1** のタスクの定義に従って、「日本の年末年始の過ごし方を知り、自分の国での経験を共有し、過ごし方を比較する」という初級学習者向けのタスク（課題）を設定した。ここで定めたタスクの遂行が実現するように、授業は図1の流れで進む。

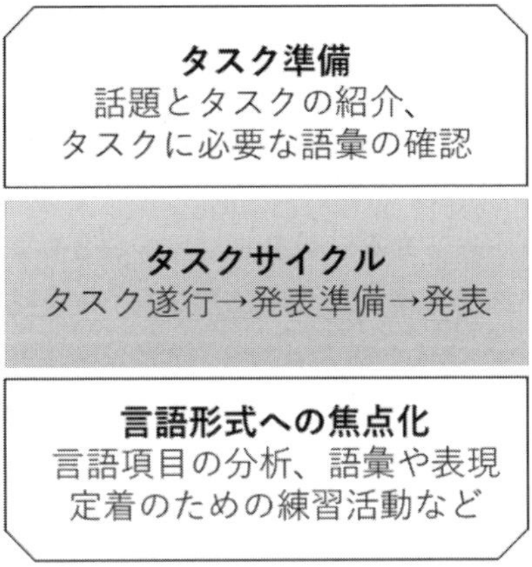

タスク準備
話題とタスクの紹介、
タスクに必要な語彙の確認

タスクサイクル
タスク遂行→発表準備→発表

言語形式への焦点化
言語項目の分析、語彙や表現
定着のための練習活動など

図1　タスク・ベースの授業の流れ（Willis & Willis 1996: 38 参照、筆者訳）

　タスク準備（Pre-task）では、タスクが順調に遂行できるよう、語彙の導入やタスク内容を理解するための活動を行う。次に、タスクを行い、準備をしてから発表や報告をするのであるが、この間、教師は机間巡視などを行

い、学習者ができていることとできていないことをできる限り把握する。この段階では、過剰に学習者の言語活動に介入しないよう気を付ける。そして、タスクの後で教師は、気づいた点についてフィードバックを与える。特にこの段階では文法などの言語形式への焦点化が適宜行われる。例えば、先に挙げた小口（2018）の例では、フィードバックの時点で「～たり～たり」という文法形式が教師によって焦点化された。

　このように、タスク・ベースの授業では、授業の初めに学習者に課題を示す場合はあるが、どの文法項目を使用すべきかという点が授業の序盤で示されることはない。その分、学習者はタスクを行う間、内容に集中することができる。そして、タスクの後のフィードバックを通して、形式への焦点化がされた後、再度、類似のタスクを実施すれば、学習者は「言えなかった」ことが「言えるようになった」自分に気づくのである。

3. タスク・ベースの日本語指導における語彙の重要性

　タスク・ベースの言語指導において、欠かせないものの1つが語彙である。タスクをスムーズに遂行するために語彙が必要であり、学習者が未知の語彙に関しては、タスク準備の時間にしっかりと提示される。まさに、語彙は学習者の言語活動や課題の遂行を支えている。Willis & Willis（2007）では、数ある語彙の中から、ある話題を設定することで、1つの話題を多角的に観察し、複数のタスクを構築する方法を紹介している。山内（編）（2013）でも、言語活動と言語素材を結ぶものとしての話題の役割を評価し、主観的・客観的方法の両者を用いて、日本語の100の話題をリスト化している。

　外国語教育において、どのような言語素材から優先して教えるかについては、様々な提案がなされているが、その多くは文法に集中しており、語彙を中心とした検討はまだあまり進んでいない。英語教育においては、Willis & Willis（2007）がコーパスに多く出現する上位語をリスト化し、出現頻度が高い語彙をタスク・デザインに組み込むことが学習者の効率的な語彙学習につながるとしている。しかし、優先的に教えるべきとされる語彙は、言語や文化、学習者のニーズによって異なると考えられる。そこでこの論文では、日本語の語彙や話題に特化して作成された山内（編）（2013）を利用し、語彙リ

ストから話題を抽出し、タスクを作成する手順を紹介する。

4. 話題からタスクの作成へ
4.1 話題の選び方
　話題の選び方は多様にあり、教科書の記事や時事問題、教師の個人的関心など何から選択してもいい。学習者自身に決めさせるのも、モチベーションを上げるのに効果的であろう。例えば、「ペット」や「学校」などといったシンプルなものの他、「健康的な食事」「地震と安全」「効果的な言語学習法」「国際結婚」といった話題にしてもよい。

　ここでは、話題を選択する際の資料として、山内（編）(2013) を活用する。

　山内（編）(2013) は、日本語に特化した言語素材（語彙・文法）を『実践日本語教育スタンダード』（以下、『スタンダード』）に収録している。この『スタンダード』に収録された語彙は実質語だけで 8,110 あり、それらが 100 話題に振り分けられている。本書第 1 章の山内論文ではこれをさらに三段階のレベルと親密度・必要度別に振り分け、話題の難易度一覧を提示している（本書第 1 章の山内論文表 2「話題の難易度一覧」参照）。山内論文では初級レベルに適した話題として、具体度 A の列、及び、具体度 B のうち親密度・必要度 I の範囲の話題を選定している。この論文では、中級レベルの学習者を想定したタスク教材を作成するにあたり、具体度 B で親密度・必要度が II、具体度 C で親密度・必要度が II、具体度が D で親密度・必要度が I、II の 4 つの枠組みの話題を扱う。

　タスクの作成に『スタンダード』を活用すれば、教師は数多くの話題の中から、学習者のレベルや親密度・必要度、また好みに合う話題を選択できる。

4.2 話題の広げ方
　ある話題を決めた後は、学習者のレベルに沿った他の話題へとタスクで扱う話題を広げていくことが可能となる。とりわけ、関連の強い話題を対象とすれば、既習の語彙知識が利用でき、学習者の語彙学習の負担も減ることが期待できる。この論文では、複数の話題に含まれる語彙の重なりから、話題

同士の関連の強さを調べた橋本 (2016) を参考に、話題の広がりを見る。

図2は、橋本 (2016) が構築した話題のネットワーク図のうち、山内 (編)(2013) に基づいて、初級レベルの話題を丸枠で、中級レベルの話題を四角枠で囲ったものである。ここでは図が複雑になりすぎることを避けるため、上級レベルだと想定される話題は表示していない。また、枠の重なりはそれらの話題の関連が強いことを示すが、話題と話題の距離感や配置箇所については見やすくなるように筆者が配置したものである。

この図をもとに考えられる話題の広げ方の3つの方向性について、順に説明する。

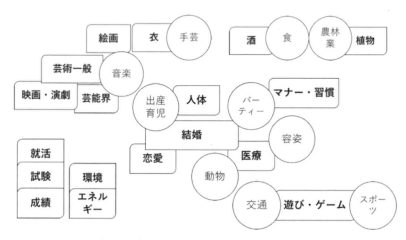

図2　初級、中級レベルにおける話題のネットワーク

① 初級から中級へ話題を広げる

まず1つ目に、初級の話題から中級の話題へと、話題の関連の強さを頼りに広げていく方法である。

例えば、「音楽」という話題からは「芸術一般」、「芸能界」「絵画」という話題へと広げることが可能で、さらには「映画・演劇」へと話題は広がる。話題の関連の強さは、それらの話題に共通する語彙が多く含まれることを指すため、既習の語彙に新出の語彙をいくらか加えることで新たな話題に沿っ

た活動が展開でき、学習者の記憶への負担やプレッシャーを軽減することが可能である。また、スキーマの活性化が期待できることから、学習者は無理なく話題を展開していくことが可能となる。

② 中級の中で話題を広げる

　一方で、初級の話題との関連は強くないが、中級で関連の強い話題が複数現れる例もある。例えば、「試験」という話題は「就活」や「成績」と関連が強い。こうした話題については、1つの大きなユニットとして扱うことも可能である。また、それぞれの話題で共有できる語彙を導入しておけば、学習者やグループごとに、好きな話題を1つ選んで別々の課題に取り組むことも可能である。

③ 中級から上級に向けて話題を広げる

　最後に、初級や中級で扱う話題との関連は弱いものの、上級レベルの話題との関連が強いものに「ギャンブル」、「気象」、「ふるさと」、「喧嘩・トラブル」、「引っ越し」、「コンピュータ」がある。こうした話題は上級への橋渡しの段階で扱うことで、上級の話題に関連する語彙をあらかじめ学習しておくことができるので、より難易度が高い上級での課題の負担を下げることができる。

5. で示す教材案では、図2より、「結婚」と「試験」という二つの話題を抽出した。「結婚」を選んだ理由は、初級から中級へ広がるだけでなく、恋愛や医療など、他の中級の話題とも関連が強いからである。「試験」を選んだ理由は、初級の話題との関連が強くないものの、「就活」や「成績」という他の中級の話題との関連は強く、話題の広がりが期待されるからである。

4.3　タスクタイプの決定

　タスク・ベースの授業で扱う話題が決まれば、次は授業の構成や内容を考える段階である。

　2.2 で述べた通り、タスク・ベースの指導は、タスク準備➡タスクサイク

ル ➡ 言語形式への焦点化の順で進む。例えば 5. で紹介する「結婚」という話題を取り上げた教材では、タスク準備として、ペアやグループで話題に関して話し合う活動や、タスクを行う際に必要な語彙・表現の確認がされる。そして、タスクでは、日本人の友人が抱える悩みを、学習者個人の経験を共有しながら解決する手立てを探る。最終的にはフィードバックを受けた後で、学習者自身の人生の選択を振り返り、良かったと思う点と後悔している点についてリストを作成して話す活動を行う。

　タスクは、学習者に様々な認知活動をさせられるよう、種類が豊富であるほうが望ましいとされるが、ここではタスク・ジェネレーター（Willis & Willis 2007）を活用することをお勧めしたい。タスク・ジェネレーターとは、図3の通り、中央に配置した話題に関して、どのようなタスクが設定可能かを考える際に役立つものである。例えば、「結婚」という話題を例に挙げると、「並び替え」「リスト作成」「問題解決」「創造的活動」「個人的経験の共有」「比較」「一致させる」という7種類のタスク活動が考えられる。このうち、「並び替え」では理想の結婚相手の条件をランク付けするタスクを、「個人的経験の共有」では各学習者が自身の経験や意見を語るタスクを設定することができよう。このように、学習者の背景やレベル、話題に応じて、教師は自由にタスクを設定することができる。

図3　タスク・ジェネレーター（Willis & Willis 2007）

5.　中級レベルのタスク・ベースの日本語指導に生かせる教材案

　以下、中級レベルを対象としたタスク・ベースの指導に生かせる教材案を提示する（章末参照）。まず、教材は基本的に「教師用シート」と「学習者

用シート」に分け、前者には話題、タスク（課題）、タスクの流れを記載した。また、教材作成時に想定した対象者や、その対象者のどのようなニーズに合わせて話題を選択したのかという背景、またタスク準備に聴解活動を含むものに関しては聴解スクリプトを記載している。後者には中級学習者向けに比較的容易な日本語で記述したタスク、活動に必要な語彙・表現、タスク遂行に必要な情報が書かれたカードを記載した。話題については、学習者の理解度に合わせて訳を付与してもよいし、語彙・表現についても不要なものは削り、必要だと思うものは追加して利用していただきたい。それぞれの学習者のニーズやレベル、興味、学習目的などに合わせて、ぜひアレンジしていただきたい。

6. おわりに

　この論文では、タスク・ベースの日本語指導を実現するにあたり、語彙や話題を重視する立場から、既存の話題リストやネットワークを活用した教材案を提案した。

　この論文では山内（編）（2013）を参考に話題を決定したが、必ずしもこうした既存の語彙リストに頼る必要はない。Willis & Willis（2007）が言うように、タスク・ベースの指導や方法、扱われる題材や教材は世界中で共通している必要はない。目の前の学習者のニーズをもとに、教師が選択したり、学習者自身がリストアップした話題を用いたりするのも1つの方法であろう。

　この論文が、教師やコースコーディネーターにとって、授業案やシラバスを作成する際の参考になると幸いである。

教師用シート

<table>
<tr><td rowspan="2">話題
結婚</td><td>**TASK：結婚と女性のキャリア**</td></tr>
<tr><td>仕事を辞めて家族と共に外国へ行くことを決断できず
悩む友人に、自身の経験を踏まえた助言をする。</td></tr>
</table>

対象者

中級レベル、地域の日本語教室に通う主婦10名、国籍は多様。
日本での生活をより快適に楽しむための日本語を学んだり、友人を作ったり、
日本語学習の動機付けを保つためにクラスに参加。

話題選択の背景

全員が結婚後、夫の仕事の都合で子供と共に来日。ほとんどが来日を
機に仕事を辞めているが、前の仕事に未練を持っている者もいる。
自己紹介で「主婦」と名乗ることに葛藤がある様子が見られたため、
結婚と女性のキャリア、来日に関する意見交換を通し、自己を開示し、
今後の人生設計について考えたり、助言を受けるきっかけを作る。

タスク準備

①ペアかグループで話し合う
来日した理由は何ですか。来日前と今の生活で大きく変わった点は何ですか。
日本に来ることをすぐに決めることができましたか。一番悩んだのは何ですか。
今、仕事やアルバイトをしていますか。もしするならどんなことをしたいですか。
理想の結婚相手の条件は何ですか。いくつか条件を挙げてください。
結婚や出産はあなたの働き方に影響すると思いますか／しましたか。
②語彙・表現の確認

タスクサイクル

③あなたは日本人の友だちがいます。その友だちの話を聞いてください。そして、
あなたの考えについて、アドバイスしてください。

言語形式への焦点化

④タスクの後で、教師は適切な表現形式などをフィードバックする。
⑤それぞれのアドバイスをクラスでシェアし、自分の人生における様々な選択に
ついて、良かった点と後悔している点について話す。
（例：結婚、進路、就職、恋愛、出産、来日など）

学習者用シート

TASK あなたは日本人の友だちがいます。でも、友だちは将来について、悩んでいます。アドバイスをしてください。

公務員、貿易会社、（～を）辞めます、夢、（～を）応援します、（～で）暮らします、主婦、不安、エンジニア、（子どもを）育てます、別居（します）

みか（３５歳）仕事：市役所　結婚１年目、子供なし

夫は貿易会社で働いています。春から＿＿＿＿＿＿＿へ行くことになりました。夫は、一緒に行こうと言います。でも、私は今の仕事が楽しいから、仕事を辞めたくありません。「今の仕事をやめたくない」と夫に言ったら、けんかになりました。でも、私は夫のことが大好きですし、夫の夢を応援したいです。ただ、外国で暮らしたことがないし、主婦になるのはとても不安です。

まりこ（３２歳）仕事：小学校の先生　結婚４年目、子供１人

夫はエンジニアです。来年＿＿＿＿＿＿＿へ行くことになりました。でも子どもはまだ０歳です。外国で子どもを育てるのは不安です。日本語しか話せないので、コミュニケーションができるか心配です。仕事も辞めたくありません。でも、別居したくありません。

＊下線には、学習者の出身国などを挿入する

28 ｜ 小口悠紀子

教師用シート

話題 **試験**	**TASK：授業と研究の両立** 期末試験を受けることができなくなったため 別の日に受験できるよう先生と交渉する。

対象者
中級レベル、工学系の大学院に通う留学生15名、国籍は多様。
大学院の授業やゼミでの会話は主に英語が使用されるため、日本語の使用
機会はあまり多くない。ただし、日本での日常生活をスムーズに送りたい
と考え受講している学生の他、日本語・日本文化に興味がある学生、他の
留学生との交流や議論が好きで受講している学生などがいる。

話題選択の背景
大学院生にとって、中間・期末試験や日本語能力試験、専門分野の国家
資格試験など、試験は身近な存在である。日々の研究時間を確保しながら、
授業を受けるという研究と授業のバランスに悩む院生も多い。そうした
中で日本語で目上の人と交渉・相談する力を養うことを一つの目標とする。

タスク準備
①ペアかグループで話し合う、語彙・表現の確認
寝坊や風邪で、予定していた試験を受けられなかったことがありますか。
今まで受けた試験の中で、印象的だったできごとはありますか。
②聴解：先生と学生の会話を聞いてください。
何について話していますか。
学生は、先生にどんなことをお願いしていますか。

タスクサイクル
③日本語の期末試験の日に、マレーシアで学会があります。あなたは発表する予
定です。試験を受けることができませんので、ほかの日に受験できないか先生に
メールで相談してください。

言語形式への焦点化
④ペアで交換し、フィードバックする。教師が全体にフィードバックする。
⑤あなたは研究室の先生と出張に行くため、日本語の期末試験を受けることがで
きなくなりました。試験の代わりに、レポートや課題など他の方法で単位をもら
うことができないか、日本語の山下先生にメールで聞いてください。

教師用シート（聴解用スクリプト）

　　＜タスク準備　聴解用スクリプト＞
　　学生：失礼します。先生、少しお時間よろしいでしょうか。
　　先生：あぁ、ジュリアさん、どうしたんですか。
　　学生：実は、母が病気で入院しているんですが、家族から昨日電話が
　　　　　あって、体調が急に悪くなったそうなんです。お医者さんも、
　　　　　今日の夜、すぐ帰国したほうがいいと私に言いました。
　　先生：そうですか。
　　学生：それで、明後日の日本語の試験なんですが…ほかの日に受ける
　　　　　ことはできませんか。インドネシアで母に会ったら、すぐに日
　　　　　本へ帰ってきますから、そのあとで受けてもいいでしょうか。
　　　　　先生、お願いします。
　　先生：わかりました。では、今回は特別に、試験の代わりにレポート
　　　　　を出してください。あとでメールします。ですから、早くイン
　　　　　ドネシアに帰って、お母さんに会いにいきなさい。

学習者用シート（聴解用語彙・表現リスト、タスクシート）

（試験を）受ける、印象的、できごと、受験します、入院、体調、特別、
代わりに、レポートを出します、期末試験、学会、発表、単位

　あなたは学会発表のため海外へ行くので、試験の日に
　　　　　学校へ来ることができません。ほかの日に受験できる
　　　　　よう、先生にメールしてください。

【試験の予定】
試験日　　１月29日（金）13:10-14:40（90分）
科目　　　中級日本語（筆記・聴解）
担当者　　岩本先生

【あなたの予定】
第29回　○×国際学会　（マレーシア大学）
学会期間：　１月27日（水）〜１月31日（日）
発表日時：　１月29日（金）9:00-9:20

学習者用シート（メール用）

```
TO:
CC:
TITLE:


[🗑]                                          [ SAVE ] [ SEND ]
```

引用文献

小口悠紀子 (2018)「日本語教育における Task-Based Language Teaching (TBLT) の実践に向けた試み —— タスクの設計に焦点を当てて ——」『人文学報』514 (7)，pp. 1-10.

橋本直幸 (2016)「話題から見た語彙シラバス」森篤嗣 (編)『ニーズを踏まえた語彙シラバス』pp. 33-51，くろしお出版.

松村昌紀 (編) (2012)『タスクを活用した英語授業のデザイン』大修館書店.

松村昌紀 (編) (2017)『タスク・ベースの英語指導 —— TBLT の理解と実践 ——』大修館書店.

山内博之 (編) (2013)『実践日本語教育スタンダード』ひつじ書房.

Ellis. R. (2003) *Task-based language learning and teaching.* Oxford: Oxford University Press.

Samuda,V., & Bygate, M. (2008) *Task in second language learning.* Basingstoke: Palgrave Macmillan.

Skehan, P. (1996) A framework for the implementation of task-based instruction. *Applied Linguistics* 17 (1)，pp. 40-62.

Willis, D., & Willis, J. (2007) *Doing task-based teaching.* Oxford: Oxford University Press.

第**3**章

語彙習得を促す
「話題別読解」の提案

橋本直幸

1. はじめに

　語彙（実質語）の学習や教育において重要な観点の一つに、「話題」がある。語彙とは、「あるまとまりをもった語の群れ」（田中 1978）である。言語教育においては、レベル別の語のまとまり、品詞別の語のまとまりなど、その目的によって様々な「まとまり」を想定しうるが、言語を学習するそもそもの目的に立ち返れば、やはり「話題」というまとまりは最も重要なものの一つだと考えられる。それは、言語を学ぶ目的が、言語形式を学ぶことではなく、言語活動を達成することにあるからに他ならない。では、「語を話題でまとめる」とはどういうことだろうか。学習者は、ファッションの話がしたければファッションに関する語彙を身に付けておかなければならないし、スポーツの話がしたければスポーツに関する語彙を知っておく必要がある。学習者自身が行おうとする言語活動には、その話題を構成する語のまとまりが必ずあるはずである。このような観点に立ち、山内（編）(2013) では、独自に設定した 100 の話題に基づいてレベル別のロールプレイリストと構文情報のついた語彙リストを提示している（この語彙リストの作成方法についての詳細は橋本 (2016) を参照）。

　同じ観点から、この論文では、語彙学習の一つの方法として、話題別の読み物をまとめて読むことで語彙習得を促す「話題別読解」を提案したい。以

下、**2.** で話題別読解の概要について、そのメリットを中心に述べ、**3.** では
これまでに市販されている日本語教材に掲載されている読み物をもとに話題
別読解を試みた場合の語彙学習の効果を述べる。**4.** では将来的に話題別読
解をオンラインで行うための「語彙学習のための話題別読解システム」につ
いてその構想を述べたい。

2. 「話題別読解」の提案

　この論文では、語彙習得を促す活動として、共通の話題（topic）の読み物
をまとめて読む「話題別読解」（Topic Reading）を提案したい。語彙の学習
は、語彙学習そのものを直接目的として行う「意図的語彙学習」と、読解や
聴解のような語彙学習以外の活動を通して語彙を副産物として学ぶ「付随的
語彙学習」に分かれる。付随的語彙学習は、文脈の中で語彙を身に付けるた
め記憶に残りやすいと評価されるが、一方で、膨大な量の語彙をそれだけで
効率よく習得できるわけではないという指摘も多い。例えば、語との遭遇回
数についての研究がある。テキスト中にわずかしか出てこなかった語は習得
に結びつかず、一定回数以上の出現が必要だと指摘する研究は多くある（こ
の点については、**2.1** でより詳しく述べる）。また、多読のようにわからな
い語が出てきた際に飛ばして読むことを推奨する活動がある一方で、わから
ない単語に出会ったときには、やはり辞書で調べることが習得につながると
いった研究もある。いずれにしろ、ただ単にたくさん読めば自然に語彙が習
得できるというものではなく、効果的な語彙習得を望むのであれば、教材に
工夫を加えたり、教師が何らかの指示をしたりするなどの統制が必要であ
る。

　この論文で紹介する「話題別読解」も、効率的な語彙学習を促すために統
制された読解活動である。以下では、この「話題別読解」のメリットについ
て「遭遇回数の保証」「スキーマの活性化」「語彙学習の可視化」という 3
つの点から、なぜ「話題別」が有効なのかについて述べていきたい。

2.1　話題別読解のメリット（1）―遭遇回数の保証―

　多読による語彙学習を検証した一連の研究における重要な指摘の一つとし

て、付随的語彙学習で語を習得するためには、テキストの中にその語が一定回数以上出てこなければならないというものがある。これら一連の研究を概観した望月・相澤・投野（2003）では、「約6回以上テキストの中で使われていれば、自然に学習できる可能性がある」と述べている。ただ、一つの教材で6回の出現を確保しようとするとなかなか大変な上に、出てきたとしても、それが本当に学習者が知っておくべき語であるという保証はない。

これに対し、同一の話題の中で複数の読み物を読んでいけば、仮に一つの教材（読み物）での出現回数が少なかったとしても、その話題で本当に重要な語であれば、同一話題の他の教材でも出てくるのではないだろうか。また、そのような語は、その話題の言語活動を行う上での重要語と考えても良いのではないだろうか。

話題別読解は、その話題の中での重要語との遭遇回数を保証することができる画期的な読解活動であると言える。

2.2　話題別読解のメリット（2）―スキーマの活性化―

スキーマとは、学習者が持つ背景的知識の集合体のことで、1970年代以降、読解教育の中でも特に重視されている概念である。読者はテキストを理解する際に、単に語彙や文法といった言語知識だけに頼っているのではなく、その背景にある常識や自身の持つ知識などに照らしながら、読み進めている。読解教材に限らず、多くの教科書で課の導入としてイラストや写真を用いたウォーミングアップがなされ、学習者の持つスキーマを活性化させてから、本題に入ることも多い。

話題別読解の場合、同じ話題のものを続けて読み進めていくため、意識的にスキーマを活性化させる作業をせずとも、前に読んだ同じ話題の読み物がスキーマとなって学習者の頭の中に蓄積されていくことが期待できる。また、橋本（2016）で提示した話題のネットワークも効果的であろう。これは、山内（編）（2013）で示した100話題の収録語について、話題どうしの語の重なりをもとに話題の類似度を求め、ネットワークにしたものであるが、この話題のネットワークに沿って、近い話題のものを順に読み進めていくことでもスキーマの活性化は期待できる。橋本（2016）によると、例えば「食」の

話題の周辺には、「酒」「農林業」「美容・健康」といった話題があり、「農林業」はさらに「植物」「水産業」へ、「水産業」は「環境問題」「自然・地勢」へと話題が広がっていく。隣接する話題は、当然、出てくる語も近いし、また、内容についても重なり合いながら、しかし確実に広がっていく。こうして扱える話題を徐々に増やしていくことが、語彙力の強化につながると考えられる。

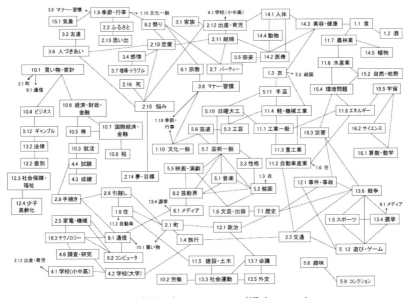

図1　話題のネットワーク（橋本2016）

なお、スキーマの活性化という点においては、学習者が既に興味・関心を持っている話題から読み進め、語彙を増やしていくことができるという点も、話題を単位とした話題別読解のメリットの一つと言える。

2.3　話題別読解のメリット（3）―語彙学習の可視化―

3つ目のメリットとして「語彙学習の可視化」を挙げたい。語彙学習に常につきまとう大きな課題は、その要素の膨大さから来る不安感ではないだろ

うか。「今、自分はいくつの語を覚えたのか」「あといくつの語を覚えなければいけないのか」といった問いには簡単には答えられないだろう。大規模コーパスの整備が進む現在では、コーパスの頻度情報に基づいた語彙表も多く発表されており、その順に覚えていくというのも、もちろん有効であろう。一方で、「語」を習得するのではなく「話題」(とそこに付随する語彙)を習得するという考え方も有効だろう。最初にすべての話題を網羅した話題リストがあれば、話題を単位として、一つずつ扱える話題を増やしていくという方法が考えられる。例えば山内(編)(2013)では、4領域16分野100話題に階層化しているが、こうしておけば、自分が習得した話題(話題別読解で言えば「読み終わった」話題)がどれで、どの話題がまだ終わっていないのか、あとどれくらい残っているのか、というのを簡単に把握することができる。英語多読では酒井(2002)が「めざせ100万語！」というスローガンを掲げている。「100万語」と言われると尻込みしてしまうが、「めざせ100話題」なら、じゅうぶん実現可能なように思える。

3. 既存の日本語教科書を用いた話題別読解の提案
3.1 読み物の分類―話題「食」を例に―

2.では、話題別読解のメリットについて述べた。この節では、これまでに出版されている日本語教材に掲載されている読解教材(読み物)を用いた話題別読解について提案したい。読解が中心となる中級以降の日本語教科書には多くの読み物が掲載されている。いくつかの教科書で類似の内容の読み物が掲載されていることも多く、例えば授業内で読んだ読み物とは別に、宿題などで応用練習として同じようなものを読ませているという教師も多いのではないだろうか。話題別読解では、まず読み物を話題別に分類したリストが必要である。学習者が複数の教科書を所持しているということは考えにくいが、それぞれの教育機関に1冊ずつということなら準備して貸し出すということも可能であろう。次節で述べるが、将来的にオンラインでどの教材も読めるようになれば、話題別読解を世界中どこからでも行うことができるようになる。

この節では試みとして、山内(編)(2013)で設定した100の話題の中から、

「食」という話題を例にとり、既存の日本語教材から「食」の内容を持つ話題の読み物を集め、分析を行っていく。読み物をそれぞれの話題に分類する際には、読み物のタイトルおよび本文から総合的に話題を判断した。

　既存の日本語教材の収集および読み物の分類は継続して行っている作業であるが、この論文を執筆した時点では、初級から上級まであわせて 120 の教科書を対象としており、そのうち、「食」に分類された読み物が 124 あった。なお、ここでは、「食」という話題の下にさらに、サブトピックとして「料理・食材の紹介、説明」「作り方・コツ」「日本食・日本料理」「季節・行事と食」「飲み物」「健康・食育」「外食産業」「食文化」「食の安全・安心・食品技術」「食料自給率・自由化・飽食」「食と家族」「道具」の 12 を設定した。以下の表 1 が日本語教科書 48 冊に掲載されている「食」に関する読み物（読み物数 124）のリストである。教科書のレベルは各教科書の記載や出版社のホームページ、凡人社から毎年発行される『日本語教材リスト』などを参考にした。

表 1　日本語教科書 48 冊に掲載された「食」の読み物

サブトピック [　]内は読み物の数	レベル [　]内は読み物の数	読み物タイトル （　）内は教科書名略記（稿末に正式名を記載）
料理・食材の紹介、説明 [23]	初～初中 [14]	すし（2nd）／日本のマヨネーズ（まる初2）／ないと困る食べ物（まる初2）／塩（読解20）／昼ごはん（読解20）／カレー（みんなⅠ25）／カレーあれこれ（みんなⅠ25）／どんどん、どんぶり（たね）／おにぎり・パン・カレー（たね）／朝ご飯、昼ご飯（たね）／おいしいもの、見つけた（たね）／ご当地ラーメン（読み物55）／お弁当（読み物55）／コメ（初級総合）
	中 [1]	「きつねうどん」と「たぬきそば」（中級読解入門）
	中上～上 [8]	インスタントラーメン（再考）／うどん（素材）／おにぎり（365日）／やきとり（365日）／すきやき（365日）／天ぷら（365日）／咀嚼力（上級読解）／インスタントラーメン発明物語（とびら）
作り方・コツ [12]	初～初中 [7]	おいしいチャーハンの作り方（読み文）／料理教室（みんなⅡ25）／たこ焼きパーティー（たね）／オムレツの作り方（楽しく初中）／朝食にオムレツを（楽しく初中）／米の料理法（楽しく初中）／自炊してみる（いつか）

作り方・コツ [12]	中 [3]	ギョーザの作り方（新日本語中）／じゃがいも入りのお好み焼き（まる中）／捨ててはもったいないパスタのゆで汁の技（できる中）
	中上〜上 [2]	天ぷらの作り方（上級読解入門）／ぶどう・すいかの選び方（新聞）
日本食・ 日本料理 [6]	中 [5]	和食って何（厳選中級）／世界に広がる日本料理（厳選中級）／京都の味（京都）／無題〈日本料理の季節感〉（みんな中Ⅱ）／日本人の食生活（東外中級）
	中上〜上［1］	天どんのファーストフード（新聞）
季節・行事と 食 [4]	初〜初中［2］	おせち料理（JBPⅢ）／祝日ともち（読み物55）
	中 [2]	この日に食べなきゃ意味がない（学ぼう中前）／日本の食文化うなぎ（文化中Ⅱ）
飲み物 [12]	初〜初中 [4]	コーヒーを飲むと（みんなⅠ25）／インスタントコーヒーは日本人が発明した（みんなⅠ25）／コーヒー（総合初中）／都市部で喫茶店減り本格コーヒー家庭用伸びる（総合初中）
	中 [4]	おいしい水ホットな商戦（総合中）／日本の誇り水文化を守れ（みんな中Ⅱ）／お茶はすごい（五とびら中）／一杯のコーヒーから世界を考える（出会い）
	中上〜上 [4]	茶はどのようにして伝わったか（留学生・初）／日本茶（上級読解）／お茶（365日）／緑茶に「長生き効果」あり（新聞・改）
健康・食育 [12]	初〜初中［1］	登校拒否（総合初中）
	中 [5]	ファストフード（行こう）／単身赴任意外に栄養良好です（総合中）／「食」を見直す（文化Ⅱ）／体内時計と朝ご飯（できる中）／二人のための食卓 TABLE・FOR・TWO（できる中）
	中上〜上 [6]	「カロリー控え目」は本当？（新聞）／単身赴任は肥る（上級読解）／ごはんのメリット（五とびら中上）／無題〈納豆〉（素材）／緑茶に「長生き効果」あり（新聞・改）／「夜食は太る」を科学的に証明（新聞・改）
外食産業 [18]	初〜初中 [7]	わたしの好きな喫茶店（読み文）／わたしの好きなレストラン（げんきⅠ）／レストランの注文（まる初2）／家族をダメにする外食産業（総合初中）／ササキベーカリー（たね）／屋台（中級読解）／ケーキの食べ放題特集（読物55）
	中 [7]	プロフィール ―夢を実現させ続ける外食産業の雄（力・中）／行列のできる店（NA中）／おもしろアンケート調査（続読み）／レストラン紹介（新日本語中）／食べたいものはあきらめない（できる中）／いつもとちがう（楽しく中）／ドギーバッグ（Integrated）

外食産業 [18]	中上～上 [4]	アジアの外食産業（上級読解入門）／出前（365日）／オフィス街で弁当ブーム（新聞）／天どんのファーストフード（新聞）
食文化 [7]	初～初中 [3]	日本の面白い経験：日本の食べ物（げんきⅡ）／ないと困る食べ物（まる初中）／日本での食生活（まる初中）
	中 [4]	クジラと日本人（J301）／日本人の食生活（東外中）／日本の食文化うなぎ（文化中Ⅱ）／たべる（テーマ中・改）
食の安全・安心・食品技術 [8]	初～初中 [3]	コピー食品（総合初中）／商品（総合初中）／トルコのキュウリ（総合初中）
	中 [3]	「お魚」への不安に迫る（総合中）／矛盾（総合中）／「食」を見直す（文化中Ⅱ）
	中上～上 [2]	工場野菜や乾燥野菜に人気（新聞）／学生の73%「賞味期限」気にする（新聞・改）
食糧自給率・自由化・飽食 [10]	初～初中 [3]	米の輸入問題（楽しく初中）／テーブルの上は外国野菜がいっぱい（JBPⅢ WB）／肉を食べると（みんなⅠ25）
	中 [3]	無題〈飽食の時代〉（テーマ中・初WB）／二人のための食卓 TABLE・FOR・TWO（できる中）／一杯のコーヒーから世界を考える（出会い）
	中上～上 [4]	食糧は輸入に頼るのみ？（再考）／日本の飽食を支える開発輸入（国境）／消費者にとってコメ開放とは（五つ）／コメ自由化賛成・反対（五つ）
食と家族 [8]	初～初中 [3]	おふくろの味って何？（読み物55）／家族をダメにする外食産業（総合初中）／赤いチューリップのお弁当箱（たね）
	中 [2]	ごちそう（テーマ中・三）／ご飯ですよ（テーマ中・三WB）
	中上～上 [3]	おふくろの味（テーマ上・初WB）／コンビニが提供する「個食」（素材・新）／新しい食の共同性を求めて（素材・新）
道具 [4]	初～初中 [3]	手を汚さずにポテトチップスが食べられる！ポテトング（読み物55）／生卵専用スティックまぜ卵（読み物55）／箸（読解20）
	中上～上 [1]	箸（365日）

3.2 「食」の話題別読解で学べる語

　ここでは 2.1 で述べた「遭遇回数の保証」という点から、前節で挙げた「食」の読み物で話題別読解を行った際に、習得できる可能性の高い語を形態素解析の結果をもとに明らかにしたい。2.1 で述べたとおり、何回その語

第 3 章　語彙習得を促す「話題別読解」の提案　|　39

に出会えば習得できるかについては、研究によって様々で意見の一致を見ていないが、ここでは望月他 (2003) の指摘に従って「6 回」を目安としたい。**3.1** で分類したサブトピックごとの読み物を仮に全部読んだとした場合、いったいどのような語が習得できるのだろうか。読み物をすべてテキストファイル化した後、形態素解析器 MeCab0.996 を用いて形態素解析を行い、6 回以上出現する語をリストアップしたのが次の表 2 である。太字にした語は、中級以上 (旧『日本語能力試験出題基準』1・2 級および級外) の語である。話題別読解は、基本的には中級レベル以降で、語彙をどんどん増やしていく学習者を想定しているものなので、初級語彙と中級以上の語彙で区別をした。

表 2 　「食」の話題別読解で身に付く語 (6 回以上出現する語)

サブトピック [　] 内は読み物の数	名詞 (サ変動詞となる語も含む)	動詞	形容詞
料理・食材の紹介、説明 [23]	ラーメン、インスタント、カレー、うどん、人、料理、寿司、食べ物、ご飯、日本人、味、野菜、天ぷら、弁当、きつね、パン、スープ、たぬき、時代、醤油、店、麺、カップラーメン、コメ、塩、蕎麦、御飯、マヨネーズ、世界、おにぎり、旅行、どんぶり、皆さん、魚、砂糖、種類、習慣、食べもの、人気、値段、肉、文化、方法、丼	する、食べる、なる、ある、作る、できる、使う、入る、つける、見る、言う、行く、いる、思う、買う、いう、入れる、売る、かける、載せる、増える、作れる、揚げる、来る	おいしい、多い、いろいろ、好き、ない、簡単、甘い、いい、安い、細い
作り方・コツ [12]	卵、水、油、パスタ、ソース、たこ焼き、料理、フライパン、天ぷら、塩、方法、お好み焼き、鍋、ご飯、材料、キャベツ、肉、作り方、豚肉、バター、皮、ジャガイモ、界面活性剤	する、入れる、作る、切る、なる、食べる、炊く、茹でる、つける、ある、混ぜる、言う、煮る、取る、焼く、買う、熱す、使う、炒める、蒸す	おいしい
日本食・日本料理 [6]	料理、和食、ラーメン、カレーライス、味、日本人、一つ、季節、食品、人気、野菜	する、なる、食べる、ある、見る、考える、使う、言う、いう、できる	ない

季節・行事と食 [4]	うなぎ、餅、料理、土用の丑の日、習慣、人	食べる、ある、する	
飲み物 [12]	コーヒー、水、お茶、茶、人、緑茶、フェアトレード、世界、生産、価格、国際、日本人、喫茶店、時代、商品	する、なる、飲む、ある、伝わる、いう、考える、言う、増える	ない、多い
健康・食育 [12]	御飯、人、食、食事、食品、体、単身赴任、脂肪、子ども、生活、納豆、食べ物、体内、文化、予防、カロリー、時計、物質、登校拒否、料理、パン、国、食生活、蛋白質、ダイエット、運動、添加物、効果、澱粉、緑茶	する、食べる、なる、ある、できる、太る、いう、言う、考える、作る、持つ、使う、増える、比べる	ない、健康、いい、少ない、低い、問題
外食産業 [18]	店、人、外食、屋台、料理、行列、レストラン、産業、パン、ラーメン、コーヒー、メニュー、外国、ケーキ、スープ、種類、ドリンク、会社、母、味、おでん、企業、野菜	する、食べる、ある、なる、並ぶ、飲む、できる、言う、出る、行く、思う、待つ、わかる、入れる、見る	おいしい、ない、多い
食文化 [7]	鰻、人、料理、クジラ、食べ物、日本人、皮、国	食べる、する、ある、言う、剥く、なる	おいしい
食の安全・安心・食品技術 [8]	食品、野菜、魚、人、物質、添加、コピー、市場	する、なる、ある、作る、使う、食べる、できる、出る	ない、安全、安い
食糧自給率・自由化・飽食 [10]	輸入、コメ、人、生産、世界、コーヒー、消費、外国、農業、国際、日本人、フェアトレード、貿易、価格、食べ物、市場、食糧、野菜、開放、自給率、政府、環境、肉、関係、基準、人口、生活、料理、エビ、企業、国、時代、社会、世界中、農家、農薬	する、なる、ある、食べる、できる、考える、言う、思う、使う、買う、作る、増える	ない、安い、自由、安全、問題、おいしい、多い、必要
食と家族 [8]	食事、味、人、おふくろ、料理、家族、弁当、言葉、時代、人間、行為、子供、食、共同、仕事、現代、自分、手、人々、肉じゃが、本物、娘	する、ある、なる、言う、食べる、思う、できる、入る、作る、見る、考える、変わる	ない、楽しい、おいしい
道具 [4]	卵、手、箸、ご飯	食べる、する、使う、なる	

例えば、サブトピック「作り方・コツ」に分類される12の読み物をすべて読むと、中級以上の語彙として、名詞では「油、パスタ、ソース、たこ焼き、お好み焼き、鍋、材料、キャベツ、作り方、ジャガイモ、界面活性剤」、動詞では「炊く、茹でる、混ぜる、煮る、熱す、炒める、蒸す」という語が各6回以上出てくる。先行研究に従うとするなら、話題別読解により、これらの語を学ぶことができるというわけである。ここに挙げた語は、6回以上という基準だけで抽出したもので、「作り方・コツ」に関する語だけを選んで掲載したわけではないが、効率よくこの話題の語を抽出できていることがわかる。「作り方・コツ」というサブトピックでは、動詞もある程度上がっているが、全体的に中級以上の太字になっている語は名詞に多い。動詞は初級語彙がほとんどで、サブトピックをまたがって使用されているものも多い。これは、話題（ここではサブトピック）を特徴づけているのが主に名詞だということを示唆しているものと考えられる。

4. 「語彙学習のための話題別読解システム」の構想

最後に、現在構築を進めている「語彙学習のための話題別読解システム（以下、話題別読解システム）」についてその概要を述べたい。次ページの図2にシステムの流れを示す。

「話題別読解システム」は、学習者が学びたい話題を選ぶと、その話題に含まれる複数の読み物のタイトル、教科書名、ページ、レベルなどが表示される。その中から、自分が読みたいものをいくつか選ぶと、あらかじめ形態素解析を行っていた各読み物の語彙リストが結合され、合計6回以上出てくる語が「身に付く語」として提示されるものである。オンラインで読み物の本文が読めることが理想ではあるが、著作権の関係からすぐには適わないので、まずは各話題の「読み物リスト」と「身に付く語リスト」を表示させるにとどめる。

話題別読解は、主に中級以上の学習者の語彙を増やすことを目的とし、あくまで付随的語彙学習の中で内容理解とともに語彙を増やしていくことを意図している。そのためにも、質の良い教材を多くストックしておくことが大切になってくる。また実践にあたっては、多くの教材が必要になってくる

が、それを個人レベルで揃えるのは不可能である。オンラインで読めるようにすることを最終的な目標としたい。

①ログイン画面	
②話題選択画面	
【システム】 「話題一覧」「話題ネットワーク」を 表示する	【学習者】 読んでみたい話題を「話題一覧」また は「話題ネットワーク」から選ぶ
③読み物選択画面	
【システム】 選んだ話題に属する読み物リストを 表示する。	【学習者】 読みたい読み物を複数選ぶ
④「身に付く語」リスト表示画面	
【システム】 ③で選ばれた読み物について、予め 形態素解析していたデータを結合し、 6回以上の語を表示する。	【学習者】 「身に付く語」を確認する。
	【学習者】 選んだ読み物を読む。
⑤確認テスト	
【システム】 「身に付く語」として表示していた語 について、予め作成していた単語テス トを表示。正解したら、My Vocabulary List に登録。	【学習者】 「身に付く語」リストで表示された 語についてのテストを受ける。
次の話題へチャレンジ（②へ）	

図 2 「語彙学習のための話題別読解システム」の構想

5. おわりに

　この論文では、「食」「スポーツ」「環境」「経済」など、共通する話題の読み物をまとめて読むことで、その分野における重要語の出現回数を保証し、確実な語彙習得へと結びつけることを狙いとする「話題別読解」について紹介した。まだ試みの段階であるが、システムの構築、実用化も含め、これから実践を重ね有効な教授法として確立したい。

　なお、今回は「食」という、既存教材の中でも読み物の数が多い話題を取り上げたが、話題によっては、掲載されている読み物が少ないものもあり、その偏りは大きい。例えば、既存教材の読み物を話題別にリスト化した橋本 (2018) によると、山内 (編) (2013) の 100 話題のうち、「言葉 (206)」、「環境問題 (105)」、「町 (98)」など、どの教科書でも取り上げられやすい話題がある一方で、「税 (6)」「株 (3)」「選挙 (2)」「芸能界 (1)」などは該当する読み物が少なく、話題別読解を実践するには、読み物が足りない (括弧内の数字は読み物の数)。しかし、学習者の興味、関心、ニーズをきっかけに読解活動を行うのが話題別読解であるとするなら、どのような学習者にも対応できるよう、偏りなく様々な話題の読み物を準備しておく必要がある。今後は、既存教材に頼るだけでなく、話題別読解の教材化に向け、積極的に読み物を執筆していきたいと考えている。

調査資料 (表 1 に掲載の教科書　下線部が表中の略記)

<u>2nd</u>：『日本語 2nd ステップ』／<u>まる初 2・まる初中・まる中</u>：『まるごと日本のことばと文化初級 2 A2 りかい・初中級・中級』／<u>読解 20</u>：『初級日本語問題集読解 20 のテーマ』／<u>みんな I・II 25</u>：『みんなの日本語 I 初級』／<u>たね</u>：『日本語よみかきのたね』／<u>読み物 55</u>：／『たのしい読み物 55 初級＆初中級』／<u>初級総合</u>：『現代日本語初級総合講座』／<u>再考</u>：『日本社会再考』／<u>素材</u>：『生きた素材で学ぶ中級から上級への日本語』／<u>365 日</u>：『日本を知るその暮らし 365 日』／<u>上級読解</u>：『日本語上級読解』／<u>とびら</u>：『上級へのとびら』／<u>読み文</u>：『進学する人のための日本語初級読み文』／<u>楽しく初中・中</u>：『日本語を楽しく読む本初中級・中級』／<u>いつか</u>：『ストーリーと活動で学ぶ日本語いつかどこかで』／<u>新日本語中</u>：『新日本語の中級』／<u>できる中</u>：『できる日本語中級』／<u>上級読解入門</u>：『日本語を学ぶ人のための「上級読解」入門』／<u>新聞</u>：『新聞で学ぶ日本語』／<u>厳選中級</u>：『日本語学習

者のための読解厳選テーマ 10 中級』／京都：『京都・大阪とその周辺』／みんな中Ⅱ：『みんなの日本語中級Ⅱ』／東外中：『中級日本語Ⅰ・Ⅱ』／JBP Ⅲ WB：『Japanese for Busy People Ⅲ（WB）』／学ぼう中前：『中級を学ぼう中級前期』／文化中Ⅰ・Ⅱ：『文化中級日本語Ⅰ・Ⅱ』／総合初中・中：『総合日本語初級から中級へ・中級』／五とびら中・中上：『日本語五つのとびら中級・中上級』／新聞・改：『新聞で学ぶ日本語改訂版』／行こう：『中級へ行こう』／げんきⅠ・Ⅱ：『初級日本語げんきⅠ・Ⅱ』／NA中：『ニューアプローチ中級』／続読み：『続・読みへの挑戦』／Integrated：『中級の日本語改訂版An Integrated Approach to Intermediate Japanese』／テーマ中・改：『テーマ別中級から学ぶ日本語改訂版』／テーマ中・三：『テーマ別中級から学ぶ日本語三訂版』／J301：『日本語中級J301』／テーマ中・初WB：『テーマ別中級から学ぶ日本語初版WB』／出会い：『日本語で学ぶ留学生のための中級日本語教科書 出会い』／国境：『国境を越えて』／テーマ中・三WB：『テーマ別中級から学ぶ日本語三訂版（ワークブック）』／テーマ上・初WB：『テーマ別上級で学ぶ日本語初版WB』／素材・新：『新・生きた素材で学ぶ中級から上級への日本語』／五つ：『日本を考える五つの話題 上級日本語教材』／力・中：『読む力中級』

引用文献

酒井邦秀（2002）『快読 100 万語！ペーパーバックへの道』筑摩書房.

田中章夫（1978）『国語語彙論』明治書院.

橋本直幸（2016）「話題から見た語彙シラバス」森篤嗣（編）『ニーズを踏まえた語彙シラバス』pp. 33–51，くろしお出版.

橋本直幸（2018）『話題別読解のための日本語教科書読み物リスト 2017』（私家版）

望月正道・相澤一美・投野由紀夫（2003）『英語語彙の指導マニュアル』大修館書店.

山内博之（編）（2013）『実践日本語教育スタンダード』ひつじ書房.

付記

　この論文は、日本学術振興会科学研究費助成事業（基盤研究 C「話題別多読を用いた付随的語彙学習の体系化に関する研究」）の研究成果の一部である。

第**4**章

類義語分析のための
チェックリスト

建石　始

1.　はじめに

　この論文では、類義語分析のためのチェックリストを提案する。具体的には、日本語教師や中上級の日本語学習者が自力で類義語の分析ができることを手助けするような教材である。まず、その出発点として、山内 (2013) と砂川 (2014) を取り上げ、類義語に関する両者の主張をまとめる。次に、類義語に関する書籍を取り上げ、どのような内容が示されているかを確認する。さらに、ケーススタディとしてそのうちの 1 冊を分析し、類義語を分析する際のポイントや手がかりを示す。最後に、それをふまえた類義語分析のためのチェックリストを提示する。

2.　類義語に関する先行研究

　ここでは、類義語に関する先行研究として、山内 (2013) と砂川 (2014) を取り上げる。

2.1　山内 (2013)

　山内 (2013) はまず、学習者の誤用例には日本語として不適切な表現があり、その表現と本来の正しい表現は必ずしも意味的に似たものではないものの、原理的には必ず類似表現になるという主張を行っている。

（1）　先生、冷めたビールはおいしいですね。　　　　（山内 2013: 6）

（1）の場合、「冷えたビールはおいしいですね」とすれば不自然ではなくなり、学習者が間違った「冷める」と正しく訂正された「冷える」は類似表現になるのである。

　また、類似表現のうち、実質語に関するものは日本語学者の研究対象とはされにくいので、日本語教師自身が研究する必要があると指摘している。

（2）　①それは海の底にでした。海のいち番深い所にお城が②立っていて③その中にある人魚姫が④のんきに暮らしていました。⑤しかし⑥ある日は人間の少年に⑦ほれてしまいました。

（山内 2013: 6-7）

　例えば、（2）の場合、下線①〜⑦は（3）のように修正されるべきであることが指摘されている。

（3）　①それは海の底にでした。　⇒　それは海の底でのお話でした。
　　　②立つ　⇒　建つ
　　　③その中に　⇒　その中で
　　　④のんきに　⇒　のんびり
　　　⑤しかし　⇒　ところが
　　　⑥ある日は　⇒　ある日
　　　⑦ほれる　⇒　恋をする　　　　　　　　　　　　（山内 2013: 7）

（3）の①〜⑦のうち、①、③、⑤、⑥は日本語学者が研究対象とし得るので、その研究成果を調べればよく、②も国語辞典などで「立つ」と「建つ」の違いを調べれば理解できる。しかし、④と⑦のような実質語の違いについては、日本語学者が研究対象とするものではないため、日本語教師自身が分析して、違いを明らかにしなければならない。つまり、日本語学者が研究対象とするのは実質語ではなく、主に機能語であるため、実質語の使い分けに関する研究は日本語教師自らが行う必要があるのである。

　山内（2013）では、その具体的な方法として、教師間で研究会を複数回行うべきであるということが提案されている。

2.2　砂川 (2014)

　砂川 (2014) は山内 (2013) の主張に賛同したうえで、日本語教師は意味や使い方の似通った類似表現の使い分けを知ることが求められるが、辞書や参考書を調べても分からないことが多く、自力で分析する力を身につける必要があるという主張を行っている。

　それをふまえて、砂川 (2014) では類似表現調査の方法が紹介されている。具体的には、レキシカルプロファイリングを活用した実質語の検索ツールである NINJAL-LWP for BCCWJ (以下、NLB とする) の使い方を示し、「冷える」と「冷める」の違いが分析されている。また、コンコーダンサを活用した機能語の類似表現調査として「中納言」の使い方が示され、ニツレテ、ニシタガッテ、ニオウジテという複合辞が分析されている。

2.3　チェックリスト作成にむけて

　ここまで山内 (2013) と砂川 (2014) を取り上げてきたが、筆者も両者の主張に全面的に賛成する。山内 (2013) の指摘通り、実質語については日本語学者による研究成果はなく、日本語教師自らが分析しなければならない。また、砂川 (2014) で触れられているように、近年はコーパスや日本語を分析するツールが増えているので、日本語教師が類義語を分析しやすい環境が整いつつあると言える。

　しかし、そのような状況ではあるものの、日本語教師、あるいは中上級の日本語学習者にとって、いきなり類義語の分析を行うのはまだまだハードルが高いのではないだろうか。また、山内 (2013) では類似表現分析の方法論、砂川 (2014) では類似表現分析の道具やツールが提示されているが、具体的な教材は提示されていない。類義語の研究では、その違いを分析するために、注目するポイントや手がかりもある。それらを活かした教材を作成する必要があるように思われる。

　以上のような問題意識をもとに、日本語教師や中上級の日本語学習者が自力で類義語の分析を行う際に役立つチェックリストを作成する。それによって、日本語教師や中上級の日本語学習者でも比較的手軽に、かつ簡単に類義語の分析ができることを目標にしたい。

具体的な提案に進む前に、**3.** では類義語を扱った書籍がどの程度出版されていて、どのような内容になっているのかを概観しておく。

3. 類義語を扱った書籍

　類義語を扱った書籍は 1980 年代に刊行され始めて、2000 年代になると規模の大きな書籍が刊行される。その後、2010 年代になると写真や用例など、これまでになかった観点から分析されたものも刊行されている（詳細は調査資料を参照）。

　これらの書籍をどのような内容で構成されているかという観点から分類すると、(A) 類義語を項目立てて並べたもの、(B) 意味領域ごとに単語と解説を並べたもの、(C) その他、という 3 つに分けられる。

　まず、(A) 類義語を項目立てて並べたものは、『類義語使い分け辞典』『ちがいがわかる類語使い分け辞典』『小学生のまんが言葉の使い分け辞典 新装版』の 3 冊が該当する。

　類義語を項目立てて並べたものは、「○○ vs ××」という項目を立てて類義語の違いを説明しており、その項目を確認することで意味の違いが理解できる仕組みになっている。

　次に、(B) 意味領域ごとに単語と解説を並べたものは、『類語国語辞典』『類語大辞典』『使い方の分かる類語例解辞典』『分類語彙表─増補改訂版─』『講談社 類語辞典』『例解学習類語辞典』『必携 類語実用辞典 増補新版 中型版』『写真で読み解く類義語大辞典』『用例でわかる類語辞典 改訂第 2 版』『新明解類語辞典』『日本語シソーラス 第 2 版─類語検索辞典─』の計 11 冊である。

　意味領域ごとに単語と解説を並べたものは、例えば、『例解学習類語辞典』では「体・人生」「行動」「気持ち」「ようす」「自然」、『新明解類語辞典』では「天文・気象」「物象」「土地」「自然物」といった大分類からさらに下位分類を行い、その意味領域に当てはまる多数の単語について、詳細な解説を述べているものである。これらの書籍の特徴としては、意味領域が近い単語の比較が行いやすい、関連する単語を芋づる式に調査できるといったことが考えられる。

最後に、（C）その他は『基礎日本語辞典』である。これは一般の国語辞典と同様に五十音順に単語が配置されており、その単語の意味・用法に関する分析が述べられている。最後に関連語が掲載されており、結果的に類義語を扱った内容となっている。

類義語に関する書籍というと、「○○ vs ××」という項目を立てて類義語の違いを説明したものが想定されやすいが、実際にはそのような書籍はそれほど数が多くないことが分かる。

4. ケーススタディ―『類義語使い分け辞典』の分析―

2.3 で述べたように、日本語教師や中上級の日本語学習者にとって、いきなり類義語の分析を行うのはややハードルが高いように思われる。そこで、類義語を扱った書籍を観察することによって、類義語を分析するために注目するポイントや手がかりを見つけたい。

以下ではそのケーススタディとして、『類義語使い分け辞典』の分析を行った。具体的には、『類義語使い分け辞典』に掲載されている類義語の使い分けの記述について、中俣（編）（2017）を参考に作成した以下のチェック項目のどれに当てはまるのかを分析した。

【1】意味：意味に関する記述があるかどうか

【2】前文脈：その語が使われる文の前方に出現する表現に関する記述があるかどうか

【3】後文脈：その語が使われる文の後方に出現する表現に関する記述があるかどうか

【4】前接語：その語の直前に出現する語に関する記述があるかどうか

【5】後接語：その語の直後に出現する語に関する記述があるかどうか

【6】使用人物：その語を使用する人物（「男性／女性」、「若者／老人」など）に関する記述があるかどうか

【7】使用場面：その語が使用される場面に関する記述があるかどうか

【8】使用文脈：その語が使用される文脈に関する記述があるかどうか

【9】文体：文体（「文語／口語」、「硬い表現／柔らかい表現」など）に関する記述があるかどうか

上記の【1】から【9】のチェック項目に関して、記述があるかどうかを確認して、チェック項目にないもの、および分析の際に気づいたことがあれば「備考欄」に記入した。その結果、「備考欄」には次の内容を記入した。

　【10】自動詞・他動詞に関する記述

　【11】敬語に関する記述

　【12】プラス評価・マイナス評価

　【13】その他の品詞・用法

　【14】比喩・比喩的用法の有無

　【15】慣用的なものかどうか

　【16】語源

『類義語使い分け辞典』に掲載されている類義語の使い分けの記述を分析した結果、当初から想定していた【1】から【9】に加えて、【10】から【16】の内容も記述されていることが分かった。他の書籍における類義語の使い分けの記述でもおおむね同じような傾向があり、【1】から【16】の項目が類義語の使い分けの記述の一般的な内容と言える。

5. チェックリストの作成

　例えば、表1に示した類義語の違いを説明する際、どのような観点から説明するだろうか。

表1　類義語の具体例

うまい・おいしい／バイク・単車／超・めっちゃ
競う・争う／非常に・とても／なぜなら・というのは
参加する・参列する／怒(おこ)る・腹を立てる
噂・評判／腕前・技量／大雑把・おおらか
集める・揃える／欲しい・要る
近づく・近寄る／育てる・育む
住居・住まい／手並み・手際
割る・砕く／味・味わい
合併する・併合する／上がる・上(のぼ)る
寝る・眠る／すぐ・もうすぐ

表1の類義語の違いを説明するにあたり、4.のケーススタディをもとに、この論文では以下の項目をチェックリストとして取り上げる。

【1】使用する人物の違い 　　　　【2】書き言葉／話し言葉の違い

【3】使用される場面・状況の違い【4】イメージの違い

【5】結びつく表現の違い　　　　　【6】有生／無生の違い

【7】敬語・敬意の違い　　　　　　【8】比喩的・慣用的な用法の有無の違い

【9】動詞の自他の観点の違い　　　【10】意志性の違い

なお、4.で取り上げた「語源」という項目については、そもそも語源がはっきりしないものが多いこと、また語源が明らかになっても類義語の使い分けにはあまり役立たないことから、チェックリストとして取り上げなかった。

以下では、具体例とともに各項目の詳細を説明し、分析に困ったときの対処法についても触れておく。

5.1 使用する人物の違い

使用する人物の違いであるが、これには男女差や年齢差、地域差が当てはまる。ある類義語があった場合、一方を男性がよく使い、もう一方を女性がよく使う、あるいは一方を若い人がよく使い、もう一方を年老いた人がよく使う、さらには一方を標準語話者がよく使い、もう一方をある方言話者がよく使う、といった違いが見られる場合である。

具体的な例であるが、「うまい」と「おいしい」を比べた場合、「うまい」は男性がよく使うのに対して、「おいしい」は女性のほうがよく使うだろう。また、「バイク」と「単車」を比べた場合、「バイク」は若い人を中心に使われるのに対して、「単車」は年老いた人に使われるのではないだろうか。さらに、「超」と「めっちゃ」を比べた場合、「超」は標準語話者に使用されるのに対して、「めっちゃ」は主に関西人が中心となって使用される。

使用する人物の違いに関する分析に困ったときは、『名大会話コーパス』を使うのがよいだろう。『名大会話コーパス』には性別や年齢についての情報が付与されており、「中納言」を用いて分析することができる。それによって特徴の違いを出すことが可能となる（「中納言」の詳細は砂川 (2014)

を参照)。

5.2 書き言葉／話し言葉の違い

　書き言葉／話し言葉の違いは文字通り、一方が書き言葉でよく使われるのに対して、もう一方が話し言葉で使われるものを指す。書き言葉は文語や硬い表現、話し言葉は口語や柔らかい表現と言われることもある。

　例えば、「競う」と「争う」を比べた場合、「競う」は「争う」よりも書き言葉的だろう。また、「非常に」と「とても」を比べた場合、あるいは「なぜなら」と「というのは」を比べた場合、「非常に」や「なぜなら」は書き言葉で使われやすいのに対して、「とても」や「というのは」は話し言葉で使われやすいという特徴がある。

　書き言葉／話し言葉の違いに関する分析に困ったときは、書き言葉として『現代日本語書き言葉均衡コーパス』(以下、BCCWJ とする)、話し言葉として『名大会話コーパス』を使うのがよいだろう。『BCCWJ』と『名大会話コーパス』の総語数には約 70 倍の違いがあるので、それをふまえて分析すると、ある単語が書き言葉で使われやすい、あるいは話し言葉で使われやすいということが主張できる。

5.3 使用される場面・状況の違い

　使用される場面・状況の違いであるが、これは文字通り、類義語が使用される場面や状況に違いがある場合ということである。

　例えば、「参加する」と「参列する」を比べた場合、「参列する」は結婚式や葬儀の場面に限られるのに対して、「参加する」にはそのような制限はない。また、「怒(おこ)る」と「腹を立てる」を比べた場合、「怒(おこ)る」は必ず相手が必要なのに対して、「腹を立てる」は必ずしも相手が必要ではなく、自分に対して腹を立てる状況でも使用できる。

　使用される場面・状況の違いに関する分析に困ったときは、『BCCWJ』を使うのがよいだろう。その際に参考になるのが、レジスター(ジャンル)である。『BCCWJ』には書籍、雑誌、新聞、白書、教科書、広報紙、ベストセラー、Yahoo! 知恵袋、Yahoo! ブログ、韻文、法律、国会会議録というレジ

第4章　類義語分析のためのチェックリスト ｜ 53

スターが存在しており、使用されているレジスターに傾向の違いがあれば、使用される場面・状況の違いとして取り出すことができる。

5.4　イメージの違い

　イメージの違いとは、ある語にはプラスイメージが思い浮かぶのに対して、もう一方にはマイナスイメージが思い浮かぶような場合である。

　例えば、「噂」と「評判」を比べた場合、「噂になる」はどちらかと言えばマイナスイメージなのに対して、「評判になる」はプラスイメージとなる。また、「腕前」と「技量」を比べた場合、「腕前」は「相当な」「立派な」「確かな」「見事な」というプラスイメージの語が結びつきやすいのに対して、「技量」にはそのような傾向が見られない。さらに、「大雑把」と「おおらか」を比べた場合、同じようなことでも「大雑把」はマイナスイメージ、「おおらか」はプラスイメージになることは明らかだろう。

　イメージの違いに関する分析に困ったときは、『NLB』を使うのがよいだろう。『NLB』を使用して、どのような表現と結びついているのかを確認し、そこにプラスイメージを持つもの、マイナスイメージを持つものが含まれていたら、イメージという観点で違いがあることになる。

5.5　結びつく表現の違い

　「一つの文の中で、一緒に用いられることが多い複数の語」のことをコロケーションと言う（中俣 2014）。結びつく表現の違いとは、まさにコロケーションの違いと言える。

　例えば、「集める」と「揃える」を比べた場合、「集める」の目的語は「注目」「人気」「関心」「信仰」「尊敬」「支持」といった（他の人からの）気持ちに関する名詞が多いのに対して、「揃える」の目的語は「足並み」「両足」「膝」「口」「両手」「顔」「指」といった身体部分に関する名詞が圧倒的に多い。また、「欲しい」と「要る」を比べた場合、「欲しい」は「子供」「時間」「彼女」「お金」「情報」といった名詞が結びつくのに対して、「要る」は「勇気」「お金」「人」「力」「許可」という名詞が結びつく。同じような意味を持つ類義語でも、結びつく表現には大きな違いが見られる。

結びつく表現の違いに関する分析に困ったときは、『NLB』を使うのがよいだろう。上記の特徴も『NLB』を使用することで明らかになったものである。

5.6　有生／無生の違い

結びつく表現の違いから、有生／無生の違いを取り出すことも可能である。有生は生物や有情物、無生は無生物や非情物と言われることもある。

例えば、「近づく」と「近寄る」を比べた場合、「近づく」の主語は有生／無生の両方があり得るのに対して、「近寄る」の主語はほとんどが有生となる。また、「育てる」と「育む」を比べた場合、「育てる」の目的語は有生／無生の両方があり得るのに対して、「育む」の目的語はほとんどが無生となる。

有生／無生の違いに関する分析に困ったときは、『NLB』を使うのがよいだろう。有生／無生の違いは、基本的には結びつく表現の違いの一種となるので、『NLB』を使用することによって、類義語の違いが分析できる。上記の特徴も、『NLB』を使用することで明らかになったものである。

5.7　敬語・敬意の違い

敬語・敬意の違いであるが、典型的には、当該の類義語自体に敬語の有無の違い、あるいは敬意の有無の違いがある場合が考えられる。例えば、「住居」と「住まい」を比べた場合、接頭辞として「住まい」は「お」がつくのに対して、「住居」は「お」がつかないので、敬語の有無について違いがあることになる。

また、当該の類義語自体ではなく、それが結びつく表現に敬語や敬意の有無の違いがある場合も考えられる。例えば、「手並み」と「手際」を比べた場合、「手並み」は「拝見する」や「申す」という謙譲語と結びつくが、「手際」にはそのような傾向はない。

敬語・敬意の違いに関する分析に困ったときは、『NLB』を使うのがよいだろう。『NLB』を使用して、どのような表現と結びついているのかを確認し、そこに敬語や敬意に関する対象が含まれていたら、敬語・敬意について

違いがあることになる。

5.8　比喩的・慣用的な用法の有無の違い

　類義語の中には比喩的な用法の有無の違い、慣用的な用法の有無の違いがあるものも存在する。

　例えば、「割る」と「砕く」を比べた場合、「砕く」には「相手の夢を砕く」「敵の野望を砕く」「当たって砕けろ」といった比喩的な用法があるのに対して、「割る」にはそのような用法は存在しない。また、「味」と「味わい」を比べた場合、「味」には「味を占める」や「味も素っ気もない」といった慣用的な用法があるのに対して、「味わい」にはそのような用法は存在しない。

　比喩的・慣用的な用法の有無の違いに関する分析に困ったときは、国語辞典を使うのがよいだろう。類義語を一つ一つ国語辞典で調べることで、さまざまな用法に触れることができる。

5.9　動詞の自他の観点の違い

　動詞の自他の観点の違いは全ての類義語に関係するわけではないが、動詞の類義語については自他の観点からも分析が必要である。

　例えば、「合併する」と「併合する」を比べた場合、「合併する」は自他動詞なので、「2つの国が合併した」のような自動詞の用法だけでなく、「A国がB国を合併した」のような他動詞の用法もある。しかし、「併合する」は「A国がB国を併合した」のような他動詞の用法しかない。また、「上がる」と「上（のぼ）る」を比べた場合、「上がる」には対応する他動詞として「上げる」が存在するが、「上（のぼ）る」には対応する他動詞が存在しない。このような違いも動詞の自他の観点から明らかにできる。

　動詞の自他の観点の違いに関する分析に困ったときは、国語辞典を使うのがよいだろう。全ての類義語に関係するわけではないが、動詞の類義語については、自他の観点からの分析も有効となる。実際の分析では、国語辞典を観察することが効果的だろう。

5.10 意志性の違い

　意志性の違いも基本的には動詞に関係することであるが、ここでは「寝る・眠る」と「すぐ・もうすぐ」を取り上げたい。

　「寝る」と「眠る」を比べた場合、命令形の有無という点で違いが生じる。具体的には、「寝る」は命令形で「寝なさい」と言えるのに対して、「眠る」の命令形の「眠りなさい」は許容度が下がる。つまり、「寝る」は意志動詞なので命令形が使用できるのに対して、「眠る」は無意志動詞なので命令形が使用しにくいため、このような違いが生じている。また、「すぐ」と「もうすぐ」を比べた場合、「すぐ来い！」は自然だが、「もうすぐ来い！」は不自然である。「寝る」と「眠る」のような動詞だけでなく、「すぐ」と「もうすぐ」のような副詞も意志性という点で違いが生じているのである。

　意志性の違いに関する分析に困ったときは、『NLB』を使うのがよいだろう。『NLB』を使用して、どのような表現と結びついているのかを確認し、そこに意志性に関するものがないかどうかを観察すればよい。

6.　おわりに

　この論文では、類義語を効果的に分析するために、チェックリストを提示した。チェックリストの【1】から【10】は、類義語分析の際に分析しやすいものから順番に並べている。つまり、使用する人物の違いや書き言葉／話し言葉の違いは具体的なので分析しやすいが、動詞の自他や意志性に関する分析は抽象的であるため、やや難しいかもしれない。ただし、【1】から【10】の順番に分析する必要はなく、分析しやすい項目から始めてもらいたい。

　また、実際に類義語を分析する際には、チェックリストのいずれか一つをチェックすれば十分なものもあれば、複数の項目にわたってチェックできるものもある。いずれの場合でも、このチェックリストを利用することで、類義語の分析が行いやすくなることを期待している。

第4章　類義語分析のためのチェックリスト　| 57

類義語分析のためのチェックリスト

		チェック項目	分析に 困ったときは
【1】		その類義語を使用する人物に 特徴の違いはありますか	名大会話 コーパス
【2】		その類義語に書き言葉／話し言葉の 違いはありますか	BCCWJ と名大会 話コーパス
【3】		その類義語が使用される 場面や状況に違いはありますか	BCCWJ
【4】		その類義語にプラスイメージ／ マイナスイメージの違いはありますか	NLB
【5】		その類義語が結びつく表現に 違いはありますか	NLB
【6】		その類義語の主語や目的語に 有生／無生の違いはありますか	NLB
【7】		その類義語に敬語や敬意の 違いはありますか	NLB
【8】		その類義語に比喩的用法や慣用的用法の 有無の違いはありますか	国語辞典
【9】		その類義語に動詞の自他の観点で 違いはありますか	国語辞典
【10】		その類義語に意志性の観点で 違いはありますか	NLB

調査資料

『類義語使い分け辞典』研究社，1998.

『ちがいがわかる類語使い分け辞典』小学館，2008.

『小学生のまんが言葉の使い分け辞典 新装版』学研，2015.

『類語国語辞典』角川学芸出版，1985.

『類語大辞典』講談社，2002.

『使い方の分かる類語例解辞典』小学館，2003.

『分類語彙表 —— 増補改訂版 —— 』大日本図書，2004.

『講談社 類語辞典』講談社，2008.

『例解学習類語辞典』小学館，2009.

『必携 類語実用辞典 増補新版 中型版』三省堂，2010.

『写真で読み解く類義語大辞典』あかね書房，2013.
『用例でわかる類語辞典 改訂第2版』学研教育出版，2015.
『新明解類語辞典』三省堂，2015.
『日本語シソーラス 第2版 ── 類語検索辞典 ──』大修館書店，2016.
『基礎日本語辞典』角川書店，1989.

引用文献

砂川有里子（2014）「コーパスを活用した日本語教師のための類似表現調査法」『日本語／
　　日本語教育研究』5，pp. 7-27.
中俣尚己（2014）『日本語教育のための文法コロケーションハンドブック』くろしお出版.
中俣尚己（編）（2017）『コーパスから始まる例文作り』くろしお出版.
山内博之（2013）「日本語教師の能力を高めるための類似表現研究」『日本語／日本語教育
　　研究』4，pp. 5-20.

付記

　類義語の収集に関して、岡村裕美さんをはじめとする西北研究会のみなさまには大変お
世話になりました。ここに記して感謝の意を表します。

第5章

語彙に着目した日本語教科書作成プロセスの歩み

田中祐輔

1. はじめに

　この論文は、初級総合教科書作成者の証言分析と統計調査の二次分析を行うことで、これまで未解決であった初級総合教科書の作成プロセスを語彙的側面から明らかにし、語からはじまる教科書作成のための理論的枠組み構築に資する基礎的資料を提示するために行われるものである。後述するように、日本語教育において教科書は戦後一貫して大きな役割を果たしながら、一方で語に着目した教科書作成はなおざりにされてきた側面を持つ。この論文では、その経緯と要因、今後の教科書作成の展望について具体的に述べる。

2. 問題の所在

2.1 教材開発の活発化と重要性

　今日、日本語教材は確認されているだけでも 2,261 種あるとされ（田中 2016a）、教材作成は「戦国時代」（月刊日本語編集部 2011）とも称されるほどの活況を呈している。教材とは、効果的に授業を行うための道具であり、指導すべき内容や言語教育観を示し、指導のあり方を左右するものでもある（日本語教育学会（編）2005: 895、丸山 2008: 7）。そのため、日本語教師に必要な能力としても、教材の選択と分析、開発が挙げられ、それらの総合的

な知見を活用できることの重要性が指摘されている（文部科学省 2000）。

2.2 不足している語彙にまつわる教科書作成プロセスの研究

こうした中、「初級教材は、日本語の模型として作為によって作文され、収録する語彙や文法事項は、初級語彙・初級文法の体系化のための人為的選択が施される。」（森田 1986: 99）と論じられるように、初級総合教科書の語彙は人為的に選ばれてきた側面がありながら、具体的にどのようなプロセスで作成されているかに関する研究は十分に行われていないのが現状である。

戦後の教科書開発に関する記述を見てみると、その歴史は浅く、「教科書・教材制作のプロセスを克明に記録したものが公刊された例を、編者は寡聞にして知りません。」（関・平高（編著）2015: iii）といった状況で、書籍としては、前掲書や国際交流基金（2008）に限られている。特に、語彙に着目した教科書作成に関するものは極めて少なく、「これまでの日本語教育、特に初級の段階においては、多くの教科書やカリキュラムが文型・文法シラバスを軸として構築されており、学習者が必要とする語彙の教育に目が向けられることが少なかったと言える。」（三上 2006: 49）とも述べられている。教科書作成そのものが取り上げられることは少なく、検討された場合でも、どちらかというと文型を中心とした作成手法がトピックとなっているのだ。

しかしながら、「使用されるテキストに提出されている語彙、それがそのまま学習すべき語彙となるのが普通である。」（浅野 1987: 8）とされるように、教科書の語彙は日本語教育の根幹でもあり、教科書の語彙をいかに組み立てるかは、本来は日本語教育における重要な検討課題の一つとされなければならないものといえる。つまり、日本語教科書で取り扱われている語について、語彙に着目した教科書作成のプロセスを考察する必要があるのだが、そのための研究はまだ不足していると言って良いのである。

3. 研究の目的

そこで、この論文では、これまで未解決であった初級総合教科書の作成プロセスを語彙的側面から明らかにし、語からはじまる教科書作成のための理論的枠組み構築に資する基礎的資料を提示することを目的とする。

4. 研究の方法

　この論文では、以下の二つの手法と手順を用いて研究を行う。

　第一に、語彙に着目した教科書作成についての過去から今日に至る状況と、取り巻く背景を把握するために、統計調査の二次分析を行う。具体的には、戦後、日本語教育において教材はどのような状況にあったかを知るために、筆者が作成に携わった「日本語教材目録データベース（ver.1.0）」、及び、「日本語教材関連論文目録」を用いて戦後発行の日本語教材数と日本語教材関連論文数の推移を調査した。また、日本語教育を取り巻く背景について把握するために、「国内の日本語教育の概要」（文化庁文化部国語課）と「平成29年度外国人留学生在籍状況調査結果」（独立行政法人日本学生支援機構）を用いた公式統計調査の二次分析を行った。

　第二に、日本語教科書掲載語が、どのような事情やプロセスで作成・選択・利用されてきたかを明らかにするために、教科書作成者へのインタビュー調査を実施する。調査協力者は、吉岡（2012）掲載の初級総合教科書作成者からスノーボール・サンプリング法によって表1に示す計6名（延べ人数）が選出された。

表1　インタビュー対象

協力者	教科書発行年	調査日	調査地	協力者	教科書発行年	調査日	調査地
IA1	Book 01-1 (2008)	2016.09.23	東京都	IC1	Book 04-1 (1990)	2017.01.18	神奈川県
IA2	Book 01-2 (2009)				Book 04-2 (1993)		
IB1	Book 02-1 (2002)	2016.10.17	東京都		Book 05-1 (1998)		
IB2	Book 02-2 (2002)				Book 05-2 (1998)		
IC1	Book 03-2 (1981)	2017.01.18	神奈川県	ID1	Book 08 (2011)	2017.10.22	東京都

　調査は調査協力者に対し、半構造的面接調査方式を採り、2016年9月から2017年10月にかけて東京都、神奈川県において実施された。得られた回答は文字化した。データの最小単位は発話から話者交替までとし、引用にあたっては協力者名と発話番号を記した。引用に際して前後の文脈が見えづらくなる箇所については、筆者が「（※）」を用いて補足した。

　以上の研究方法を用いて、この論文では、これまで未解決であった、初級総合教科書の作成プロセスを語彙的側面から明らかにし、語からはじまる教

科書作成のための理論的枠組み構築に資する基礎的資料を提示する。また、得られた結果の考察を通して、今後の語彙に着目した日本語教科書作成の展望についても述べる。

5. 結果と考察
5.1 日本語教科書数と関連論文数の相関

　語彙に着目した日本語教科書作成について論じるには、少なくとも1945年にまで遡って戦後日本の出発から今日までの歴史を振り返る必要がある。なぜなら、日本語教科書は過去に起きた事象と密接な関わりを持つものであり、現状を理解するためには、過去も含めて把握することが重要であるためである。そこで、この節では、戦後の日本語教科書作成の歩みを概観し、現在に至る経緯と背景を大きく摑み出すことに主眼を置き、「日本語教材目録データベース（ver.1.0）」、「日本語教材関連論文目録」、「国内の日本語教育の概要」（文化庁文化部国語課）、「平成29年度外国人留学生在籍状況調査結果」（独立行政法人日本学生支援機構）を用いた統計調査の二次分析を行った。それぞれの結果について、（1）戦後刊行された日本語教材の年別発行数の推移を図2山グラフに、（2）戦後発表された日本語教材に関する論文の年別発表数の推移を図2棒グラフに、（3）高等教育機関在籍留学生数と日本国内の日本語学習者数の推移を図2折れ線グラフに示す。また、時々の日本語教育を取り巻く背景として、関連する主な出来事を吹き出し形式で示す。

　図2について、日本語教材数（山グラフ）と日本語教材関連論文数（棒グラフ）とは概ね同じような推移の傾向を持つことがわかる。両者の相関について明らかにするために、統計解析ソフト『R（R 3.4.3 GUI 1.70）』を用いて1950年から2011年までの相関係数を算出した。結果、r_1=0.87となり強い相関が見られた。さらに、1984年以降の国内日本語学習者数と教材数との相関も求めたところ、r_2=0.58と中程度の相関が見られた。日本語学習者数が増加する中で、日本語教材の数も増え、さらに、日本語教材の数が増える中で、日本語教材関連論文数も増加してきたことがわかる。

第 5 章　語彙に着目した日本語教科書作成プロセスの歩み　｜ 63

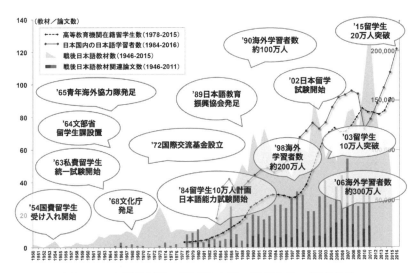

図 2　日本語教材数・関連論文数・留学生数・学習者数

　図 2 について、すべての数値が 1980 年代を境に増加傾向にある。例えば、1950 年代〜 1970 年代における日本語教科書の発行数は、1980 年代以降ほどは見られない。1950 年から 1979 年までの 30 年と、1980 年から 2009 年までの 30 年とを比較すると、日本語教科書数では 225：1,547（6.9 倍）となり、日本語教材関連論文数では実に 33：670（20.3 倍）となる。留学生数と日本語学習者数に関しては調査そのものが行われていない年もあるため同様の比較はできないが、1980 年代以降に飛躍的な増加が見られることは確かである。

5.2　教材開発を巡る言説
　戦後発表された教材関連論文をリスト化した「日本語教材関連論文目録」には、それぞれの文献について、筆者などが内容を確認した上でタグ付けを行っている。戦後発表された教材関連論文総数は 789 本であり、うち、教材の「作成」（タグ名称）に関わるものは 230 本で、全体の約 30% であった。230 本の推移を図 2 棒グラフの内訳（濃いグレーの棒グラフ）として示した。

1990 年以降からコンスタントに発表されてきたことがわかる。ただし、このうち、「語彙」について論じられたものは 2011 年までの論文数全体の約 6%（47 本）のみとなっている。戦後発表された教材関連論文のうち、教材開発に関するものは約 30% であり、そのうち語彙に関するものは全体の約 6% に過ぎず、「語」あるいは「語彙」に着目したものは、非常に少ないことがわかる。

5.3　作成者が参照する資料

　前節で明らかにした背景の中で、初級総合教科書の語彙はいかにして組み立てられてきたのだろうか。また、**5.2** で述べたように、そもそもなぜ、語彙に着目した教科書作成論議は稀少なのだろうか。初級総合教科書の作成者計 6 名へのインタビュー調査で得られた証言をもとに考察したい。

　まず、いずれの作成者からも、前例（既存教材）を参照、あるいは、それらを意識して作成したとの回答が得られたが、基本的には文型に着目して参考にされており、語彙に着目して過去の教科書を参照したケースは少なくとも今回のインタビュー調査結果からはほぼ見られなかった。

番号	発話内容
IA134	【IA2】：もともとが『みんなの日本語』の（※文型）シラバス通りに作ってくださいという部分があったんですね。提出順とかもそんなに変えないで。（中略）途中から同じの（※文型を）使わないでということになって、全く独自に（※文型を組み立てる）ということになったときに、改めてみんなで検討して、これは使用頻度そんなに少ない、多くないから項目じゃなくて理解文型のほうに移そうとか、そういった話し合いを進めながら組み上げていったというか。
IA145	【IA2】：基本的には『みんなの日本語』がベースなので、それにあとそれぞれ、今出てる初級のテキストとかを検討して、この本にはこれ出てないとかね、そういうのは個別には見ていきましたね。
IA151	【IA2】：日本語学校のっていうより、使う先生たちがどうしてあれ入ってないんだろうとか、これが入ってないとそのあと困るとかね。そういった部分の心配がないようにしたいというのもありましたので。
IB352	【IB2】：初心者が使っている本ですから、『新基礎』なりがあって、そこのシラバス。
IB354	【IB2】：でも活用は全部、て形、何とか形、動詞の活用は全部入れましょうと。それに関連するメインな文型も入れましょっていうようなことは意識しましたが。

第5章　語彙に着目した日本語教科書作成プロセスの歩み　|　65

　また、文型に関しては、『日本語能力試験出題基準（外部公開用）』（日本語能力試験企画小委員会（編）1993）が参照されたという証言も得られた。

番号	発話内容
ID22	【ID1】：ただし、必要ないものもあるんですよ。例えば「なければなりません」など初級の前半ではいらない。でも、入れたのは、日本語学校ですから日本語能力試験も考えておかなければならないからなんです。だから、いわゆる「嫌われ文型」的なものも入れました。

　つまり、既存教材を参照する際に語彙が着目されることは少なくとも今回のケースではほとんど見られず、既存教材の文型、もしくは、出題基準の文型が参照された上で作成が進められているのである。

5.4　語彙を組み立てる方法

　既存教材が参照されているわけではないとすれば、語彙は何を基準に組み立てられているのだろうか。IC1氏は会話と場面に着目して語彙を選定し、ID1氏はトピックと場面から語彙を構成していったと述べる。

番号	発話内容
IC493	【IC1】：会話ベースと場面ベースで作りましたね。それから語彙も、語彙はやっぱり工場に行ったら動作用語、いわゆる作業用語ありますよね。だけど、あんまり作業に特化しちゃうとやっぱりちょっと違うでしょう。だけど生活でも使う。でも技術場面でも使うだろうかなっていう、そういう動作用語をたくさん。例えば「はめる」とか「載せる」とか「しまう」とか「置く」とか、あるでしょう。そういうものとか、そういう言葉を抽出しましたね。
IC499	【IC1】：この30課だったら「かける」とか「並べる」「貼る」「しまう」「載せる」「下ろす」「準備する」「拭く」とか。拭くなんかもガラスを拭くなんて、生活用語にもあるでしょう。それでこの「壊れる」「割れる」「切れる」「破れる」「汚れる」「かかる」とか、「落とす」「捨てる」「拾う」とか、「間違える」とか、すごく大事な言葉をやりましたね。
ID19	【ID1】：まずは、さまざまなトピックや場面を出しました。その上で、どういう場面にするか、どういうトピックにするかといったことを話し合い、最終的にあのような形になりました。
ID20	【質】：トピックを出しましたが、初級に関していえば特に文型、そして語彙とマッチングさせなきゃいけない。
ID21	【ID1】：ある程度じゃなくて、とにかく一番合っていると思った場面にしました。その裏にはきちんと「この場面だったらこの文型」ということがありました。それが実現できるように努力したつもりです。

また、IA2氏によると、語彙については時代的な変化が激しく、既存教材や『日本語能力試験出題基準（外部公開用）』の語彙リストのみに基づいた選定は困難であり、学習者の生活環境なども考慮して選んだ事情もあったという。

番号	発話内容
IA173	【IA2】：時代変わっているので、3級の語彙の中には「漬物」とか入ってるんですよ。そんなのいらないわけで、逆に今になって考えれば、やっぱりパソコン関係の語彙とかそういうのは必須語彙で、使用頻度も使用場面も非常に高くなるだろうということで、そういうのは（※『日本語能力試験出題基準（外部公開用）』には）入ってないけど、入れてるとか。
IA186	【IA2】：彼ら（※学習者）も生活者なわけで、本で勉強するわけじゃなくて日本語を使う、自分の意志を相手に伝えるとか、そういうことのために必要な日本語なので。そのあとで結構批判が出てたのが、23課でリサイクルの話が出てくるんですね。ベンチだとか道路だとか、ペットボトルからこれができるみたいな、そういう部分があって。これが今までのテキストにはないことなんですね。それを私たちはこれを入れたいということで入れたんですけども。
IA187	【質】：ないというのはどういう？
IA188	【IA2】：まずリサイクルなんていう、普通に考えたら社会的に見ればごくごく一般的なことだけれども、今までのテキストにそういうものは扱われていなかった。
IA189	【質】：トピックとして。
IA190	【IA2】：トピックとして。というか、そもそも『みんなの日本語』に関してほかの本もそうなんですけど、トピックがなかったんです。『みんなの日本語』で学生が唯一喜んで楽しそうに勉強したのが「ダイエットはあしたからにします」っていうあの課なんですね。それ以外の課は全く実感、生活実感がない課、ない会話だし、ない文章だしっていうことになっちゃってたんで、とにかく私たちは今の社会に開かれたテキストにしたいということで、そういうのを載せたんですけれども、載せた当初はやっぱりなんでこんなの入れるんだ、初級の教科書なのにというのが結構批判としてありまして。でもそのうちなくなりましたね。やっぱりだって必要でしょ、ペットボトルとかというふうなことで、リサイクルとかだって必要な語彙なんで。当初やっぱり先生方も戸惑いがあるじゃないですか。今までのと想定外みたいなことだったと思いますけど。
IA576	【IA2】：（※著名な教科書でも）信頼されなくなっちゃったということの中に、ワープロが出てくるっていうのあったじゃないですか。実は私たちがこれを作ってる頃はテレビ電話なんてそんなにポピュラーじゃなかったのに、今はごくごく普通に行われてるとかね。この中で電子辞書とか出てきてるんですけども、もうほとんど死語ですよね、みたいにやっぱり時代どんどん変わっていくので、それの新しい時代の新しい必要な言葉とか、そういう部分はやっぱりもし改訂するんなら、ね、どんどん入れていかなきゃいけない。

第5章　語彙に着目した日本語教科書作成プロセスの歩み｜67

　IB1 氏と IB2 氏は、次のように述べ、想定する学習者の専門や年齢、興味関心に即した語彙選定を心がけたという。

番号	発話内容
IB364	【IB2】：語彙に関しては、作ってるときに悩んだんですが、例えばちょっといろいろ遊びの部分も入れまして、「これ・それ・あれ」のところで大人だから「これは何ですか？」「ペン」「消しゴム」ばっかりつまらないから、あれはタージマハルですとか何か。いろいろちょっと。
IB365	【IB1】：そうそう。スペースシャトルから見てね。
IB368	【IB2】：こういう語彙って初級でいらないですよね。
IB370	【IB2】：いらないと言えば、万里の長城とか。
IB373	【質】：ビル・ゲイツがマイクロソフトを作りました。
IB374	【IB1】：やはり（※作成した教科書の対象が理工系学生であったため）科学系に学生が（※関心を持つと思った）。
IB377	【IB2】：固有名詞が多いし、こういうふうに。ペニシリンというような言葉もありますし。
IB382	【IB2】：好奇心的なところも。「モーツアルトは音楽を聴いています」とか。
IB384	【IB2】：「ニュートンはリンゴを食べている」とか。
IB385	【IB1】：それはもうこっちから。「猿と遊んでいる」とかね。
IB386	【IB2】：そうそうそう。そしたらもっと厳密なことを突っ込まれました。「いやこれは違う」とかって、学生さんから。
IB387	【質】：事実関係が違うと。
IB388	【IB2】：あとは「は が構文」でいつも「目が大きい」とか、「髪が長い」を、「処理速度が速い」とか、「画面が大きい」とかちょっと入れたりしました。そうすると何となく嬉しいかなっていうような。
IB389	【質】：そうでしょうね。少し知的好奇心をくすぐるというか。
IB390	【IB2】：よくでもないですけど、特にリサーチャーの人がリディキュラス（ridiculous）とか言うんですね、「こんなトピックは」みたいなことを。頭はいい、だけど年いっているから覚えられない。この本読んでるけど、つまらないっていうことを言われるんですね。
IB391	【質】：それに少しでも寄り添ってあげるというか。
IB392	【IB2】：はい。そうすると語彙が増えますね。

　こうした教科書作成者それぞれの観点の違いが各教科書の語彙に反映されたことが、各教科書に掲載された語の中に、特定の教科書にのみ掲載された特色ある語が複数存在する要因であると考えられる。

5.5　初級総合教科書の語彙が共通する要因

　田中（2016b）によると、戦後発行の初級総合教科書の語彙には、共通するものとしないものとがある。共通しないものが生じる理由は、前節までに述べたように、語彙選定の着眼点が異なることによるものであろう。では、共通するものが選ばれる経緯にはどのようなものがあるのだろうか。

　IA1 氏と IA2 氏は、場面を中心に語彙選定を行う中で語の量が膨大になり、出版編集者のアドバイスを参照しながら削減したと述べる。

番号	発話内容
IA154	【IA1】：それとその IA2 先生のおっしゃったように場面を中心でやっていくので、その珍しくて楽しい場面になると、そこに関連する語彙が非常に "飛んでる語彙" になってしまって。普通では出てこない語彙になるわけですね。だから編集者の方もときどき頭を抱えて、「いや面白いけどこれはちょっとテキストにするにはあとの関連が、プラスアルファがちょっと多すぎる」みたいなので、これカットになったんだよね。
IA155	【IA2】：だいぶ没になりましたね。

　IC1 氏は、教科書作成は必然的にチームでの共同作業となるため、合意形成が重要であり、そのためには試用調査なども踏まえた根拠に基づき語彙の編集作業が進められる必要があったことを述べている。

番号	発話内容
IC464	【IC1】：そう、大変だったんです。もう喧々諤々だったから。それで、つまり AOTS の教材作成は共同制作だったんですね。共同制作だから良かったと思うんですけども、共同制作っていうことはみんなの合意を得なきゃいけない。
IC611	【IC1】：だからもういろいろ試行錯誤ですよ。それは私たちの勝手なあれは、やっぱり現場で使ってみたら使いにくいっていうでしょう。じゃあまた今度作り直しと言って。それでこれどうですか、これどうですかって、最終的に無駄を全部省いた。これはできない、これは授業でできない、分からないというのは全部省いた、落としたの。
IC639	【IC1】：I、II を含めてですよ。I、II を含めて試行 5 年かかってる。それの重みは大きいですよ。

　IA1 氏と IA2 氏は、チームでの意見が分かれる要因の一つとして、メンバーそれぞれが現場で対象としている学習者が異なることを挙げ、200 回以上に及ぶミーティングを実施し、意見のすり合わせを行ったことを述べている。

第5章　語彙に着目した日本語教科書作成プロセスの歩み　｜69

番号	発話内容
IA323	【IA2】：どれが正しくて、どれが間違ってるとかじゃなくって、私の学生だったらこうなんだっていう、そういう視点で話をしてるので私の意見に反対したとかそういう話じゃないので。
IA324	【IA1】：じゃないのね。そうそう。自分が学習者の代表みたいで、その人たちに一番いいテキストと思うから。みんなお互い分かり合って。
IA325	【IA2】：みんながそれを言っていたので。その中から落ち着いたところというか。最初の頃あんまり落ち着かなかったよね。
IA326	【IA1】：落ち着かなかったよね。でもお互い、私なんか、「ああ、こういうのか」とか、それからその日本語だけで教えていくっていうのをやったことがなかったので、「へえー」と感心することばっかりで、もう一からの勉強でした。ほんとに「ええ、そんな何年も教えてて」とおっしゃったんですけど、心の中ではほんとにゼロからの丁稚奉公だったよね。
IA327	【IA2】：それはやっぱり学生が違うから。当然、アプローチの仕方も違うし、到達目標も違うので。それはだからこっちも「へえー、そういうところもあるのか」と思って、逆にね。
IA328	【IA1】：そうそうそう。
IA329	【IA2】：こちらはこちらで研修生にとってどうなのかとか、短期で使うんだったらどうかとか。そういうふうな頭いいけど時間ない人たちはいったいどうしたらいいんだみたいな、そういったことを、「へえ、そういう視点もあるんだ」みたいなのをみんながそれぞれね、勉強してたんだよね。
IA330	【IA1】：そうなの、お互いが。
IA331	【IA2】：どうしても自分の範囲の、自分の目に見える学生をいつも見てるわけですから、そうじゃない日本語教育現場ってあんまり普段知る機会もないし。だからその範囲でしか考えなくなっているので、そういう意味では視野が広がったんじゃないかな、みんなね。
IA375	【IA2】：IA1先生、＊＊＊先生はたぶん、欧米の学生が自分の学生ですから意識してたと思います。そして、たぶんこの本をそのまま研修生のところとかに持っていけば、やっぱり研修生も全くそんなに違和感じないで見てくれると。今使ってもらってないんですけどね、AOTSではね。
IA376	【IA2】：日本語学校に持っていけば、やっぱり私の学生、あと＊＊＊先生の学生もですけども、そういう学生さんを念頭にして書いてるから違和感がないと。
IA379	【質】：全方位的に先生方がお持ちの学生さんに合うような形になったわけですね。
IA380	【IA2】：この本も、例えばこの間長野で講習があって行ってきたときに、長野のことが書いてあって、どなたか長野出身の方がいらっしゃるんですかって、学生がとても長野が出てくると喜ぶみたいなことがあったりするんですけど、そういうのもやっぱり。
IA390	【質】：そういった教材開発ができたっていうのは何が一番大きな要因だったんですかね。やはりチームワーク？
IA392	【IA1】：チームワークと自分たちの学生のために一生懸命。

IA393	【IA2】：遠慮しなかったということもありますよね。
IA394	【IA1】：あるかしらね。でもよく（※教科書作成会議が）二百十何回ぐらいありましたからね。
IA395	【質】：二百十何回。
IA396	【IA1】：219回、私メールちゃんと議事録取ってあって。それ全部ちょっと見て、もうちょっとあったかもしれない。1回目から私全部取ってあるの。というのは一応責任者だったので、何人で何についてどこまでやったっていうのは編集の方も全然いらっしゃらないので。いつも皆さんCCで全部送ってたの。
IA401	【質】：それは5年の作成期間において200回以上。
IA402	【IA2】：いえ、5年はメインテキストの作成期間で、そのあとに教師用ガイドとか文法説明とか入ってますので、結局7～8年かかってるんじゃないかな。

　ID1氏は、教科書を通じた学習によって何ができるようになるかが明確であることをコンセプトに作成を進める中で、作っては授業で使い、その結果を基に教科書作成会議で作り直すというサイクルを繰り返しながら内容を調整していったという。

番号	発話内容
ID218	【ID1】：授業が終わったら、使った先生からフィードバックをもらって、それをもとにしてまた改善という作業をやっていました。
ID220	【ID1】：小さな会議は毎日。

5.6　言語資源と技術を活用した語彙選定

　以上に見てきたように、初級総合教科書の語彙選定は、トピックや場面、学習者の属性や興味関心などに基づくそれぞれ独自の観点から行われながら、一方で、『日本語能力試験出題基準（外部公開用）』の文型や試用調査結果、出版編集者の意見、教科書作成チーム内の意見、などが取り入れられた上で組み立てられていることが明らかとなった。そうしたバランスを取るためのすり合わせに際しては、言語資源の利用についても証言が得られた。ID1氏は、日本語形態素解析システムである『茶筌』を利用した語彙選定も行ったことを述べている。

第 5 章　語彙に着目した日本語教科書作成プロセスの歩み　│71

番号	発話内容
ID64	【ID1】：7つの班を作りました。初級、初中級、中級、語彙班、文法班、漢字班、読み物班。
ID66	【ID1】：いくつも班がありますが、メンバーを少しずつダブらせるようにしました。
ID68	【ID1】：だから、語彙班には大学院で語彙の研究をした人も入っています。そこで、一番よく使われている『みんなの日本語』の語彙と比較をしたりしました。「茶筌」を使ったりして、それぞれの教科書の特徴なども見てみました。

6.　結論

6.1　日本語教材数と日本語教材関連論文数の背景にある学習者数の増加

　日本語教材数と関連論文数の相関と経年変化に関する調査から、双方ともに 1980 年代以降に飛躍的な増加が見られ、日本語教材数と日本語教材関連論文数とは概ね同じような量的推移の傾向を持つことが明らかとなった。また、1984 年以降の国内の日本語学習者数と日本語教材数との相関も求めたところ、r_2=0.58 と中程度の相関が見られた。日本語学習者数が増加する中で、日本語教材の数も増え、さらに、日本語教材の数が増える中で、日本語教材関連論文数も増加してきたということがデータから裏付けられ、学習者の数の拡大と多様化が教材数や教材関連論文数の背景にあったことが判明した。

6.2　議論されてこなかった語彙に着目した教材開発

　戦後の日本語教材に関する文献を俯瞰すると、戦後発表された日本語教材関連論文総数（789 本）のうち、教材の「作成」に関わるものは230 本で、全体の約 30% であり、1989 年から増加していることが明らかとなったが、このうち、「語彙」について論じられたものは日本語教材関連論文総数の約6%（47 本）のみとなっている。戦後に発表された日本語教材に関連する論文のうち、教材開発に関するものは半数にも満たず、「語」あるいは「語彙」に着目したものは、非常に少なかったことがわかるのである。

6.3　日本語教科書の語彙選定のプロセス

　教科書作成者へのインタビュー調査の結果、いずれの作成者からも、前例として既存教材を参照したとの回答が得られた一方で、基本的には文型を中

心に参考にしており、語彙に着目して過去の教科書を参照したケースは少なくとも今回の調査結果においては見られなかった。また、同じく文型に関しては『日本語能力試験出題基準（外部公開用）』が参照されたという証言が複数得られており、既存教材を確認する際に語彙が着目されることは稀で、既存教材の文型、もしくは、出題基準の文型が参考にされた上で骨子が形作られていると言える。

語彙の選定については、会話、場面、トピック、学習者の専門や年齢、興味関心など、さまざまな観点がそれぞれの教科書作成において設定されており、教科書毎に独自性のある語が掲載される要因の一つとなっている。ただし、一方で、作成チームや出版編集者、学習者の意見を取り入れ、すり合わせる中で、不要と考えられていた語の追加や、逆に必要と考えられていた語の削除なども行われ、こうしたバランスが取られる中で、それぞれの教科書に共通する部分も生まれていたことが明らかとなった。

7.　おわりに

戦後の学習者数の増加は、教材作成や教材を巡る議論の活発化につながったが、語彙に着目した教材作成については検討されづらい傾向にあった。その要因には、語彙については時代的な変化が激しく、既存教材や『日本語能力試験出題基準（外部公開用）』のみに基づいた選定は困難であり、文型に着目した教材開発手法が主流となっていることが挙げられる。インタビュー調査結果から明らかになった教科書の語彙選定のプロセスからは、会話、場面、トピック、学習者の専門や年齢や興味関心に基づく語の選択が見られ、各教科書の掲載語の特色が生まれる理由が浮かんでくる。さらに、近年の教科書掲載語の選定においては、言語資源を活用した取り組みも見られ、本書の他の章でも用いられている KY コーパスや名大会話コーパス、現代日本語書き言葉均衡コーパスといった大規模データに基づく語彙選択が、語彙に着目した教科書作成の実現に大きな可能性を持つことが示唆された。

今後は、既存教科書の多くで採用されている文型に着目した開発手法のように、語彙に着目した開発手法の理論的枠組みについても検討されるべきであり、この論文がそうした活動の基礎的資料となれば幸いである。

引用文献

浅野百合子 (1987)『教師用日本語ハンドブック5　語彙』凡人社.

月刊日本語編集部 (2011)『月刊日本語 —— 特集戦国時代到来?! 教科書について考えよう ——』アルク.

国際交流基金 (2008)『教材開発』ひつじ書房.

関正昭・平高史也 (編著) (2015)『教科書を作る』スリーエーネットワーク.

田中祐輔 (2016a)「解説 日本語教材目録データベース」吉岡英幸・本田弘之 (編)『日本語教材研究の視点 —— 新しい教材研究論の確立をめざして ——』pp. 225-226, くろしお出版.

田中祐輔 (2016b)「初級総合教科書から見た語彙シラバス」森篤嗣 (編)『ニーズを踏まえた語彙シラバス』pp. 1-27, くろしお出版.

日本語教育学会 (編) (2005)『新版日本語教育辞典』大修館書店.

日本語能力試験企画小委員会 (編) (1993)『日本語能力試験出題基準 (外部公開用)』国際交流基金.

丸山敬介 (2008)「日本語教育において「教科書で教える」が意味するもの」『日本語教育論集』24, pp. 3-18.

三上京子 (2006)「日本語教育のための基本オノマトペの選定とその教材化」『ICU日本語教育研究』3, pp. 49-63.

森田良行 (1986)「初 - 中級移行過程における語彙教育」『講座日本語教育』22, pp. 98-108.

文部科学省 (2000)「日本語教育のための教員養成について (報告) (抄)」日本語教員の養成に関する調査研究協力者会議.

吉岡英幸 (2012)『日本語教材目録及び日本語教材関連論文目録』文部科学省科学研究費補助金による基盤研究 (C)「日本語教材の史的研究」研究成果報告書.

付記

〔1〕この論文は、インタビューでお話いただいた方々の貴重なご教示に基づくものです。ご助力いただきましたことを、心より感謝申し上げます。

〔2〕この論文は、日本学術振興会科学研究費 18K12432 の助成を受けたものです。

第二部

教材案Ⅰ：コース単位で利用できるアイディア

第**6**章

初級語彙の学習負担を減らす工夫と教材化

岩田一成

1. はじめに

　この論文では初級語彙の提示方法について考察する。その際、近年の学習者層の広がりを考慮すると、学習負担の軽減が大きな課題になる。例えば漢語語彙について考えると、非漢字圏の学生が増加している現状では、これまでと同じ授業形態では授業が成立しないことが予想される。独立行政法人日本学生支援機構が調査を始めた平成16年（それ以前は文科省が行っている）では中国（66.3%）と台湾（3.5%）からの留学生を合わせると全体の7割を占めていた。ところが平成26年になると中国（41.2%）・台湾（3.5%）を合わせても45%程度である。ベトナム人、ネパール人留学生の増加を考えると、非漢字圏の学習者が多数派を占めるようになっている。漢字を理解できる学習者には、これまで漢語記憶のコストをあまり考えなくても授業は進められたが、これからはそうはいかない。

2. 分析データ—KYコーパス—

　この論文では初級語彙を、中級までの学習者がよく使っている語彙という意味で用いる。ここで言う中級とはOPI（会話能力テスト）基準である。山内（編）（2013）でも指摘しているが、語彙には具体度や、親密度・必要度といった尺度で測れる違いがあり、'本'のような学習者にとって具体的で親

密度が高いものもあれば、'首都'のような低いものもある。よって、中級までの学習者にとって使いやすい語彙を初級で提示してはどうかという発想で議論を行う。山内（2009）では、OPI の中級を取った学習者が用いている文法を初級文法項目とすることを提案しているが、語彙研究としても同じ手法を取ることになる。つまり、OPI で初級・中級を取った学習者の発話に含まれる語彙を初級語彙と設定する。調査方法は KY コーパスを用い、初級・中級のデータすべて（45 人分）を形態素解析器にかけた。

表 1　学習者（初中級）の発話に出てくる実質語上位 100

んー、はい、ああ、あの（感動詞）、する、あの（指示詞）、うん、あー、そう、私、日本、ある、いる、時、一、御、何、あっ、ううん、ちょっと、人（助数詞・接辞の－人を含む）、今、んっ、－さん、えー、言う、それ、ええ、行く、良い、無い、来る、事、二、その、分かる、語、ゼロ、この、見る、好き、三、で、後、先生、中国、思う、勉強、どう、住む、もう、なる、日、学校、食べる、車、五、これ、韓国、方、所、自分、一緒、前、あまり、何時（いつ、いつも、いつか、など）、出来る、色々、料理、時間、大学、済む、中、作る、入れる、六、本当、友達、うー、四、どんな、分、とても、違う、良く、年、はあ、えーと、例えば、本、知る、仕事、映画、えっ、難しい、授業、まだ、たぶん、大体、家

・学習者の発話だけを抽出し、{笑}／［大学名 1］などの文字起こし上の書き込みはすべて削除
・助詞／助動詞といった機能語、記号類はカウントせずに得られた実質語は 3,257（異なり）で、延べは 40,074 である
・表 1 の上位 100 の語彙は出現頻度 66 以上である
・形態素解析のわかりにくい語彙素表示については筆者が一般的な表示に変換

　表 1 から読み取れるのは、「んー、はい、ああ」といった感動詞が上位を占めており、「あの、その、この」といった指示詞が続く。他には「わたし、自分、先生」のような人に関する語彙、数詞関連・時間語彙、疑問詞、副詞・接続詞などがあげられる。動詞や形容詞も加えてこれらの一覧を表 2 に示す。

第6章　初級語彙の学習負担を減らす工夫と教材化　│ 79

表2　カテゴリー別に分類した初中級学習者の高頻度使用語彙

感動詞　んー　はい　ああ　あの　うん　あー　そう
指示詞　あの　その　この
人に関する言葉　私　自分　先生　友達　－さん　－人（日本人など）
数詞関連語彙　一　二　三　四　－人（助数詞）
時間語彙　今　前　後　－時　－時間　－分
疑問詞　何　いつ　どう　どんな
副詞・接続詞　いつも　ちょっと　もう　まだ　とても　あまり　本当（に）
　　　　　　　たぶん　だいたい　たとえば　で／じゃあ
動詞　する　ある　いる　言う　行く　来る
形容詞　良い　無い

　学習負担の低減という視点から、これらの語彙の提示方法を検討するのが
この論文の目的である。なお、初級語彙の議論は、まずは意図的なコミュニ
ケーションに絞り、表2にある感動詞を除外して進めたい（感動詞について
は本書第13章の小西論文が詳細に論じている）。これは定延（2016）で指摘
されているような感動詞の重要性を否定するものではないが、教育対象とし
ての優先順位を考慮した結果である。今後の議論において表2を、活用の
ない語彙（指示詞、人に関する言葉、数詞関連語彙、時間語彙、疑問詞、副
詞・接続詞）と活用のある語彙（動詞、形容詞）に区別して進めたい。**3.**、
4. で両者の内容を吟味する。

3.　活用のない語―実質語 C―

　2. で扱った初中級レベルの学習者が高頻度で使用している語彙の中で、
指示詞、人に関する言葉、数詞関連など活用のない語のことを以後、高頻度
非活用語彙と呼びたい。この高頻度非活用語彙は、山内（2012）で実質語 C
（次のページの表3参照）と呼んでいるものと重なる。これらは話題に従属
しない語彙のことである。ここではまず語彙の話題従属性について少し説明
したい。

　例えば、「課長」「上司」「残業」という言葉を頭に浮かべてほしい。これ
らの言葉は「会社」という話題のときならよく使うが、「テレビゲーム」の
話題のときにはさほど使わない。「コントローラー」「RPG」「アクション」

などという言葉は「テレビゲーム」の話題で使うが、「好きな食べ物」という話題では使わない。これらの語彙は話題に従属していると言える。一方、「明日」「いつも」「何」「3人」などの言葉は特定のトピックに限定されることはなく、どんな話題にも必要になる。これらが話題に従属しない語彙ということになる。

　山内 (2012) で実質語 C を表 3 のように説明している。実質語 A は具体物を、実質語 B は抽象概念を表し、共に話題に従属しているものである。表 3 の一番右には機能語があり、辞書的意味を持たないものがここに入る。このように見ていくと、実質語 C の特徴は、実質語であるため辞書的な意味を持ち、抽象概念であり、話題に従属しないという点であることがわかる。

表 3　実質語の分類 (山内 2012)

カテゴリー	実質語 A	実質語 B	実質語 C	機能語
例	アパート	首都	昔	を
具体・抽象	具体物	抽象概念		
話題との関係	話題に従属する		話題に従属しない	
辞書的意味	あり			なし

　実質語 A・B のような話題に従属する語彙は、学習者のニーズによって習得されていくことが予測される (次章の山内論文で扱う)。冒頭の例で言うと留学生のように会社組織に関わらない人は「課長」「上司」という語彙は当面不要であり、ゲームに興味がない人は「コントローラー」や「RPG」という語彙に関心がないはずである。ところが、実質語 C は話題を選ばないので、全学習者に共通して必要な語彙であると言える。山内 (編)(2013) では、国立国語研究所の『分類語彙表』を参考に実質語 C を 20 カテゴリーに分類している (表 4)。高頻度非活用語彙をこれらのカテゴリーと重ね合わせてみると、表 5 の 5 カテゴリーを中心に対応していることがわかる。

表 4　実質語 C のカテゴリー

1　名・定義・分類・等級	11　難易
2　存在・出現	12　強弱
3　位置関係	13　変化
4　量	14　程度・限度
5　推移・過程	15　蓋然
6　時間関係	16　意識・無意識
7　関係・関連	17　条件・譲歩
8　因果関係	18　疑問・不定
9　類似・相違	19　数
10　特徴・様相	20　挨拶・決まり文句

表 5　初級語彙における実質語 C

カテゴリー名：（　）内は表 4 の分類番号	表 2 の対応語彙
時間関係　（6）	時間語彙
程度・限度　（14）	副詞・接続詞
疑問・不定　（18）	疑問詞
数　（19）	数詞関連語彙
挨拶・決まり文句　（20）	感動詞

　一部、指示詞などは対応するものが表 4 にないが（山内（編）2013 では指示詞を機能語と判断して表 4 に分類していない）、高頻度非活用語彙は表 4 に概ね含まれていることはここで確認しておきたい。

　ただし、表 5 を見ると、高頻度非活用語彙のような基本的なやりとりに使われる語彙は実質語 C においてそれほど広範囲には分布しないことがわかる。例えば、表 2 のリストで表 4 の「14　程度・限度」に当てはまるものは「ちょっと、もう、とても、あまり、だいたい（山内（編）2013 では記されていないが、「本当に」もここに当てはまるはずである）」と多いが、「15　蓋然」のカテゴリーでデータと一致したのは、「たぶん」だけである。この論文では OPI で初級・中級を取った学習者の発話だけを分析しており、「14　程度・限度」を含む表 5 の 5 カテゴリーは、コミュニケーションの基本に関わる可能性があるとも言える。

4. 活用のある語

ここでは **2.** で扱った初中級レベルの学習者が高頻度で使用している語彙の中で活用のある語を扱う。特に動詞に注目して分析するため、これらを高頻度動詞と呼びたい。動詞の活用は初級教材において文法シラバスの骨格を形成しており、動詞語彙の分析は非常に重要であると考える。**2.** で用いたKYコーパスのデータから動詞の出現頻度上位50（頻度15以上）を抽出してみると表6のようになる。KYコーパスに出現する動詞は異なり語数361、延べ語数5,957であるが、上位50までで全体の82.8%をカバーできる。

表6　出現頻度上位50の動詞

(勉強、お願い、どう、結婚、仕事)する、ある、いる、言う、行く、来る、分かる、見る、思う、住む、なる、食べる、出来る、作る、入れる、違う、知る、聞く、買う、帰る、やる、持つ、読む、教える、入る、乗る、終わる、起きる、話す、出る、使う、寝る、かかる、会う、置く、取る、かける、困る、切る、待つ、遊ぶ、申す、考える、書く、歩く、壊れる、死ぬ、いらっしゃる、習う、忘れる、飲む

・出現頻度50位の動詞（頻度15）は二つあるため、語彙は全部で51となっている
・'する'については前接名詞（ひとつ前、もしくは二つ前に接続している名詞）を高頻度順に列挙している
・形態素解析のわかりにくい語彙素表示については筆者が一般的な表示に変換
・形態素解析器で動詞と判定しても、「済む←すみません」「御座る←ございます」「願う←おねがいします」のような単独で動詞として使用がないもの（少ないもの）は削除

5. 初級教科書の分析

ここでは初級教育の流れを鳥瞰したい。山内（2015）では初級の文法を3分割して、A「丁寧形の文法」B「動詞の活用（普通形）」C「普通形接続を必要とする文法項目」としている。現役教師の方がイメージしやすいように『みんなの日本語　第2版』（以下『みんな』）を基準に対応付けてみると以下のようになる。

表7　初級教育の概観

山内（2015）の三分割	『みんな』の対応課
A「丁寧形の文法」	第1–13課
B「動詞の活用（普通形）」	第14–20課
C「普通形接続を必要とする文法項目」	第21課以降

第6章　初級語彙の学習負担を減らす工夫と教材化　｜83

　表7の3区分を順に見ていきたい。まずはA「丁寧形の文法」の期間である。動詞の活用タイプに関わらず「ます／ません／ました／ませんでした」が接続できる丁寧形は、比較的シンプルである。動詞のグループを暗記していなくても丁寧形は作成できる。つまり、このAの期間は文法学習の負担が小さい。一方、この間に実質語Cは段階的に導入されていく。数詞関連語彙と時間語彙を例に『みんな』における実質語Cの扱いを見てみる。

表8　『みんな』における数詞関連語彙・時間語彙の出現順

出現課	内容
はじめに	0〜10　までの　数字
1課	○歳
2課	部屋番号
3課	○円
4課	電話番号、　○時、　○曜日
5課	日付
11課	助数詞各種

　Bの期間（14課から20課）に入ると、動詞のて形に加えて、辞書形、た形、ない形といった普通形を導入する。これらは複雑な変化（いわゆる音便を持った活用）を持つ活用で、文法学習にかかる負担は大きなものになる。この間の動詞語彙はどのように扱われているのであろうか。『みんな』では、1-13課までに、40の動詞が導入される（動詞が初めて出てくるのは4課以降で、1課当たり4動詞）が、14課以降、新出動詞の導入スピードは上がり、20課までに72の動詞が新たに導入される（1課当たり約10動詞）。なお、動詞の数は『訳本・文法解説』各課の語彙を集計しており、会話や読み物に出現する動詞はカウントしていない。

　Cの期間は、て形や普通形に接続する述部形式（てしまう、ておく、てある、てみる、と思う、のだ、など）がたくさん導入されると同時に、新たな活用も出てくる。この間に勉強する活用は、意向形、命令形、条件形、可能、受身、尊敬、使役と続く。一方、この間の新出語彙量もこれまでと同じペースで、21課から50課までに253の動詞を新たに導入することになる（1

課当たり約8動詞)。初級全体で365の動詞が導入されることになる。ここまでの議論をまとめたものが表9である。

表9　初級教育における文法と語彙の関係

3区分	文法	語彙
A期間	丁寧形	実質語C 平均4動詞／課
B期間	普通形	平均10動詞／課
C期間	その他の活用形 普通形に接続する各種述部形式	平均8動詞／課

　ここまでの議論を踏まえて、以下に各期間の問題点をあげたい。Aの期間は文法よりも語彙の習得に重点が置かれることになる。しかし表8のように緻密に細分化された積み上げ式は、確実に暗記してこないと頭に体系が積み上がっていかない。学習者の頭にこれほどきれいに積み上がるのかという疑問が浮かぶ。第1課を勉強するときにはすでに「はじめに」で数字は学習済みであるという状態で授業が進む。また、少しずつ提示すると忘れたときに戻る場所がバラバラになってしまう（自分でノートを作っていれば話は別であるが）。

　BCの期間は、文法ルールと大量の動詞語彙導入で学習負担は大きくなることが予想される。「第14課（て形の導入）以降、学習者が辛そうに勉強している」という声が聞かれるのは、このせいであろう。

6.　語彙の提示案

　ここでは活用のない語と活用のある語に分けて順に提示案を出す。まず活用のない語（高頻度非活用語彙）は実質語Cと呼ばれるものであった。これらは積み上げ方式で順に提示するのではなく、一覧表にしていつでも見られるようにしておく方がいいのではないかと考える。出現頻度の高い語彙が一覧になっていれば、暗記していなくてもそれを見ながら言語活動に参加することができる上に、これらの語彙を忘れたときここに戻ってくればよい。活用がない語彙なので、指さしをするだけでも意図を伝達することができる。

　参考になるのは庵（監修）（2010）『にほんごこれだけ！1』の付録として

ついている一覧表 (松田真希子氏案) である。このアイデアは踏襲しつつ、高頻度非活用語彙が網羅できるように作ったものを「高頻度非活用語彙の一覧 (案)」としてこの論文の文末に提示する。具体的には『にほんごこれだけ！1』付属の一覧表に、指示詞 (あの、その、この) や副詞・接続詞 (ちょっと、もう、まだ、とても、あまり、本当に、たぶん、だいたい、たとえば、で / じゃあ) を追加したものになっている。副詞は、動詞の活用を補う機能を持っており、活用を避けて発話できる長所がある。

ごはんは食べ<u>ていません</u>。　⇒　ごはんは<u>まだ</u>です。
旅行に行く<u>かもしれません</u>。⇒　<u>たぶん</u>旅行に行きます。

　活用のある語は動詞に絞って議論してきたため、高頻度動詞と呼んでいた。初級では動詞を大量に導入するのではなく、高頻度動詞の上位 50 に絞ってしまうことを提案する。ついては、高頻度動詞の上位 50 の妥当性をここで論じる。中俣 (2014) は初級でよく使われる 93 の文法項目について、コーパスベースでそれらに前節する語のランキングを示している。言わば自然な例文を作る際の【各文法項目＋動詞】のペアを明らかにしている。この論文では中俣 (2014) の 93 項目のうち動詞が前節する 92 項目 (ただし 1 項目としてカウントされている「終わる・終える」をこの論文では別カウントして 2 項目としているため 93 項目扱い) を対象とし、それらに前節する動詞上位 3 までをすべて集めた (計 279 項目)。表 10 にそのランキングを示す。

表 10　初級文法項目とのコロケーションでよく使われる動詞

する、なる、ある、言う、見る、思う、行く、いる、来る、教える、わかる、考える、できる、やる、出る、知る、食べる、見える、ある、ござる、書く、言える、生きる、行う、忘れる、聞く、進める、勧める、読む、話す、寝る、頑張る、鳴く、いたる、関わる、入れる、泣く、変わる、心配する、願う、やめる、守る、置く、終わる、入る、出でる、経つ、止める、歩く、持つ、失う、鳴る、座る、立つ、済む、作る、使う

　表 10 中「出る」までの上位 15 語は、表 6 の高頻度動詞にすべて含まれており、これだけでカバー率は 81.72％である。高頻度動詞 50 で表 10 中の

88.53％をカバーできる点を考えると、これらの動詞で初級文法項目の自然な例文をほとんど作ることができると言える。

　そもそも **5.** で確認したとおり、『みんな』では 365 の動詞を導入していた。「まえがき」で紹介したように、教科書が採用する語彙ははっきりした基準や根拠があるわけではなかった。この論文で提案している上位 50 の動詞に絞って新出動詞を抑えることで、BC 期間（表 7 参照）の学習者の負担を大きく減らすことができるのではないだろうか。上位 50 なら、A の期間に導入が終わるので、BC 期間はひたすら活用練習だけに集中できることになる。

7. おわりに

　この論文では、語彙の学習負担をどのように減らすべきかを論じた。具体的には初級語彙の中で、活用のない語（高頻度非活用語彙）とある語（高頻度動詞）に分けて論じてきた。初級教育の実態に合わせて、丁寧形の文法を導入する時期（A の時期）と普通形以降の時期（BC の時期）に分けて議論を行っている。この論文の提案は以下のとおりである。

A の時期　高頻度非活用語彙は一覧にして見せる／高頻度動詞を導入する
BC の時期　新規動詞の導入はせず高頻度動詞で活用練習をする

　実質語指導の全体像を考えるため、ここで山内（2012）の表 3 を再掲する。右端の機能語については、従来の初級教育で中心に扱われてきたものである。

表 11（表 3 再掲）　実質語の分類（山内 2012）

カテゴリー	実質語 A	実質語 B	実質語 C	機能語
例	アパート	首都	昔	を
具体・抽象	具体物	抽象概念		
話題との関係	話題に従属する		話題に従属しない	
辞書的意味	あり		なし	

　実質語に注目すると、高頻度非活用語彙が実質語 C に当てはまることは

すでに述べた。高頻度動詞は実質語 ABC に広く分布するものであることを考えると、残された課題は実質語 AB に大量に含まれる活用のない語彙（主に名詞）をどうするかということになる。この課題については次章の山内論文をご覧いただきたい。

調査資料

『KY コーパス』鎌田修・山内博之，version 1.2，2004.

『みんなの日本語 初級 I 第 2 版 本冊』スリーエーネットワーク（編著），スリーエーネットワーク，2012.

『みんなの日本語 初級 I・II 第 2 版 翻訳・文法解説 英語版』スリーエーネットワーク（編著），スリーエーネットワーク，2012，2013.

『外国人留学生在籍状況調査』独立行政法人日本学生支援機構（2017 年 10 月 21 日閲覧）（http://www.jasso.go.jp/about/statistics/intl_student_e/index.html）

引用文献

庵功雄（監修）(2010)『にほんごこれだけ！1』ココ出版.

定延利之 (2016)『コミュニケーションへの言語的接近』ひつじ書房.

中俣尚己 (2014)『日本語教育のための文法コロケーションハンドブック』くろしお出版.

山内博之 (2009)『プロフィシェンシーから見た日本語教育文法』ひつじ書房.

山内博之 (2012)「日母語話者の日本語コミュニケーション能力」野田尚史（編）『日本語教育のためのコミュニケーション研究』pp. 125–144，くろしお出版.

山内博之 (2015)「あとがき」庵功雄・山内博之（編）『データに基づく文法シラバス』pp. 257–262，くろしお出版.

山内博之（編）(2013)『実践日本語教育スタンダード』ひつじ書房.

高頻度非活用語彙の一覧（案）

あの　その　この
あれ　それ　これ
○　　○　　○

ちょっと　もう　まだ
とても　あまり　ほんとうに　だいたい
たぶん　たとえば　で（じゃあ）

おとつい　きのう　きょう　あした　あさって

○ようび（曜日）：げつ（月）か（火）すい（水）
　　　　　　　　もく（木）きん（金）ど（土）にち（日）

まいにち　まいあさ　まいしゅう
まいばん　いつも／よく　ときどき／たまに

だれ
どう
どうして
どうやって
どこ
どの
どれ・どっち
どんな
いつ
いくつ
なに
なん…
　なんにん
　なんこ
　なんさい
　なんねん
　なんばい

第 6 章　初級語彙の学習負担を減らす工夫と教材化　│ 89

0	10	20	400
1	11	30	500
2	12	40	600
3	13	50	700
4	14	60	800
5	15	70	900
6	16	80	1000
7	17	90	5000
8	18	100	10000
9	19	200	100000
		300	1000000

○がつ（月）　　1 月〜12 月

1	2	3	4	5	6	7
8	9	10	11	12	13	14
15	16	17	18	19	20	21
22	23	24	25	26	27	28
29	30	31				

じゅうにじ
じゅういちじ　　　　　　　　いちじ
　じゅうじ　　　　　　　にじ
　　くじ　　　　　　さんじ
　はちじ　　　　　　よじ
　　しちじ　　　　ごじ
　　　　ろくじ

ひとり　ふたり
さんにん　よにん
ごにん　ろくにん
しちにん　はちにん
きゅうにん　じゅうにん

いっさい　にさい
さんさい　よんさい
ごさい　ろくさい
ななさい　はっさい　きゅうさい
じゅっさい

あさ　　　　　ひる

ゆうがた　　　　ばん

第7章

スタンダードを利用した語彙の教材化

山内博之

1. はじめに

　この論文では、次の（1）から（3）の主張に基づき、山内（編）（2013）『実践日本語教育スタンダード』（ひつじ書房）を利用した語彙教材の作成方法を紹介する。

　　（1）　名詞を制する者が語彙教育を制する。

　　（2）　直接的に名詞を収集しない。動詞を収集し、収集した動詞に名詞を収集させる。

　　（3）　動詞は覚えさせるが、名詞を覚えることは強制しない。どの名詞を覚えるかはそれぞれの学習者に任せる。

　最初に、**2.**から**4.**において、上記の（1）から（3）までの主張について解説する。次に、**5.**と**6.**において、その考え方に基づいて作成した教材を紹介し、その具体的な作成方法についても述べる。

2. 名詞を制する者が語彙教育を制する

　2.では、**1.**の（1）に示した「名詞を制する者が語彙教育を制する。」ということについて説明する。筆者は、山内（2016）において、「名詞を制する者が語彙シラバスを制する」と述べた。**1.**で示した（1）は、その「語彙シラバス」を「語彙教育」に置き換えたものである。

通常の言語活動において、名詞は、最も使用頻度が高い品詞である。次の表1は、BCCWJ（現代日本語書き言葉均衡コーパス）全体の品詞別の延べ語数と異なり語数をまとめて表にしたものである。なお、この表は、国立国語研究所のホームページにおいて公表されている BCCWJ の品詞構成表に基づいて作成した。

表1　品詞別に見た BCCWJ の延べ語数と異なり語数

品詞	延べ語数	異なり語数	延べ語数 / 異なり語数
助詞	31,428,580	139	226,105
助動詞	10,279,970	71	144,788
連体詞	997,276	48	20,777
接続詞	481,094	35	13,746
代名詞	1,516,372	121	12,532
接尾辞	3,346,976	779	4,297
接頭辞	868,076	268	3,239
形容詞	1,588,226	794	2,000
動詞	14,148,216	9,540	1,483
形状詞	1,314,004	1,689	778
副詞	1,830,329	3,071	596
感動詞	161,716	371	436
名詞	36,651,588	168,210	218
合計	104,612,423	185,136	565

表1を見ると、異なり語数においても、また、延べ語数においても、名詞の出現数が第1位であることがわかる。つまり、品詞別に見た場合、BCCWJ の中では、名詞は、その存在が最も顕著なものであるということである。

また、右端の列を見ていただければわかると思うが、表1では、延べ語数を異なり語数で除した値が大きい順に、品詞を上から並べてある。右端の列を見ると、名詞が最も小さい値になっていることがわかる。この値は、1種類の語が何回使用されているかということを示すものである。助詞は、1種類の語が、平均して 226,105 回も使用されているのだが、名詞は、1語に

つき、218回使用されているのみである。このことは、名詞は、1語覚えても、それをあまり何回も使えないということを意味している。名詞は、話題や場面によって使用されるものが異なっているのであろう。

　どんな話題を扱うか、また、どんな場面に遭遇するかは、人によって異なる。したがって、覚えていなければならない名詞も、人によって異なることになる。人によって異なるものをシラバス化したり、授業で扱ったりするのはなかなか難しい。そのため、どうしても名詞の習得は学習者任せになってしまいがちであり、語彙習得研究などにおいても、学習ストラテジーに研究の焦点が当てられることが多くなっている。しかし、使用が最も顕著な品詞が名詞であることは、先に述べたとおりである。扱わなければいけないのだけれども、教師が扱うのが非常に難しいのが名詞である。やはり、「名詞を制する者は語彙教育を制する」ということになるのではないか。

3.　動詞に名詞を収集させる

　3. では、**1.** の（2）に示した「直接的に名詞を収集しない。動詞を収集し、収集した動詞に名詞を収集させる。」ということについて述べる。

　前ページの表1は、山内（2016）においても掲載したものであるが、そこで主張したことは、機能語と実質語は二分されるべきものではなく、最も機能語的なものから最も実質語的なものまでが連続的に並んでいるということである。そのような観点から名詞と動詞を見てみると、名詞はまさに実質語の典型であるのだが、動詞はかなり機能語的な性質を持つものであることがわかる。一般的な考え方に従い、仮に、最上段の助詞から接頭辞までを機能語、その下の形容詞から最下段の名詞までを実質語であると考えると、動詞は、実質語の中では、形容詞に次いで機能語に近い存在であることがわかる。

　このような傾向は、BCCWJ のみでなく、KY コーパスにおいても見出すことができる。つまり、日本語の書き言葉に基づくコーパスのみでなく、非日本語母語話者の発話コーパスからも同様の傾向を見出すことができるということである。次の表2は、OPI で「中級−下」であると判定された9名のデータに、茶筌による形態素解析を施し、「動詞−自立」「形容詞−自立」「名詞−一般」というタグが付いた語について、その出現数等をまとめたも

のである。

表2　品詞別に見た「中級－下」話者の延べ語数と異なり語数

品詞	延べ語数	異なり語数	延べ語数 / 異なり語数
動詞－自立	849	140	6.1
形容詞－自立	282	65	4.3
名詞－一般	1,265	398	3.2

　表2の右端の列を見ると、名詞は1種類の語が3.2回しか使用されていないのに対し、動詞は6.1回使用されていることがわかる。つまり、表1と同様の傾向が表れているということである。ただし、表1では、動詞より形容詞の方が、延べ語数を異なり語数で除した値が大きかったが、表2では、動詞の方が値が大きくなっている。データ数が少ないので確かなことは言えないが、学習者言語においては、形容詞よりも動詞の方が、より機能語的だということであろうか。

　以上のように、表1と表2から、名詞よりも動詞の方がより機能語的であることがわかる。つまり、名詞よりも動詞の方が、話題や場面によって使用に差が出ることが少なく、したがって、学習者のニーズによって使用に差が出ることが少ないので、動詞は、覚えるべきリストのような形で語彙シラバスを提示しやすい。

　名詞は、その動詞の目的語となり得るものを、適宜、リストアップすればよいのではないだろうか。たとえば、初級では、「食べる」「飲む」という2つの動詞はすべての学習者が覚えるものとしてリストアップする。そして、次に、そのヲ格名詞になり得る「ご飯、パン、うどん、そば、カレー、シチュー、ステーキ、ハンバーグ、唐揚げ、焼肉、刺身……」及び「水、お茶、コーヒー、紅茶、牛乳、ジュース、ビール、ワイン、ウイスキー、日本酒、焼酎、カクテル……」などをリストアップする。このような考え方を示したものが、1.の（2）で述べた「直接的に名詞を収集しない。動詞を収集し、収集した動詞に名詞を収集させる。」ということである。

4. 名詞を覚えることは強制しない

4.では、1.の（3）で示した「動詞は覚えさせるが、名詞を覚えることは強制しない。どの名詞を覚えるかはそれぞれの学習者に任せる。」ということについて述べる。

3.で述べたように、動詞は名詞よりも機能語的である。たとえば、機能語の典型である格助詞は、すべての学習者が学ぶべきものである。「が、を、に、へ、と、から、より、で、まで」を覚えなくてもいいという学習者は非常に想定しにくい。また、動詞についても、たとえば、「食べる」「飲む」といった基本的な動詞を覚えなくていいという学習者は想定しにくい。「食べる」「飲む」のみでなく、「行く」「来る」「帰る」「見る」「聞く」「読む」「書く」「知る」「わかる」「ある」「いる」なども同様である。これらは、格助詞と同じぐらい、学習者にとっては学習が必須となるものなのではないだろうか。つまり、格助詞やこれらの動詞は、日本語の教科書や教室において提示されなければならないものであり、教師は、それらすべてを教えるつもりで教壇に立つべきであろう。

一方、たとえば、「食べる」「飲む」のヲ格名詞になり得る「ご飯、パン、うどん、そば、カレー、シチュー、ステーキ、ハンバーグ、唐揚げ、焼肉、刺身……」及び「水、お茶、コーヒー、紅茶、牛乳、ジュース、ビール、ワイン、ウイスキー、日本酒、焼酎、カクテル……」などは、必ずしも、そのすべてを教える必要はないし、学習者もそのすべてを覚える必要はない。そう考える理由は、主に2つある。

1つめの理由は、格助詞や動詞と異なり、名詞の使用は人によって異なるということである。たとえば、学習者が未成年だったり、アルコールに興味のない人だったりした場合には、「ビール、ワイン、ウイスキー、日本酒、焼酎、カクテル」などの名詞は、あまり必要でない可能性がある。また、飲食にあまり興味のない学習者が、「そば、シチュー」「日本酒、焼酎」を知らなかったとしても、特に問題はない。「食べる」「飲む」という動詞を使えずに上級話者になることはあり得ないと思うが、「そば、シチュー」「日本酒、焼酎」という名詞を知らなくても、上級話者になり得るのではないか。

2つめの理由は、実際の言語活動場面においては、名詞がわからなくて

も、何とかなることが多いということである。名詞には「具体物を表す名詞」と「抽象概念を表す名詞」があると考えられるが、特に「具体物を表す名詞」がわからず、その現物が目の前にある場合には、「これは何ですか。」「これは日本語で何と言いますか。」などと問いかけることによって、その場を切り抜けられたり、当該の名詞を覚えられたりする可能性がある。

また、たとえば、「なめくじ」と言いたくても、「なめくじ」という名詞を知らなかった場合には、「かたつむりに似ているんですが、背中の貝のようなものがないんです。」などと説明すれば、会話の相手が「ああ、なめくじですね。」と言って、その名詞を教えてくれる可能性がある。

さらに、他の品詞と違い、名詞は用法が簡単である。活用するわけでもなく、文の中での出現位置も、助詞もしくは助動詞「だ・です」の前に現われるケースがほとんどであり、その場で覚えた名詞であっても、その使い方に迷うことは少ないだろう。教室での学習は多少アバウトに考えた方が、名詞というものの性質には合っているのではないだろうか。

以上が、「動詞は覚えさせるが、名詞を覚えることは強制しない。どの名詞を覚えるかはそれぞれの学習者に任せる。」ということの説明であり、根拠でもある。

5. 初級語彙の教授項目

2. 〜 4. では、1. の（1）〜（3）の主張について説明した。次に、これらの主張に基づいた初級の語彙教材の作成を試みる。5. では、その準備段階として、日本語教育の初級において、どのような語彙の教授項目があるのか、その全体像を示す。

次ページの表3は、初級における語彙の教授項目の全体像である。ちなみに、この表3は、本書第1章の山内論文の 11 〜 14 ページに掲載されている表5と表6から、必要部分を抜き出して作成したものである。

第7章　スタンダードを利用した語彙の教材化 ｜ 97

表3　初級における語彙の教授項目

課	教授項目（語彙）
第1課 自己紹介	（1）私はXです。 （2）私の趣味はXです。
第2課 私の家族	（3）Xは優しいです。 （4）母はXです。
第3課 学校案内	（5）ここはXです。 （6）これはXです。
第4課 私の部屋	（7）私の部屋にはXがあります。 （8）私の部屋にはXがいます。
第5課 私の一日	（9）Xに行きます。 （10）Xに帰ります。 （11）Xで行きます。 （12）Xを見ます。 （13）Xを読みます。 （14）Xに会います。
第6課 食べたい！買いたい！	（15）Xを食べます。 （16）Xを飲みます。 （17）Xのはどれですか。 （18）Xを買います。
第7課 楽しかった旅行	（19）Xに行きました。 （20）Xを見ました。 （21）Xに泊まりました。 （22）Xを持って行きました。
第8課 高校時代	（23）好きな科目はXでした。

　第1章の山内論文においては、山内（2015）で示した初級文法シラバスと
セットになるような形で、初級の語彙シラバスを示した。つまり、表3の
語彙の教授項目には、それとセットになった文法の教授項目があるというこ
とである。

　表3には、第1課の「（1）私はXです。」から第8課の「（23）好きな科
目はXでした。」まで、23種類の文があり、そこに23個のXがある。これ
ら23個のそれぞれのXにどのような名詞群が入り得るのかは、第1章の山
内論文の11～14ページの表5と表6に示したとおりである。たとえば、
第1課の「（1）私はXです。」のXには、次の（4）から（7）までの名詞
が入り得る。

（4） 先生、教師、教員、医者、歯医者、看護婦、医師、公務員、役人、官僚、官、警官、お巡りさん、警察、刑事、消防、巡査、警部、検事

（5） サラリーマン、事務、営業、秘書、従業員、社員、タイピスト、配達、ドライバー、職人、大工、技師、エンジニア、カメラマン、工員、業者、問屋、〜屋、店員、ボーイ、ウェートレス、コック、給仕、パイロット、スチュワーデス

（6） 記者、ジャーナリスト、作家、詩人、画家、歌手、モデル、役者、俳優、女優、タレント

（7） 社長、部長、課長、代表、重役、〜長、主任、幹部

これら（4）から（7）までの名詞群は、山内（編）（2013）の第1章「言語活動・言語素材と話題」の「労働」という話題の名詞リストから収集したものである。（4）は、その中の【公共サービス】という意味分類に属する名詞、（5）は【サラリーマン等】に属する名詞、（6）は【特殊業】に属する名詞、（7）は【役職】に属する名詞である。

このように、第1章の山内論文の表5、表6と山内（編）（2013）の第1章の名詞リストを照らし合わせながら見ていけば、表3の23個のそれぞれのXに入り得る名詞群を、上記の（4）から（7）のような形で書き出していくことができる。

6. 初級の語彙教材

6. では、実際に作成してみた初級の語彙教材を提示する。

次の表4は、表3で示した第1課「自己紹介」の「（1）私はXです。」のXを学習するための教材である。

第 7 章　スタンダードを利用した語彙の教材化　| 99

表 4　第 1 課の語彙教材（1）

私は（　　　）です。

◇辞書で意味を調べよう。

学生　先生　サラリーマン　公務員　医者　看護士　警察官
カメラマン　エンジニア　パイロット　フライトアテンダント
新聞記者　作家　画家　歌手　俳優　女優　モデル　タレント

◆覚えたいことばを書こう。

　この教材は、前ページの（4）から（7）の名詞群を眺め、初級の第 1 課で使用するのにふさわしいのではないかと思われる名詞を、筆者が主観的に選び出して作成したものである。また、その際、（4）から（7）にはなかったが、加えておいた方がいいと思った名詞も加えた。（4）から（7）までのリストがなくても表 4 の教材を作ることは可能かもしれないが、ゼロから作成するより、候補となる名詞群を眺めながら作成する方が、やはりずっと楽なのではないかと思うし、できあがった教材の質もよくなるのではないかと思う。また、（4）から（7）までのようなリストを眺めることによって、そこにはないけれども入れた方がいいという名詞も思いつきやすくなるのではないか。

　表 4 の教材の漢字にはすべてルビを振り、宿題として使用することを想定している。教材の中の「辞書で意味を調べよう。」「覚えたいことばを書こう。」という文は、初級学習者には意味がわからないであろうと思われるので、母語や英語で訳を書いておいたり、教室で意味を説明したりという配慮が必要である。教材にある「学生」から「タレント」までの語を辞書で調べて意味を書き、その中で覚えたい語があったら、下欄に書き出して覚えるというのが、この教材の趣旨である。また、その際、リストアップされていない名詞であっても、自分で覚えたいと思うものがあったらそれも合わせて書き出して覚えることも有効であろうし、そのような名詞をクラスで発表して

もよいだろうと思う。

　次の表5は、同じく第1課の「（2）私の趣味はXです。」のXを学習するための教材である。表5の教材の作成方法及び使用方法は、表4の教材と同じである。

表5　第1課の語彙教材（2）

私の趣味は（　　）です。

◇辞書で意味を調べよう。

スポーツ　テニス　サッカー　ゴルフ　ダンス　歌　絵　習字
釣り　登山　ハイキング　旅行　散歩　ドライブ　読書　料理
映画　テレビゲーム　音楽　ピアノ　ギター　バイオリン
フルート　トランペット　ドラム

◆覚えたいことばを書こう。

　表4と表5は、ともに第1課の教材であるので、次に、もう少し課の進んだ教材を示しておく。次の表6は、第7課「楽しかった旅行」の「（19）Xに行きました。」のXを学習するための教材である。

表6　第7課の語彙教材

（　　）に行きました。

◇辞書で意味を調べよう。

外国　海　島　湖　川　山　高原
美術館　博物館　動物園　植物園　公園　遊園地　広場　温泉
教会　神社　お寺　城　宮殿
駅　空港　港　停留所　ガソリンスタンド
売店　食堂　交番　病院　銀行　郵便局　大使館　税関

◆覚えたいことばを書こう。

第 7 章　スタンダードを利用した語彙の教材化　|　101

　まず、この教材の作成方法についてであるが、本書第 1 章の山内論文を見ると、「(19) X に行きました。」の X には、山内 (編) (2013) の第 1 章「言語活動・言語素材と話題」の「旅行」という話題の中の【行き先】【温泉】という意味分類に属する名詞群、さらに、「町」という話題の中の【公共施設・公的機関】【文教施設】【商業施設】【交通拠点】【寺社・教会】【遺跡・歴史的建造物】【タワー等】という意味分類に属する名詞群が入り得ることがわかる。

　そして、それらの意味分類の名詞群の中に、具体的にどのような名詞が含まれているのかということは、山内 (編) (2013) を見ればわかる。山内 (編) (2013) から抜き出す形で、「旅行」の【行き先】【温泉】に属する名詞を (8) と (9)、「町」の【公共施設・公的機関】【文教施設】【商業施設】【交通拠点】【寺社・教会】【遺跡・歴史的建造物】【タワー等】に属する名詞を、それぞれ (10) から (16) に示す。

（ 8 ）　国、外国、海、島、温泉、泉、湖、〜湖、砂漠、国境、水平線、高原、山頂、氷河、教会、神社、寺、〜寺、城、名所、塔、宮殿、遺跡、聖堂、寺院、公園、遊園地、パーク、〜ランド、レストラン、パブ、町、街並み、街道、祭り、行事、カーニバル、闘牛、サーカス

（ 9 ）　温泉、湯

（10）　警察、交番、消防、消防署、〜署、大使館、役所、県庁、役場、税務署、税関、病院、銀行、郵便局

（11）　大学、小学校、中学校、高校、高等学校、幼稚園、短大、校舎、図書館、映画館、美術館、動物園、〜園、劇場、博物館、ホール、講堂、公園、プール、グランド、コート、テニスコート、広場

（12）　店、デパート、スーパーマーケット、店屋、商店、売店、ショップ、問屋、薬局、八百屋、床屋、書店、洋品店、レストラン、喫茶店、食堂、ホテル、旅館、民宿、モーテル

（13）　駅、空港、港、〜港、停留所、桟橋、ガソリンスタンド、ドライブイン、インターチェンジ

（14）　教会、神社、寺、〜寺、寺院

(15)　城、跡、宮殿、碑、遺跡

　(16)　塔、タワー

　これら（8）から（16）までの名詞を眺めて適当な名詞を抜き出し、さらに、ここにない名詞を多少足したりもして作成したのが、100ページの表6の教材である。

　なお、表6の教材が、第7課のタイトルである「楽しかった旅行」という話題領域の中のものであるということを、ここで確認しておきたい。97ページの表3を見ると、第5課「私の一日」にも「（9）Xに行きます。」という動詞「行く」のニ格名詞を対象とした教授項目があることがわかる。しかし、当然のことながら、旅行として行く場所と日常生活の中で日課として行く場所はかなり異なっている。たとえば、「海」「温泉」「美術館」「宮殿」などに、旅行で行くことはあっても、日常生活の中で日課として行くことはまずない。逆に、日常生活の中で「会社」や「高等学校」に行くことはあっても、旅行で行くことはまずないであろう。

　第1章の山内論文で、第5課「私の一日」の「（9）Xに行きます。」のXに入り得る名詞群を見てみると、「町」という話題の【公共施設・公的機関】【文教施設】【商業施設】【会社・工場】【交通拠点】という意味分類の名詞群となっている。これを、第7課「楽しかった旅行」の「(19)Xに行きました。」のXと比べると、一部に重なりを持ちつつも、全体としては、かなり異なっていることがわかる。

7.　おわりに

　以上、**2.** から **4.** においては語彙教育に関する基本方針を示し、**5.** と **6.** では、その方針に基づいて試作した初級用の語彙教材の例を示し、また、その作成方法も示した。

　この論文のタイトルは、「スタンダードを利用した語彙の教材化」であるが、語彙教材を体系的に作成していくためには、山内（編）(2013) のような、いわゆる日本語教育スタンダードの存在が決定的に重要であるように思う。スタンダードの存在なしに語彙教材を作るということは、98ページの（4）から（7）のような語彙リスト、また、101～102ページの（8）から（16）

のような語彙リストをまったく利用せず、自分の頭のみを使って語をひねり出して教材を作っていくということである。機能語は数が少ないので、「学習者に必要な文法はすべて自分の頭に入っていて、いつでも自由に取り出して教材が作れる」という教師はいるかもしれない。しかし、実質語、特に名詞に関しては、決してそうはいかないだろう。やはり、（4）から（7）及び（8）から（16）のような語彙リスト、つまり、いわゆる日本語教育スタンダードのようなものが必要なのではないかと思う。

　しかも、（4）から（7）及び（8）から（16）のような、意味分類を施したリストだと、リストにない語の存在にも気づきやすい。たとえば、（11）を見れば、「保育園」がないことにはすぐに気づくし、（12）を見れば「肉屋」「魚屋」がないことにも気づく。特に実質語に関しては、すべての語を網羅した完璧なリストはあり得ないので、リストにない語の存在に気づきやすくなるような工夫が施されていることは、語彙リストにとって非常に重要なことである。

引用文献

山内博之（2015）「話し言葉コーパスから見た文法シラバス」庵功雄・山内博之（編）『データに基づく文法シラバス』pp. 185–198，くろしお出版．

山内博之（2016）「あとがき」森篤嗣（編）『ニーズを踏まえた語彙シラバス』pp. 253–256，くろしお出版．

山内博之（編）（2013）『実践日本語教育スタンダード』ひつじ書房．

第8章

初級漢字語の教材化

本多由美子

1. はじめに

　この論文では非漢字圏学習者を対象にした、初級の漢字を使った初級の語の教材化を考える。漢字は1字ごとに意味を持つ。例えば「春＝はる」は漢字1字で語を表す。しかし、漢字は語の一部として用いられるほうが多い。例えば「飲」を見ると、「飲む」のように送りがなをともなって1語になり、「飲食」や「飲み物」、「スポーツ飲料」のように、他の漢字や語との組み合わせによって複数の語を形成する。また、「電」や「員」は常用漢字表に訓読みがなく、「電車」や「会社員」のように常にほかの漢字や語とともに用いられる。漢字を学ぶことは1字ごとの知識をもとに語を学ぶことにつながる。

　初級の漢字の授業を担当する先生方から「漢字のテキストを使って授業をしているが、漢字の導入に時間がかかりテキストに掲載されている漢字を使った語の例を十分に扱う余裕がない」という話をよく耳にする。加納（2011）が、漢字学習では漢字の「形（字形）、音（読み）、義（意味）」に加え漢字が語として用いられる際の「用法」も覚える必要があると指摘しているように、漢字学習では扱う情報が多い。授業では限られた時間で多くの漢字を扱うため、他の漢字や語と組み合わさって語を形成する「語を形成する『用法』」まで十分に扱えないことがあるのではないかと思われる。また、初

級では漢字を使った語の知識が少ないことから、まずは「学校＝がっこう＝school」のように一語をひとまとまりで扱い、学習者が語の表記をそのまま暗記することが少なくないと聞く。一般に中級以降では書き言葉が増え、漢語の量が急激に増加する。中級に入る前の段階で、漢字と語の関係を整理することが大量の漢語を理解していくために役立つのではないだろうか。

　語の学習には読み方や使い方など様々な項目があるが、この論文では、学習者の漢字の理解度を上げることを目指し、初級の語における漢字と語の意味のつながりに焦点を当てた教材を考える。この論文では、「行く」「近所」「新年会」「飲み物」など漢字を1字以上含む語を「漢字語」と呼び、漢字語の中で初級漢字のみを含む語を「初級漢字語」とする。

2. この教材の考え方
2.1　語と漢字表記を結びつける「意味要素」

　この教材では、語と漢字を結びつける意味を「意味要素」と呼ぶ（図1）。例えば、「近所」に対して「近い」や「所（ところ）」が意味要素である。意味要素を合わせると「近所」の大まかな意味がわかる。「新年会」における「新年」は「新しい」と「年（とし）」から成る。語と漢字の意味が直接結びつくこれらの語は学習者にとって理解しやすい語であろう。一方で語の中には漢字の意味で説明しにくいものがある。例えば「世話」という語は「世話＝いろいろ面倒をみること」という意味と「世」「話」は結びつきにくい。

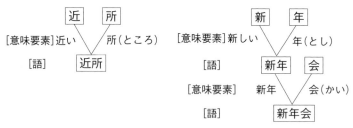

図1　この教材における意味要素と語の関係

　本多（2017）によると、漢字二字から成る漢語（以下「二字漢語」）において、書き言葉で頻度の高い語の約87％が語の意味と漢字の意味に何らかの

結びつきがある。これは漢字の意味によって、ある程度の範囲の漢語の意味が説明できることを示している。漢字の意味が漢語の学習に役立つことは武部 (1981) でも述べられているが、この教材では語と漢字の意味の結びつきを、和語など漢語以外の語にも広げ、学習に活用する。

　また、この教材では語と漢字の意味が結びつく語と結びつきにくい語を分けて提示することを提案する。「世話」のように漢字が2字とも語の意味と結びつきにくいものは本多 (2017) では約13%である。例えば、意味が結びつきにくい語を強調し、他の語は何らかの意味の結びつきがあると説明できれば、学習者が漢字表記を覚える際の参考になるだけでなく、教師も漢字表記の説明にかける時間を変えるなど授業時間を有効に使えるだろう。

2.2　学習者の既習の知識の活用

　初級修了レベルの非漢字圏の学習者で、初級の項目を使って口頭でのやりとりはでき、漢字の指導も受けているが、漢字が十分に定着していない学習者は少なくないと思われる。そこでこの教材では「初級の総合テキストの授業で学ぶ語」を設定して学習者の既習の語とし、そこから初級の漢字のみを含む漢字語を抽出する。抽出した語を「初級漢字語」としてリストアップし、教材で用いることにする。学習者が一度学んだ語の知識を活用することによって、語の意味や用法を思い浮かべやすく、漢字の知識の整理を助けるのではないだろうか。漢字の理解に集中することができ、更に後述するような応用練習によって未習の語の学習に発展させることも可能である。

3.　語彙の設定と分類
3.1　「初級漢字語」の設定

　この教材では「初級の総合テキストの授業で学ぶ語」から初級の漢字のみを含む漢字語を抽出し、「初級漢字語」のリストを作成した。「初級総合テキストの授業で学ぶ語」は代表的な総合テキストである『みんなの日本語初級Ⅰ・Ⅱ』(以下「みんな」と呼ぶ) の索引の項目を参考にした。まず、「みんな」の索引の表記にしたがって、初級の漢字のみを含む項目を抽出した。この初級の漢字は、『日本語能力試験出題基準』(以下「出題基準」と呼ぶ) の

「3級漢字表」に掲載されている284字である。3級の漢字には4級の漢字も含まれている。次に「みんな」の索引から抽出した項目は「今週」「図書館」などの漢語と「食べます」「食べ物」などの和語が中心であるが、「いいお天気ですね」や「お名前は？」などの表現も含まれている。これらの表現は語ではないとみなし、初級漢字語から除外した。また、「事務所」や「誕生日」など中級の漢字（務、誕）を含む漢字三字から成る語の中で「事務＋所」や「誕生＋日」のように初級の漢字（〜所、〜日）との組み合わせが明確な語は「事む所」「たん生日」のように中級漢字の部分をひらがなにし、初級漢字語に含めた。この手順で「みんな」の索引1,837項目から553語を抽出した。これに次の13語を加え、566語を「初級漢字語」とした。加えた13語は、「みんな」の索引には含まれていない漢数字（一〜十）と、「今日」「今年」「今朝」の3語である。後者の3語は、「みんな」ではひらがな表記だが、「出題基準」では初級漢字で表記されており、一般的に漢字表記を目にすることが多いと思われる。「初級漢字語」566語と日本語能力試験の語彙との重なりを見ると、「出題基準」の「3級語彙表（4級の語彙も含まれている）」で漢字が初級のみの語は521語あり、抽出した初級漢字語はこのうち455語（約87％）をカバーしている。

3.2 「初級漢字語」リスト（資料1）の作成

　抽出した初級漢字語566語を意味のまとまりで扱うことにし、教材作成のために初級漢字語を15のテーマに分けてまとめた（表1）。

表1　教材のテーマ

1　カレンダー	6　学校・勉強	11　体・健康
2　時計	7　仕事	12　家族・人
3　自然・天気	8　出かける	13　一日の生活
4　建物・場所	9　店・買い物・サービス	14　社会・ニュース
5　書類・申し込み・連絡	10　料理・食事	15　数字・助数詞・その他

　テーマに分ける際は、「分類語彙表」（国立国語研究所 2004）や「実践日本語教育スタンダード」（山内（編）2013）を参考にした。1つの語が複数のテーマに属する場合もある。例えば、「学校」という語は「4建物・場所」と「6

学校・勉強」の両方のテーマの語である。資料1がリストである。紙幅の関係で、複数のテーマに属する語を十分に示すことができていないが、リストではすべての初級漢字語が1つ以上のテーマに属している。

　この教材では図1に示したように、意味要素を用いて語と漢字表記を結びつける。そのため、各テーマの初級漢字語を更に「テーマのことば」「意味要素」「その他」に分けた。以下に「4 建物・場所」の例を示す。

・テーマのことば：そのテーマの中心となる初級漢字語。原則漢字を2字以上含む。例）近所、建物、乗り場、場所
・意味要素　　　：初級漢字語の中で「テーマのことば」の意味要素となる語。例）近い、所、建てる、物、乗る、場所
・その他　　　　：初級漢字語の中で「テーマのことば」と「意味要素」以外の語。漢字1字を含む。例）高い、低い、広い

　「テーマのことば」はテーマで中心となる初級漢字語である。「場所」という語は「テーマのことば」であり、「乗り場」の意味要素でもある。「場」には「場（ば）」という訓読みがあるが、初級漢字語ではないため意味要素には入っていない。「その他」は「テーマのことば」と「意味要素」のいずれにも入らないが、テーマに関連する意味を持つ初級漢字語である。授業で更に扱うことや、後述する応用練習に利用することもできる。なお、「テーマのことば」には「スキー場」など漢字が1字の合成語も数語含まれている。

　リストの「結びつきにくい」という欄は、「世話」や「勉強」など語と構成漢字の意味が2字とも結びつきにくいと想定される語を示している。これらの語は本多（2017）と筆者が学習者に行った調査をもとにしたが、学習者の知識によっては意味が結びつく場合もある。各語の下線は2字以上の漢字を含む語において漢字の意味が結びつく部分である。また、「キー」の欄はそのテーマで多くの語を形成し練習のキーとなる漢字を示している。

110 | 本多由美子

資料1　「初級漢字語」リスト案

◆各欄の説明
「テーマのことば」
　　　　　　初級漢字語の中でテーマの中心となり、原則漢字を2字以上含む語。
　　　　　　漢字を1字のみ含む初級漢字語の中で語構成が明確なものも「テーマ
　　　　　　のことば」に含まれている（例　スキー場）。
「意味要素」初級漢字語の中で「テーマのことば」の意味要素となる語。
「その他」　初級漢字語の中で「テーマのことば」と「意味要素」以外の語。
「キー」　　そのテーマの中で多くの語を形成し、練習のキーとなる漢字。「キー」
　　　　　　がないテーマもある。
【結びつきにくい】語と漢字の意味が2字とも結びつきにくいと想定される語。
また、動詞は辞書形で示す。
◆表記について
下線　　　　2字以上の漢字を含む語において、語と漢字の意味が結びつく部分。
漢字　　　　中級以上の漢字は平仮名で表記されている（例　事む所）。

1　カレンダー

テーマの ことば	月曜日　火曜日　水曜日　木曜日　金曜日　土曜日　日曜日　何曜日 毎日　今日　何日　先週　今週　来週　毎週　さ来週　先月　今月 来月　さ来月　毎月　何月　去年　今年　来年　さ来年　毎年　何年 〜か月*　〜週間　〜間*　半年　今度　一度　（お）正月 【結びつきにくい】時々
意味要素	日　週　月　年　間　半　今　何
その他	この間　休み　月に　その後　一　二　三　四　五　六　七　八　九 十
キー	〜年　〜月　〜日　〜週　〜曜日　先〜　今〜　来〜　毎〜　何〜

　*「〜か月、〜間」は漢字1字の初級漢字語だが、「〜週間」と同じ種類の語である
　　ため、「テーマのことば」に入っている。

2　時計

テーマの ことば	何分　何時　〜時間　今朝　毎朝　午前　午後　今夜　時間　時計 【結びつきにくい】夕方
意味要素	間　朝　夜　前　半　今　何　〜分　〜時　今日　〜後
その他	昼　早い　早く　たった今　一　二　三　四　五　六　七　八　九　十
キー	〜時　〜分　〜時間　何〜　今〜

第8章 初級漢字語の教材化 | 111

3 自然・天気

テーマの ことば	空気 天気 台風 動物
意味要素	風 空 物 動く
その他	池 海 川 木 月 花 山 火 水 雨 犬 鳥 人 春 夏 秋 冬 北 東 西 南 上 下 明るい 暗い 暑い 寒い 強い 弱い 高い 低い 今にも

4 建物・場所

テーマの ことば	地下 地図 図書館 びじゅつ館 旅館 教室 研究室 会ぎ室 入口 出口 ひじょう口 近所 事む所 市やく所 場所 会場 教会 工場 スキー場 ちゅう車場 病院 びょう院 本社 旅行社 駅前 屋上 海外 学校 外国 食堂 建物 乗り場 きっ茶店
	【結びつきにくい】銀行 世界 お手洗い
意味要素	駅 店 海 所 物 国 図 上 下 外 前 (お)茶 行く 入る 出る 教える 建てる 食べる 乗る 近い 場所 旅行 会ぎ 病気
	【結びつきにくい】研究 会社
その他	高い 低い 広い 遠い
キー	～館 ～室 ～所 ～場 ～口

5 書類・申し込み・連絡

テーマの ことば	漢字 ローマ字 説明書 ほしょう書 りょうしゅう書 住所 手紙 電話 名前 入力 読み方
	【結びつきにくい】切手
意味要素	字 紙 力 所 話 入れる 書く 住む 話す 読む ～方(かた)
	【結びつきにくい】説明
その他	県 町 村 送る 出す
キー	～方(かた) ～書

6 学校・勉強

テーマの ことば	医学 文学 学校 小学校 中学校 高校 大学 大学院 入学試験 学生 りゅう学生 見学 英語 日本語 何語 教室 研究室 質問 問題 上手(に) 下手 音楽 会話 作文 発音 昼休み 図書館 思い出す 何回も
	【結びつきにくい】説明 先生 勉強 意味 意見 注意

意味要素	昼　音　上　中　下　何　会う　教える　思う　出す　作る　入る　見る　話す　休み　高い　楽しい　大きい　小さい　医者　学校　入学　りゅう学　〜回　〜語
	【結びつきにくい】研究　試験
その他	言う　行う　通う　貸す　借りる　考える　聞く　答える　答え　習う　始める　休む　正しい　気がつく　知らせる　お知らせ
キー	〜学　〜語　〜室

7　仕事

テーマの ことば	駅員　会社員　銀行員　社員　医者　研究者　学生　りゅう学生　歌手　社長　音楽家　小説家　かん理人　(お)仕事　〜会社
意味要素	音　駅　人　事　歌　歌う　楽しい　長い　音楽　りゅう学　〜家
	【結びつきにくい】会社　銀行　研究　小説
その他	働く
キー	〜員　〜家(か)　〜者(しゃ)

8　出かける

テーマの ことば	運動会　新年会　大会　てんらん会　ぼう年会　発ぴょう会　二じ会　図書館　びじゅつ館　旅館　自転車　自動車　電車　会場　スキー場　運転　映画　急行　出発　中止　特急　用事　茶道　生け花　花火　(お)花見　旅行　夜行バス　間に合う　一人で　一度(も)　〜教室
	【結びつきにくい】(お)土産　(お)見合い　試合　写真　注意　都合　用意
意味要素	間　車　事　年　花　火　人　夜　一　(お)茶　特に　合う　行く　急ぐ　動く　教える　出る　止まる　運ぶ　見る　新しい　大きい　運動　特別　場所　旅行　時間　自分(で)
	【結びつきにくい】電気　発ぴょう
その他	駅　道　集まる　歩く　終わる　終わり　帰る　帰り　聞く　聞こえる　立つ　着く　楽しみ　楽しむ　上る　始まる　外す　開く　見える　出かける　待つ　多い　少ない　少し　楽しい　遠い　近い　近く　広い
キー	〜会　〜館　〜車　〜場

第8章 初級漢字語の教材化 | 113

9 店・買い物・サービス

テーマの ことば	買い物　洗たく物　食べ物　飲み物　着物　品物　本物　野菜　売り場 金色　茶色　上着　下着　たん生日　電池　人気　半分　不便　別々に 有名　たくはい便　こう空便　〜以下　〜以上
	【結びつきにくい】銀行　親切（にする）
意味要素	色　上　下　金　半　人　物　洗う　売る　買う　着る　食べる　飲む 生まれる　名前　場所　〜便　洗たく　気持ち
	【結びつきにくい】電気
その他	青（い）　赤（い）　黒（い）　白（い）　お金　（お）茶　魚　肉　服　本 店　上がる　下がる　上げる　下げる　集める　売れる　送る　下ろす 帰る　外れる　開く　待つ　見える　見せる　見つける　持つ　新しい 古い　重い　重さ　軽い　大きい　大きさ　大きな　小さい　小さな 同じ　好き　高い　高さ　低い　安い　長い　長さ　短い　楽（らく） 〜円　〜屋
キー	〜物（もの）　〜色

10 料理・食事

テーマの ことば	食べ物　飲み物　食堂　食事　洋食　朝ごはん　昼ごはん　牛肉 とり肉　牛どん　水道　台所　野菜　きっ茶店　引き出し　真ん中
	【結びつきにくい】料理　電気　ご注文
意味要素	朝　事　所　物　肉　中　昼　水　店　道　（お）茶　出す　食べる 飲む　引く
その他	味　魚　火　切る　切れる　足りる　使う　出す　作る　止める　回す 多い　少ない　少し　もう少し　早い　早く　好き　何か　何でも 先（に）
キー	食〜　〜肉　〜物（もの）

11 体・健康

テーマの ことば	きゅう急車　入院　病院　医者　は医者　気分がいい　気分が悪い 気持ちがいい　気持ちが悪い
	【結びつきにくい】元気　注意
意味要素	車　病院　医者　入る　悪い　急に　病気　気持ち
その他	足　頭　顔　体　口　声　心　手　耳　目　薬　左　右　飲む　太る 暑い　重い　軽い　寒い　強い　太い　弱い　気をつける

12 家族・人

テーマの ことば	家族　兄弟　（ご）主人　男の子　男の人　女の子　女の人　知り合う 【結びつきにくい】親切　大切
意味要素	家　人　兄　弟　子ども　合う　知る
その他	私　父　母　姉　妹　お父さん　お母さん　お姉さん　お兄さん 弟さん　妹さん　赤ちゃん　お子さん　子どもたち　犬　方（かた） 生まれる　〜人（じん）

13 一日の生活

テーマの ことば	買い物　洗たく物　食事　用事　仕事　運動　学校 【結びつきにくい】会社　世話　勉強　料理
意味要素	事　物　洗う　動く　買う　食べる　洗たく
その他	会う　集める　開ける　歩く　行く　起きる　終わる　帰る　通う 聞く　作る　来る　着く　出かける　出る　通る　乗る　始まる 始める　走る　休む　別れる　早く

14 社会・ニュース

テーマの ことば	安心　火事　人口　発見　海外　外国　ひじょう時　世界中 【結びつきにくい】社会　十分　発明　新聞
意味要素	海　心　事　外　火　人　（お）国　見つける　〜中 【結びつきにくい】世界
その他	集める　行う　起きる　死ぬ　見つかる　上がる　下がる　同じ たった今

15 数字・助数詞・その他

テーマの ことば	使用中　ぼ集中　世界中　何曜日　何日　何月　何年　毎日　毎週 毎月　毎年　毎朝　何分　何時
助数詞	〜円　〜回　〜台　〜人　〜本　〜目　〜分　〜時　〜日　〜年 〜時間　〜週間　〜か月
数など	一　二　三　四　五　六　七　八　九　十　百　千　万
その他の 意味要素	〜中（じゅう・ちゅう）　月　週　朝　間　何　使う 【結びつきにくい】世界
その他	上　下　（1〜10）日　2・3日　14日　20日　24日　1人　2人　〜後 〜代　〜以上　〜以下

4. 教材例の作成

4.1 各テーマの練習の流れ

　資料2の教材例はリストの「4建物・場所」の一部である。練習のバリエーションを見るために、数語ずつ練習問題を示す。教材例では練習の形を変えながら意味の結びつきの練習を繰り返して、学習者が理解を確認できるようにしている。以下、教材例にしたがって練習の基本的な流れを見る。

　練習はひらがな表記の語からスタートし、最後に漢字表記の語の意味の理解までを示す。流れは、「（1）『テーマのことば』の意味の確認」、「（2）意味要素、漢字の意味の確認」、「（3）語と漢字を結びつける」の順である。

（1）「テーマのことば」の意味の確認（資料2　1、2）

　学習者にとって「テーマのことば」は音やひらがな表記では知っているが、漢字表記が十分に結びついていないことを想定している。確認には絵や「旅館＝旅行のとき泊まる場所」のような言葉による説明、母語や媒介語による翻訳も利用できるだろう。

（2）意味要素、漢字の意味の確認（資料2　3〜5）

　漢字語を構成する意味要素は、例えば、「近所」と「近」「所」は「近い」「所（ところ）」が意味要素である。「学校」と「学」の場合、「学ぶ」は初級漢字語ではないため「勉強する」など他の言葉を使って漢字の意味を確認する。練習問題の3ではこのテーマでキーとなる建物や場所を表す漢字「〜場」や「〜館」を確認している。4は漢字の訓読み、5では「工」のような常用漢字表には訓読みがない漢字や、「学」「旅」のように訓読みが初級漢字語ではない漢字の意味を確認する練習である。なお「週」「日」など抽象的な意味の漢字の場合は、絵や媒介語を用いる。

（3）語と漢字を結びつける（資料2　6）

　練習問題の6では、キーとなる漢字に注目しつつ、漢字の組み合わせと語の意味を確認する。

4.2　語と漢字の意味が結びつきにくい語（資料2　7）

　語と漢字の意味が結びつきにくい語は別に扱う。練習7では漢字ごとに分けずに提示している。語と漢字の意味が結びつきにくい語の理解の仕方に

116 | 本多由美子

ついて、筆者が学習者に聞いたところ「1字ごとの漢字の意味は考えず1語をそのまま暗記する」との答えが多かったが、漢字の意味を自分なりに関連付ける、漢字の読み方を使って結びつけるとの答えもあった。このことから、例えば「世話」の場合、「話＝話す」という意味と世話をしている様子を関連付けたり、「世」は「世界」の「世＝セ」、「話」は「電話」の「話＝ワ」をヒントに、漢字の意味ではなく読み方を利用したりできるだろう。

資料2　教材例「4　場所・建物」(本文4.参照)

1. a〜dは①〜③のどれですか。えを見て書いてください。

a　　　　　b　　　　　c　　　　　d　　　　わたしのうち

れい) えき　　　 b
①きっさてん　　　　　　　　③ （しけんの）かいじょう　　　
②きんじょ　　　

2. ①、②で何をしますか。a〜Cから、えらんでください。

れい) スキーじょう → 　c　　　　a. えをみます
①りょかん　　　 → 　　　　　b. りょこうのとき、とまります
②びじゅつかん　 → 　　　　　c. スキーをします

3. 「たてもの」「ばしょ」のいみの漢字はどれですか。
a. 事　　b. 場　　c. 館　　d. 病　　e. 所　　f. 室　　こたえ　　

4. ①〜③の漢字を使ったことばは、どれですか。
れい) 駅　　・　　　・　おしえます
①建　　　・　　　　・　えき

第8章　初級漢字語の教材化　│　117

②教　　　・　　　・　<u>たてます</u>
③近　　　・　　・　<u>ちかい</u>

5.　①～③漢字のいみは、どれですか。

れい）旅（ b ）　　①学（　　　　）②病（　　　　）③工（　　　　）

---

a. びょうき　　b. りょこう　　c. つくります　　d. べんきょうします

6.　Aと、B（たてもの・ばしょの漢字）から１つずつえらんで、ことばをつ
　　くって、①～④の（　　）に書いてください。

A　　　　　　　　　　　　　　B（たてもの、ばしょの漢字）

教　近　工　病　旅

所　室　場　館　院

れい）おなかがいたいので、（　　**病院**　　）へいきます。
①　おんせんへいって、（　　　　　　　）にとまりたいです。
②　うちの（　　　　　　）にこうえんがあります。
③　あの（　　　　　　）では、コンビニのおべんとうをつくっています。
④　ひるやすみに（　　　　　　）でべんきょうしました。

7.　①～③はa～dのどれですか。えを見て（　）に書いてください。
　　＿＿＿＿＿に読み方も書いてください。
　　☆☆「たてもの」「ばしょ」のいみの漢字を使いません。☆☆

れい）おてあらい（C）・　　　　・会社
①せかい（　）・　　　　　　・銀行
②ぎんこう（　）・　　　　　・お手洗い
③かいしゃ（　）・　　　　　・世界

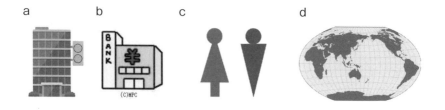

5. 応用練習、リストの活用
5.1 漢字の読み方への応用
　教材例は、「テーマのことば」の理解に絞った練習例のみを示したが、読み方と漢字を対応させる練習もできる。既習の語の音の知識を利用し、「会場」「工場」という語から「〜場＝〜ジョウ」、「売り場」「乗り場」のように動詞のます形が前接する場合は「〜場＝ば」であるというように、同じ漢字を使った複数の語から漢字の読み方を確認することもできる。

5.2 未習の語への応用
　この教材は学習者の既知の語という範囲を設定して作成したリストをもとにしたが、漢字の意味を利用して学習者の未習の語に練習範囲を広げることもできる。例えば「1 カレンダー」「2 時計」「4 建物・場所」の3テーマを練習したあとで、図書館の案内（開館時間、閉館時間、休館日）などを読み取らせることができる。「開館」は初級漢字語ではないが漢字の意味から理解できるだろう。「閉」は初級漢字ではないが、背景知識として案内に記載される情報の内容を知っていれば、開館時間の下に記載されている「閉館時間」が何を指すか、そして「開館時間」との対比から、「閉」が「閉まる」という意味であることを推測することができるだろう。

5.3 リストの活用
　リストを見ると、意味要素になる語は既習であるが「テーマのことば」に授業でよく使う語が載っていない場合があるかもしれない。例えば、「1 カレンダー」では、「その他」に「休み」があるが、「テーマのことば」には

「休日」はない。もし授業やクラスで「休日」という語をよく使っていれば「休日」も提示できる。「その他」にはテーマと関連する語で、そのテーマでの意味要素にはなっていない語が記載されている。これらの語を参考に、より学習者に合った「テーマのことば」を提示することもできるだろう。

6. おわりに

この論文では学習者の既習の語と漢字を設定し、既習の知識を生かして初級漢字語と漢字の意味を結びつけるために、初級漢字語をリストにまとめ、教材例を作成した。漢字語の学習は1字ごとの漢字の学習の上に成り立つものだが、ある程度の量の漢字や語を学んだ段階で語の意味を利用し、語から漢字にアプローチすることで漢字の知識が整理できるのではないだろうか。

調査資料

『日本語能力試験出題基準　改訂版』国際交流基金・日本国際教育支援協会，凡人社，2002.
『みんなの日本語 初級Ⅰ・Ⅱ 第2版 本冊』スリーエーネットワーク（編著），スリーエーネットワーク，2012，2013.

引用文献

加納千恵子（2011）「漢字習得の問題」関正昭・土岐哲・平高史也（編）『漢字教材を作る』pp. 2-7，スリーエーネットワーク．
国立国語研究所（2004）『分類語彙表増補改訂版データベース』（ver.1.0）
　　（http://pj.ninjal.ac.jp/corpus_center/archive.html#bunruidb）
武部良明（1981）「漢字の意味と事柄の意味」『文字表記と日本語教育』pp. 271-283，凡人社．
本多由美子（2017）「二字漢語における語の透明性 —— コーパスを用いた語と構成漢字の分析 —— 」『計量国語学』31（1），pp. 1-19.
山内博之（編）（2013）『実践日本語教育スタンダード』ひつじ書房．

付記

この論文は「平成28年度公益信託田島毓堂語彙研究基金」による研究成果の一部です。

第9章

読むことを通じてことばの力を伸ばす語彙学習支援ツールと教材化

柳田直美

1. はじめに

　語彙力とはどのようなものだろうか。全員が知っていたほうがよい語、全員が知っている必要はないが学習者によっては必要な語、学習者個別の興味関心のある分野の語など、さまざまである。これまで、語彙の教育は教室において「全員が知っておいたほうがよい語」を中心に進められてきたのではないだろうか。一方で、「学習者個別の興味関心のある分野の語」の学習については、専門日本語教育の分野で専門の語彙学習についての研究や教材開発が進められてきたものの、学習者の専門学習以外の分野のいわゆる「趣味の語」の学習については個々の学習者の努力に任せられてきた。

　従来、読解授業では、初級から中級は教科書や教師が選んだ読み物を中心に進められることが多い。これは、学習者集団（クラス）の日本語レベルに合った生の読み物を見つけるのが困難であったり、学習者の目標（例えば日本語能力試験、大学受験等）に備えるためであり、このこと自体は否定されるものではない。しかし、教師が提供する読み物ばかりでは学習者の「読むことを楽しむ気持ち」を喚起することは難しいというのが筆者の実感である。

　近年、学習者の「読むことを楽しむ気持ち」を喚起するため、学習者用の多読教材が充実してきている。多読は「できるだけ沢山読む」、「やさしいものから読んでいく」、「辞書は引かない」、「わからないところは飛ばす（文脈

で推測する)」、「難しかったり面白くなかったら途中でやめる」といった
ルールで進められる読みの活動である(「多読実践方法」NPO多言語多読
ウェブサイト参照)。二宮・川上 (2012) は、多読活動によって学習者に読解
速度の向上、辞書を使わずに読めるようになった等の技能の向上の認知、内
発的動機づけ、本を読む楽しさの実感等が確認されたとしている。しかし現
在、中級の多読教材に関しては、学習者のレベルに合わせて語彙や文法の制
限をかけてリライトされ、選択肢も多読教材の範囲に限られるものが多い。

　一方、「生の読み物」から自分が好きなものを選んで読むことも読書の楽
しみの一つであろう。自分の好みに従って自由に選んだ本を、辞書でひとつ
ひとつの語の意味を調べながら、まるで暗号解読のように外国語の本を読み
進める経験は、外国語を学ぶ楽しさや達成感につながるものである。

　しかし、外国語の本を一人で読み進めることは、いくら興味関心のある分
野であっても簡単なことではない。途中で挫折することもあるだろう。最近
では、学習者の自律学習をサポートするためのシステムを取り入れる教育機
関が増えているが、そこではポートフォリオなどを用いることで、学習者自
らが自分自身の学習をマネジメントする力、自律的に学ぶ力を育成すること
が目指されている (衣川 2008 など)。このような自律学習の仕組みを、学習
者が本を楽しみながらじっくり読む活動に活用することはできないだろう
か。そして、その副次的効果として「学習者個別の興味関心のある分野の
語」の語彙学習につなげることができないだろうか。これがこの論文の出発
点である。

　以上をふまえ、この論文では中級前期の学習者を想定し、学習者が「生の
読み物」から自分が好きなものを選んで時間をかけて読むこと、そして、そ
の読みの活動を学習者自らが管理して進めることによって、学習者個別のこ
とばの力を伸ばすことを支援するワークブック型教材の開発と実践について
報告し、実践結果の分析をふまえた教材の改善案を提案する。中級学習者に
焦点を当てるのは、特に中級前期が学習者の読解力や既知の単語数にばらつ
きが見られ始める時期であり、この時期に読むことを楽しみながら「自分の
読み」を確立することが重要であると考えたからである。

2. この教材が目指すもの

この教材が目指すのは以下のようなものである。

中級学習者が自分で選んだ本を読み進めることを通して、学習者個別のことばの力を伸ばす

この教材は、学習者個人の学習と授業を組み合わせ、学習者のことばのネットワークの拡充を支援することを想定している。この教材を使った進め方の方針は大きく以下のとおりである。

（1）まず、学習者は授業時間外に各自で本を読み進めながら、読んだ部分を要約し、本の中の覚えたいことば・表現をリストアップする。
（2）授業では、授業時間の一部を使って各自、読んだ部分についてクラスメートに説明し、内容を共有する。
（3）教師は学習者が読む本を選ぶときのアドバイス、読むペースや難易度の調整など、学習者が読書を楽しみながら続けられるようなサポートに徹する。

3. 実践で用いた教材の構成

実践で用いた教材は以下の4つで構成されている。

（1）本屋探検の手引き
（2）読書スケジュール管理表
（3）要約＋覚えたいことば・表現リスト
（4）感想文シート

（1）本屋探検の手引き

自分に合った本を選ぶヒントとして、「母語でよく読んでいる本はどの分野の本か」、「日本語で読んでみたい本はあるか」について考え、この活動では自由に読みたい本を選べること（漫画、雑誌、小説、専門書など）を伝える。また、できる限り最初に選んだ本を最後まで読むことが目標だが、読み

進めるのが辛くなった場合は、途中で本を変えてもよいことも伝える。

（２）読書スケジュール管理表

Book Time　読書スケジュール

①何ページから何ページまで読みますか？
②○：読めた，△：半分くらい読めた，×：ぜんぜん読めなかった
③コメントを書きます。
④新しく知った単語の数を書きます。

		①pp. ～	②○△×	③コメント	④単語
e.g.	～4 月 20 日	pp.1 ～ 5	△	ちょっとむずかしかったけど、とてもおもしろかったです。	
1	～4 月 20 日	pp. ～			
2	～4 月 27 日	pp. ～			

読書スケジュール管理表は以下のような構成になっている。

①本を選んだあと、学習者自身が各回の授業の間に読むページ数を設定し、スケジュールを作成する。

②予定通り読み進められたら○、予定に達しなければ△、まったく読めなければ×を記入する。

③読んだ感想を簡単に記入する。

④新しく知った単語の数を記入する。

欄外：教師が各週の学習者の取り組みに対してコメントを記入する。

　このツールはあくまでも学習者が自身で進捗状況を把握し、自分で読み進めることをサポートするためのツールであり、強制力のあるものではない。①のスケジュールは読み進める途中で修正してもよいし、最後まで読み進められなくてもかまわない。②も都合に応じて読み進められないことがあってもかまわない。④の新しく知った単語もすべて覚える必要はない。

(3) 要約＋覚えたいことば・表現リスト

　授業でクラスメートに読んだ内容を紹介するための要約と、新しく知った単語の中で特に自分で覚えたいことばや表現の記録で構成される。授業ではこのツールを使って学習者どうしで内容や単語・表現を共有する。

(4) 感想文シート

　1学期間を通して読んだ本の感想や、1学期間自分で選んだ本を読み進めた活動についての感想を書く。

4. 実践報告

4.1 実践内容

　この節では 3. の (2) ～ (4) のツールを用いて行った実践「Book Time」について報告する。本実践は日本国内の某大学の日本語選択科目内で行った。対象は中級前期の学習者5名である。全員が半年から1年の交換留学生であった。学習者には本研究の趣旨を説明し、データ使用の許諾を得ている。

　この授業の目標は、(1) 短い文章をすらすら読めるようになる。(2) 少し長い文章を辞書を使って読めるようになる。(3) 自分で選んだ本をさまざま

なツールを使って全部読めるようになる。の3つであるが、(1)(2)については教科書で達成を目指し、(3)はBook Timeで達成を目指す目標とした。全15回中、初回のガイダンス、最終回の期末試験を除き、13回でBook Timeを実施した。毎回の授業で本活動に充てた時間は約30分であった。

Book Time第1回は「本屋探検」として本屋に全員で行き、読みたい本を選ぶ活動を行った。選ぶ本は小説、雑誌、漫画、専門書などなんでもよいとしたが、日本語の本を読むのは初めて、日本語の本を選ぶのは初めてという学習者が多かったため、本屋にはどのようなジャンルの本があるか、自分の興味のある分野はどこにあるかなどから始まり、最後まで読めそうか、おもしろそうか、などを学習者どうし、あるいは教師と相談しながら本を選んだ。

第2回では、選んだ本とその本を選んだ理由についてクラス内で紹介し、読書スケジュールを立てたあと、達成可能性についてクラス内で検討した。

第3回から第12回では、ツール(2)読書スケジュール管理表とツール(3)要約＋覚えたいことば・表現リストを用いて活動を行った。学習者はペアでツール(3)要約＋覚えたいことば・表現リストを使って、自分が読み進めた部分や覚えたいことばや表現を他の学習者に紹介した。また、紹介以外に、自分が日本語の本を読むときに使っているツール(辞書や単語帳のアプリなど)をお互いに紹介する時間を設けるなどした。ツール(2)読書スケジュール管理表は毎回教師に提出し、教師はコメントを記入して返却した。

第13回ではツール(4)感想文を提出し、読んだ本やBook Timeの感想をクラス内で話し合った。

4.2　学習者が選んだ本とその理由

学習者が選んだ本と選んだ理由は表1のとおりである。

学習者A～Cが漫画を選び、そのうちAは一般の漫画を、BとCは子ども向けの学習漫画を選択した。DとEは小説を選んだが、Dは子ども向けの小説を、Eは一般向けの小説を選択した。

第9章　読むことを通じてことばの力を伸ばす語彙学習支援ツールと教材化　|　127

表1　学習者が選んだ本とその理由

A	大場つぐみ・小畑健『DEATH NOTE』（第1・2巻）集英社 （理由）翻訳版を読んだことがあり、オリジナルを読みたいと思ったから。
B	笠原一男・久松文雄『町人の世の中（学習漫画 日本の歴史11）』集英社 （理由）自分の専門に関連がある日本の江戸時代に興味があったから。
C	三上修平・古城武司『ナポレオン―荒れ野のライオンとよばれた英雄（学習漫画、世界の伝記）』集英社 （理由）自分の国の人物が日本語でどのように書かれているのか知りたいと思ったから。
D	コナン・ドイル（著），横山洋子・芦辺拓・城咲綾・芦辺拓『名探偵シャーロック・ホームズ（10歳までに読みたい世界名作）』学研マーケティング （理由）シャーロックホームズが好きで母語でよく読んでいるから。
E	三萩せんや『神さまのいる書店　まほろばの夏』KADOKAWA/メディアファクトリー （理由）おもしろそうだったから。

　学習者A・Dは、すでに知っているストーリーを日本語で読んでみたいという理由で本を選択しており、Cもある程度知っている人物を扱った本を選択している。また、Bは自分の専門（歴史）に関連する分野の本を選んだ。一方、Eだけは自分が持っている知識を生かす本ではなく、自らの興味で本を選択した。このように、多くの学習者はすでに翻訳版を読んでいたり、自分がある程度知っている分野に関する本を選んでいた。

4.3　学習者の実践に対する評価

　本実践に対する学習者5名の評価を述べる。13回の実践終了後に学習者に対して、以下のようなアンケートを行った。アンケートの質問1〜3の各項目は5段階評価で、5がとてもそう思う、1がまったくそう思わない、である。

質問1：Book Timeの本をうちで読むことはどうでしたか
　　　　（①楽しかった、②難しかった、③役に立った）
質問2：授業中、本についてクラスメートと話すことはどうでしたか
　　　　（①楽しかった、②難しかった、③役に立った）
質問3：Book Timeであなたのことばの力はどうなりましたか

（①知っていることばが増えた、②覚えていることばが増えた、
③使えることばが増えた、④スラスラ読めるようになった）

質問4：これからも日本語の本を読み続けたいと思いますか

　まず、「質問1：Book Time の本をうちで読むことはどうでしたか」（表2）に対して、学習者はおおむね自分のペースで本を読むことを楽しんでおり、この活動は役に立ったと感じていることがわかる。難しさに関しては多くの学習者が「ちょうどいい」あるいは「少し難しい」を選択していることから、学習者にとって少し難しいが楽しめる活動だったことがうかがえる。

　「非常に難しかった」を選んだ学習者が1名（E）いるが、Eは「えらんだ本は小説なので、むずかしくて、時間をかかる。」と述べている。Eは初回の本屋探検に参加せず、一人で本を選んでおり、また、**4.2** で述べたように、自分が持っている知識を生かせる本ではなく、自らの興味だけで本を選択した学習者であった。このことから、中級レベルの学習者がこの活動を楽しむためには、本を選択する際に学習者どうし、あるいは教師と相談することと、自身の知識を何らかの形で生かすことができる本を選ぶ必要があることがうかがえる。

表2　質問1：Book Time の本をうちで読むことはどうでしたか

	①楽しかった	②難しかった	③役に立った
A	5	3	5
B	4.5	3	4
C	5	4	5
D	4	3	5
E	3	5	4
平均	4.3	3.6	4.6

　次に、「質問2：授業中、本についてクラスメートと話すことはどうでしたか」（表3）に対して、役に立つという回答は多いものの、「楽しさ」に関しては評価が分かれ、「難しさ」に関しては「少し難しい」と答えた学習者が多かった。このことについて、「毎週違うクラスメートと話しから、本の

前の内容がわからなくて、説明がむずかしかったと思う。」と述べた学習者がいたことから、内容の共有を蓄積していくためには話すペアを固定する、クラス全体で内容の共有ができるような仕組みを作るなどの工夫が必要であることがわかった。

表3　質問2：授業中、本についてクラスメートと話すことはどうでしたか

	①楽しかった	②難しかった	③役に立った
A	3	4	4
B	3	4	4
C	4	4	5
D	5	3	5
E	2	4	3
平均	3.4	3.8	4.2

「質問3：Book Time であなたのことばの力はどうなりましたか」（表4）という質問に対する回答は学習者の実感にすぎず、テスト等で客観的に測ったものではないが、評価の値は高い順から「知っていることばが増えた」、「覚えていることばが増えた」、「使えることばが増えた」であった。そのうち、「知っていることばが増えた」についてはほとんどの学習者が「そう思う」「とてもそう思う」と回答している。また、「ことばの力が増えたし、日本語読んでいて私のじしんがもっと高くなった」と答えた学習者もいたことから、本実践は単語・表現の知識の拡充の認知に効果的な活動であったことがうかがえる。

表4　質問3：Book Time であなたのことばの力はどうなりましたか

	①知っていることばが増えた	②覚えていることばが増えた	③使えることばが増えた	④スラスラ読めるようになった
A	3	4	3	4
B	5	3.5	3.5	4
C	5	4	3.5	4
D	4	4	4	4
E	5	5	4	3
平均	4.4	4.1	3.6	3.8

最後に、「質問4：これからも日本語の本を読み続けたいと思いますか」
（表5）に対しては、全員がこれからも日本語の本を読み続けたいと答えてお
り、本実践は日本語の本を読むモチベーションにつながる活動であるといえ
る。また、学習者Dは本実践で子ども向けに書き直された短編小説を選択し
たが、次に読みたいのは長編小説であると答えている。一方、質問1で「非
常に難しかった」と答えたEは、本実践で読んだ小説から、もう少しやさし
い漫画や絵がある小説を読みたいと述べている。このことから、本実践は自
分が今どの程度のものが読める（あるいは読めない）かを知ることができ、
次に自分の力に合った読む本を選ぶ指標を与えられるものと考えられる。

表5　質問4：これからも日本語の本を読み続けたいと思いますか

	はい／いいえ	どんな本を読みたいですか。
A	はい	デスノート
B	はい	来年は国で日本語のクラスをとる予定。
C	はい	もっとマンガのスタイルの本を読みたい。
D	はい	長編小説
E	はい	まんが、えがある小説

5. ことばの力を伸ばすための支援ツール開発に向けて

4. までで、本実践が、学習者が日本語の本を読むモチベーションに寄与
する活動であること、また、日本語のことばの力が伸びることを学習者が実
感できる活動であることが示唆された。しかし、日本語のことばの力が伸び
る実感を可視化できるツールとしては不十分な点もあったと思われる。

そこでこの節では、本実践で使用した資料のうち、ツール（3）要約＋覚
えたいことば・表現リスト（**3.** 参照）の「覚えたいことば・表現」の改善を
目的として、本実践中に学習者が記入した語・表現を分析する。そして、
4. のアンケート結果と照らし合わせたうえで、ツールの改善案を示す。

5.1　分析対象と分析方法

分析対象とするのは、本実践で使用した資料のうち、ツール（3）要約＋
覚えたいことば・表現リスト（**3.** 参照）の「覚えたいことば・表現」の欄に

学習者5名が記入した語・表現である。この欄に記入する語や表現の数や内容について教師側からの指示は一切なく、学習者自身が読み進めた部分から覚えたいことばや表現を選択して記入した。

5.2 分析結果と考察

まず、学習者A〜Eの5名が第3〜12回に記入した語・表現の総数と、「質問3：Book Timeであなたのことばの力はどうなりましたか」の①知っていることばが増えた、②覚えていることばが増えた、③使えることばが増えた、に対する回答結果を表6に示す。

表6　記入した語・表現の総数と質問3への回答

	A	B	C	D	E
語・表現総数	135	150	47	34	43
質問3-①	3	5	5	4	5
質問3-②	4	3.5	4	4	5
質問3-③	3	3.5	3.5	4	4

表6を見ると、語・表現の総数と①知っていることばが増えた、②覚えていることばが増えた、③使えることばが増えた、に対する回答結果は比例していないことがわかる。つまり、Aのように多くの語を記入した学習者が必ずしも日本語のことばの力が伸びたと実感していたわけではなかった。一方、全体的に語・表現数の少ないDとEが③使えることばが増えたかどうかという質問に対して、実感としてはもっとも高い評価をしていた。

ここで、記入した語・表現の数がもっとも少ないものの「使えることばが増えた」で高評価をつけたDが語・表現リストに何を記入していたのかを見てみる。Dは、すべての回ではないものの、第3回で「時間に関係のある単語」として「間もない」「やがて」「時折」「たちまち」を、第4回で「中国語と同じ書き方だが意味が全然違う単語」として「凝り固まる」を、第6回で「オノマトペ」として「しーん」「ドキドキ」「ガチャン」を挙げるなど、自らことばを分類し、その回で「覚えたいことば」のテーマを決めていた様子がうかがえた。このことから、ただ多くの単語をやみくもにリス

トアップするのではなく、数は少なくても単語どうしに関連を持たせてリスト化することが、学習者自身の記憶や運用力向上の認知に効果的である可能性が指摘できる。

次に、学習者がどのような語を記入していたかを品詞別に分類したのが表7である。頻度の下に各学習者の語・表現のそれぞれの品詞の使用割合と、選んだ本の特徴を表している語の例を示す。

表7　語・表現の品詞別総数

	A	B	C	D	E	合計
名詞	96 71.1%	119 79.3%	27 57.4%	14 41.2%	24 55.8%	280 68.5%
	捜査本部 麻薬常習	大名行列 参勤交代	軍隊生活 法王、革命	身元、白状 封ろう	鳶色、家柄 木陰、芝居	－
動詞	24 17.8%	19 12.7%	14 29.8%	4 11.8%	10 23.3%	71 17.4%
	魘される 探し出す	かさむ 仕える	支配する 攻める	引き合わせ る	睨む、首を 傾げる	－
形容詞・ 形容動詞	7 5.2%	6 4.0%	0 0.0%	5 14.7%	5 11.6%	23 5.6%
	恐ろしい 目障りな	なじみ深い	－	狡賢い	蒸し暑い 迂闊な	－
副詞	6 4.4%	5 3.3%	3 6.4%	10 29.4%	3 7.0%	27 6.6%
	流石に ごまんと	ふたたび 改めて	あいかわらず	よりによって	一概に 早速	－
感動詞	0 0.0%	0 0.0%	2 4.3%	0 0.0%	1 2.3%	3 0.7%
	－	－	ううむ やれやれ	－	ふむふむ	－
接続詞	1 0.7%	0 0.0%	1 2.1%	0 0.0%	0 0.0%	2 0.5%
	しかも	－	こうして	－	－	－
その他	1 0.7%	1 0.7%	0 0.0%	1 2.9%	0 0.0%	3 0.7%
	非～	に対して	－	世にも	－	－
合計	135	150	47	34	43	409

それぞれの学習者が語・表現リストに記入していた語には、少なからず選

んだ本の特徴が表れている。例えば『DEATH NOTE』を選んだAは「捜査本部」「麻薬常習」「拳銃」「地獄」などを、『町人の世の中 (学習漫画 日本の歴史 11)』を選んだBは「大名行列」「参勤交代」「宿場」「両替商」など、教科書で目にすることは少ないであろう語を毎回、数多くリストに記入していた。このことから、「生の読み物」から自分が好きなものを選んで読むことによって、中級前期の教科書や学習者向けに語彙や文法が制限された本にはあまり出現しない語に触れていたといえる。

また、表7からは、A・Bがリストに挙げた語が名詞に大きく偏り、CとEも半数以上が名詞であったことがわかる。一方、自らことばを分類し、その回に「覚えたいことば」のテーマを決めていたDは、名詞の割合は高いものの、その他の品詞の語も比較的高い割合でリストアップしていた。

語彙学習に関しては語と語のつながりを生かそうという試みが加納(2000)、小宮 (2001)、姫野 (2006) などに見られる。学習者がリストアップする語が名詞だけに偏らないような仕組みを考えるならば、「名詞といっしょに使われている語をセットで抜き出す」、「(漫画では) オノマトペがどのような場面を表しているかを説明する」などのような方法が効果的だと考えられる。

これまで述べてきたような方法を採ることで、個別に好きな本を読み進めるという活動の中でも学習者の語彙学習を可視化し、学習者の語彙学習のサポートにつなげていけるのではないだろうか。

6. おわりに

この論文では、中級前期の学習者を想定し、「生の読み物」から自分が好きなものを選んで読むことと、その読みの活動を学習者自らが管理して進めることで学習者個別のことばの力を伸ばすことを支援するというワークブック型教材の開発と実践について報告し、実践結果の分析をふまえた教材の改善案を提案した。

実践に関しては、学習者が自らの興味関心で選んだ本を自分のペースで読み進める活動を楽しんでいたこと、ことばに関する知識の拡充の認知に効果的な活動であったこと、日本語の本を読み続けるモチベーションにつながったが、授業中の活動や教師のサポートについては改善が必要であることが明

らかになった。

　また、語彙学習の面からは、ことばの知識の拡充を実感していた学習者が自らことばを分類して「覚えたいことば」のテーマを設定していたことから、単語どうしの関連を意識化させる必要性を指摘した。また、多くの学習者がリストアップした語が名詞に偏っていたことなどから、名詞といっしょに使われている語にも意識を向けるサポートが必要であることを指摘した。

　近年、大学においても短期留学（半年程度）の学生が増えてきている。日本語環境にいる期間自体が短い学習者が日本語リソースの少ない環境に戻っても学習を続ける意欲を持ち続けるためには、日本滞在中に最大限、日本語環境のメリット（日本語で書かれた文章を手軽に手に取ることができること）を活用することが重要である。一方、最近は電子書籍も広く普及し、海外で学ぶ学習者も以前に比べると日本語リソースを活用できる環境が整ってきている。そのため、教科書以外の日本語リソースをどうやって日本語学習、語彙学習につなげるかを考えていく必要があるだろう。

　語彙学習には意識的なインプットをどう増やすかが重要であるが、本実践にはその課題解決の一つとして有効な方策が含まれていると思われる。今後はさらに実践と改善を重ね、学習者のことばの力を伸ばすサポートについて考えていきたい。

引用文献

加納千恵子（2000）「中上級学習者に対する漢字語彙教育の方法」『筑波大学留学生センター日本語教育論集』15, pp. 35-46.

衣川隆生（2008）「自律学習能力の顕在化を目指したコース運営 —— 模擬面接と学習経過報告を通して ——」『名古屋大学日本語・日本文化論集』16, pp. 79-97.

小宮千鶴子（2001）「経済の初期専門教育における専門連語」『専門日本語教育研究』3, pp. 21-28.

二宮理佳・川上麻理（2012）「多読授業が情意面に及ぼす影響 —— 動機づけの保持・促進に焦点をあてて ——」『一橋国際教育センター紀要』3, pp. 53-66.

姫野昌子（2006）「学習者のためのコロケーション辞典 —— 『日本語表現活用辞典』の作成に際して ——」『日本語学』25（8）, pp. 40-50.

NPO多言語多読「多読実践方法」http://tadoku.org/learners/l-method（2018/03/30）

第10章

現場指導（OJT）における
看護師養成と教材化

嶋ちはる

1. はじめに

　近年、経済連携協定（以下、EPA）に基づき来日し、看護師国家試験に合格したEPA看護師を始め、中国人を中心とした、看護師国家試験受験資格認定を経て国家試験を突破した外国人看護師など、日本で正規の看護師として就労する外国人が増加している。一方で、看護現場における日本語でのコミュニケーションについては、外国人看護師本人、受け入れ施設双方から課題が指摘されている。しかしながら、外国人看護師に対する日本語支援の多くは看護師国家試験の受験対策が主であり、合格後の支援については模索が続いている状態である。そこで、この論文では、国家試験に合格し、看護現場で実際に看護師として勤務しはじめた外国人の支援に向けた教材を考えることを目的とする。看護現場で必要となるコミュニケーション場面の中から、看護従事者間での患者の情報共有を目的に行われる「申し送り」を例として取り上げ、就労現場における研修（以下、OJT）において、現場の看護職員と学ぶことを想定した学習活動案を提案する。

　まず、2.で先行研究をもとに、看護の現場で必要となる日本語について論じ、3.で教材化にあたって考慮すべき点について述べる。4.では、看護現場で必要とされるコミュニケーション場面の一つとして申し送りを取り上げ、嶋（2016）での調査をもとに、申し送りで使用される語彙や表現の特徴

について紹介し、学習活動例の作成を試みる。

2. 看護現場で必要となる日本語
2.1 国家試験合格者と日本語力

　外国人看護師の場合、たとえ自国で看護師資格を持ち、看護師としての実務経験があったとしても、日本の国家試験に合格しない限り日本で看護師として就労できない。そのため、これまでの看護分野における日本語教育では、国家試験対策を目的とした研究や教材開発が進められてきた。しかしながら、近年では国家試験に合格し、看護師として就労する外国人の増加が報告されている。法務省の発表では、平成29年6月末現在において、「医療」の在留資格で日本に滞在している外国人は1,632人にのぼる。2007年度末の時点では174人であったことを考えると、この10年の間に10倍近くに急増していることがわかる。「医療」には医師や歯科医師、理学療法士なども含まれているため、実際に「看護師」として就労している者の数については不明である。しかしながら、加藤 (2017) が指摘するように、近年の急激な増加にはEPAで来日した外国人看護師が国家試験や准看護師試験の合格後に「医療」の在留資格を取得したこと、EPA以外にも日本の看護師養成機関や看護師国家試験受験認定を経て国家試験を受験し日本の看護師資格を取得する外国人看護師が増えていることも大いに関係していると考えられる。

　看護業務に従事する外国人看護師が増加する一方で、現場でのコミュニケーションに必要とされる日本語力には課題が残ることが指摘されている（国際厚生事業団 2013 など）。EPA看護師の場合、看護師国家試験に合格することのみが、日本で看護師として就労するための要件であり、日本語能力に関する要件は課せられていない。実際、国際厚生事業団 (2013) が行った調査では、国家試験に合格し日本で就労している44名のEPA看護師のうち、半数以上である24人は日本語能力試験（以下、JLPT）の認定を受けていない。また、JLPTの認定を受けている残りの20名も、N2及びN3の取得者であり、N1の取得者は一人もいない。国家試験合格のために、試験に出題される語彙や文法の学習に焦点が当てられた結果、一般的な語彙や表現の習得が限られている可能性も否定できない。EPA看護師の場合、日本の

医療施設での就労経験は既にあるため、経験から学んだ現場の日本語力が期待されている。しかし、国家試験合格前には看護助手として補助的な業務しか経験しておらず、看護業務に就けるのは国家試験合格後からとなり、それまでとは必要となるコミュニケーションも大きく異なる。

　一方、看護師国家試験受験資格認定を経るルートでは、認定基準としてJLPTのN1に合格していることが国家試験受験の要件として挙げられているため、国家試験合格者には相応の日本語力が身についていることが期待される（加藤2017）。しかしながら、たとえN1に合格していても、実際の看護業務においては、多くの外国人看護師が日本語のコミュニケーションに困難を感じていることが明らかとなっており、国家試験合格後も継続的な日本語の支援が求められている（安留2009、石原2012）。

2.2　外国人看護師が抱えるコミュニケーションの問題

　実際の看護現場では、外国人看護師はどのような場面でコミュニケーションの問題を抱えているのだろうか。安留（2009）が行った2名のベトナム人看護師に対するインタビュー調査では、文章の作り方や意見のまとめ方、申し送りで重症患者の情報を簡潔に伝えることなどが困難点として挙げられている。日本で就労している中国人看護師44名を対象に行った石原（2012）の調査では、90％以上の看護師が（1）薬の名前を覚えること、（2）医師・看護師の指示の理解、（3）自身の語彙量の少なさ、（4）単語のアクセントの間違いにより話が伝わらないことに問題を感じていることを明らかにしている。また、方言の理解についても、88.6％の外国人看護師が困難であると感じている。石原はこの結果に対し、外国人看護師が感じる困難の背景には、医療従事者間で使われるカタカナ語や縮約形の表現、患者の病気や加齢などによる不明瞭な発話や方言の使用などが一因となっていると指摘している。

　国際厚生事業団（2013）が44名のEPA看護師を対象に行った書面調査では、看護場面を「聞く」、「読む」、「話す」、「書く」という4技能別に分け、それぞれを10から16の場面に細分化し、各場面における具体的な言語行動についての熟達度に関するEPA看護師自身の自己評価を問うている。「聞く」場面を例に挙げると、EPA看護師が比較的難易度が低いと感じている

ものは「患者から頼まれた身の回りのこと」や「患者のケアを先輩看護師と一緒にしている時の先輩看護師の指示」であり、反対に理解に困難を感じているものは「仕事相手からの電話で相手の言っていること」や「病院や所属部署のカンファレンスの内容」であった。また、10名のEPA看護師及び8名の日本人指導者に対し行われたインタビュー調査では、EPA看護師側、指導者側双方に認識されている日本語の課題として、「電話でのコミュニケーション」や、「医療従事者間の口頭での連絡・報告・説明」、「方言の聞き取り」、「手書きの文字の読解や看護記録」、「看護の専門用語の学習」といったものが挙げられた。

3. 看護現場で必要となる日本語の教材化にあたって

2. で概観したように、外国人看護師の看護現場での日本語力に関しては課題が多く、外国人看護師、日本人指導者双方が日本語の支援の必要性を認識している。しかしながら、看護現場で必要となる日本語教育のための教材は非常に限られているのが現状である。その背景として、看護師として就労する上で必要となる日本語は、専門職としての業務内容と密接に関係しており、看護技術や病気に関する医療の専門用語など、日本語教師だけでは教材化に限界があることが挙げられる。また、就労施設や配属先、地方によって、学ぶべき語彙に違いが見られるため、汎用性の高い教材を作る難しさもある。実際、国際厚生事業団 (2013) の調査では、国家試験合格後のEPA看護師の配属先は多岐に渡っていることが明らかとなっている。配属先で最も多いのは急性期病棟の39.6%、次いで療養病棟の20.8%であるが、病棟以外にも、ICUや救急外来、手術室や透析室など様々である。そのため、配属先でのOJTとして、それぞれの施設において、担当業務と合わせ業務に付随する日本語の学習を進めていくことが必要となる。

こういったことを考えると、看護現場で必要とされる日本語学習のためには、就労施設におけるOJTのプランに合わせ、現場で工夫を加えられるような教材が望ましい。また、現場での看護業務に十全的に参加していくためには、体系的な指導計画の流れに沿ったものであることを考慮に入れる必要がある。そのためには、国際厚生事業団 (2014) が出版しているEPA看護

師の指導者のためのガイドブックに掲載されている EPA 看護師のステップアップシートや看護の場面 can-do リストなどが参考になる。国際厚生事業団によれば、このステップアップシートは、ある病院の心臓血管外科病棟で働く 2 年目の EPA 看護師のために作られた指導計画であるという。このステップアップシートのように、通常、病院などの施設では、新たに配属された新任看護師の研修のために、指導計画が組まれる。現場で必要となる日本語の教材を考えるにあたっては、配属先やこれまでの経験などに合わせた指導計画をもとにすることが必要となる。その上で、各段階における具体的な行動目標をもとに、can-do リストを作成し、それぞれの目標達成のために覚えるべき語彙や表現を看護の指導者と外国人看護師の間で共有、確認しながら現場で学ぶというプロセスが看護現場で必要とされる日本語学習において重要なのではないだろうか。

　次の 4. では、上記の点を考慮しつつ作成した教材例を紹介する。教材化にあたっては、看護に関する専門語彙や、石原 (2012) の調査で外国人看護師が困難点として挙げている薬の名前などが頻繁に出現する「申し送り」場面を例として取り上げた。申し送りとは看護師間で行われる、勤務の引継ぎのための情報交換である。近年では、申し送りの廃止や時間短縮などが検討、実行されている施設もあるが、申し送りを行う施設は依然として多い。前述のステップアップシートでは、申し送りは二年目の外国人看護師が最初に到達すべき課題として設定されており、早い段階から参加が期待されている業務内容であることがうかがわれる。また、申し送りで学んだ語彙は、患者の症状を報告する際に必要となるものであり、看護記録やカンファレンスなど、他の場面でも応用できるため、教材化する価値はあると思われる。

4.　申し送りに使われる語彙に関する教材

　申し送りは、外国人看護師だけではなく、日本人の新人看護師にとっても職場で経験する困難として挙げられることが多い（佐居・松谷・平林・松崎・村上・桃井・高屋・飯田・寺田・西野・佐藤・井部 2007、唐澤・中村・原田・太田・大脇・千葉 2008 など）。そのため、日本人看護師向けに、申し送り場面など看護現場で習慣的に使用されている語彙や略語を集めた辞

書などもいくつか市販されている（エキスパートナース編集部（編）『看護聞き言葉辞典』、月刊ナーシング編集室（編）『医学・看護・介護申し送り言葉mini note』など）。これらの辞書は現場での持ち運びに便利なように、ポケットに入るコンパクトなサイズになっていることが特徴的である。

　しかしながら、筆者が病棟で働く数名のEPA看護師と話したところ、こういったポケット辞書は確かに役に立つ場合もあるが、実際の現場では、単語がはっきりと聞き取れなかったり、略語なのかそうではないのかがわからない場合もあったりなど、耳にした言葉を自力では辞書で探せない場合も多くなかなか日々の実践で有効に利用できていないという。確かに、日本人向けの辞書では、耳にした言葉をそのまま検索できるようにすることが優先されているため、語彙が50音順またはアルファベット順に配列されている。語彙が診療科や業務内容など場面や分野ごとに分けられていないため、リスニング力に課題を残す外国人看護師には、検索が困難であることが予想できる。

　一方、日本語教育の視点で看護現場での申し送りを教材化したものには、永井（2013）がある。永井の教材は申し送りの談話の型に注目し、情報をいかに組み立てて伝えられるかということに主眼が置かれている。そのため、外国人側が既に伝えるべき情報を有していることが前提となり、申し送り場面で必要となる語彙の学習は限定的となっている。しかしながら、外国人看護師は、前述のように語彙力が不十分であることも多く、談話の型の学習に先立ち、申し送りで使用される語彙を包括的に学ぶことが必要となる。

　そこで、以下では、外国人看護師が、現場で耳にするが、理解が不十分である可能性がある言葉について、配属先のメンターや同僚に確認しながら勉強できるようにするためにはどうしたらいいか、その活動案を考えることにする。

4.1　申し送りに使われる語彙とは

　申し送りで必要とされる日本語の学習に向け、嶋（2016）では申し送りで実際に使用されている語彙の調査を行った。一般病棟と療養病棟における10日分の申し送りの録音資料をデータに、特徴度という指標を用いて申し送りに特徴的な語彙を抽出したところ、申し送りに出現する名詞は、大きく以下のグループに分けられた。

（1） 病院施設 / 病床数管理に関する語彙：空床、在院、別館など
（2） 予定されている事柄に関する語彙：受診、ムンテラ、退院など
（3） 時間に関する語彙：夜勤、夜間、日勤、本日、夕、眠前など
（4） 患者の動作や状態に関する語彙：痰、尿、熱発、浮腫、嘔吐など
（5） 機器や道具に関する語彙：オキシメーター、エラスターなど
（6） 処置や検査に関する語彙：内服、採血、吸引、注入、導尿など
（7） 薬剤などに関する語彙：アダラート、アタラックスなど

　また、申し送りの構造を見てみると、担当者により多少の違いはあるものの、多くの場合以下の流れになっていることが観察できた。①今日の予定（委員会など）→②男女別の入院患者数と空きベッド数の確認→③歩行自立度別（担送 / 護送 / 独歩）による患者数の確認→④患者の入退院、転室などの予定の確認→⑤個々の患者の容体についての報告→⑥その他の連絡や確認事項（嶋 2016: 220）。これら①〜⑥の流れに沿って語彙学習を考えた場合、①②③④については使用される語彙や表現が比較的一定であり、語彙の意味さえ確認できれば、日々の申し送りを観察しながら使い方を学ぶことは可能であると思われる。一方、⑤の患者の容体については、患者の病状だけではなく、服用している薬の名前、体の部位など必要となる語彙が幅広い。また、正確に情報を伝えるだけではなく、その症状のある患者のケアで気をつけなければいけないことを合わせて理解する必要がある。そのため、「尿」や「便」など、描写する対象ごとに、指導者とともに患者の状態を確認しながら時間をかけて語彙を学んでいく必要があると思われる。

4.2　申し送り場面で使用される語彙学習のための活動案

　以下、嶋（2016）の結果をもとに作成した学習活動案を示す。**4.1** で述べたように、申し送りで使用される語彙や表現の中には、理解できれば比較的すぐに使用可能なものと、患者の病状や薬などに関する知識を深めながら学んでいくべきものとに分けられる。紙幅の都合により、以下では、前者の例として、委員会の名前に関する語彙（例1）、患者の歩行自立度に関する語彙（例2）を、後者の例として、便に関わる語彙と下剤（例3）を取り上げ、それぞれの学習目標の達成に向けた活動案を紹介する。

142 ｜ 嶋ちはる

＜例1：委員会の名前に関する語彙（紙とペンがあれば指導できるもの）＞

学習目標①:委員会の名前を覚える

ゴール:
1.外国人看護師の配属先に関係のある委員会の内容を理解する
2.委員会の名前やその略語がわかる

ステップ1: 指導者は、重要だと思う委員会の名前をリストします。学習者にそのリストを見せ、その漢字の読み方を確認します。略語や特定の呼び名が使用されている場合には、そちらもあわせて提示します。次に、その委員会の内容について説明します。

委員会名	読み方	略語	何をする？
例:NST			
例:安全管理			
例:在院管理			

ステップ2: 指導者は、委員会の名前を出さず、委員会の内容のみ説明します。学習者は説明を聞いて、委員会の名前を答えます。

ステップ3: 指導者は、学習者が予定されている委員会について、いつ、どこで開かれるのか、その情報を口頭で伝えることができるかを確認します。

応用: 余裕があれば、委員会名を漢字で書く練習などの活動を取り入れることもできます。また、委員会だけではなく、個々の患者に予定されている事柄に関わる語彙（例: ムンテラ、カンファレンス、検査、診察等）や、施設内の部屋に関する語彙についても、ステップ1～3を用いて確認できます。学習者が理解しているだろうと思われる語彙（例:使用器具の名前）についても、ステップ1～2のやり方で、音と表記が一致しているか確認することができます。

第 10 章　現場指導 (OJT) における看護師養成と教材化　｜ 143

＜例２：患者の歩行自立度に関する語彙（院内情報をリソースにする）＞

学習目標②：患者数の把握の仕方を覚える

ゴール：
1. 患者の歩行自立度を表す語彙を個々の患者に照らし合わせて理解する
2. 配属先の患者数について、報告できる（病棟）

ステップ1: 指導者は、「独歩」「護送」「担送」という言葉について、学習者に説明させます。これらの言葉について、理解できていないようであれば、その言葉について学習者に説明します。その際、個々の患者の名前を挙げ、その人がこれら3つのどれに該当するかを尋ね、理解を確認します。

ステップ2: 病棟勤務の場合は、学習者が関わる病棟に「独歩」「護送」「担送」がそれぞれ何名いるのか、その情報を口頭で正確に伝えられるかを確認します。

応用: 歩行自立度別の他にも、「空床数」など、患者の数を把握するために必要な語彙を導入し、口頭で患者数を報告させる練習なども行うことができます。また、空床という語彙に関連し、大部屋の中で空いているベッドの位置（例:右側の一番奥）を説明するなどの練習につなげることもできます。

　上記２つの活動例の場合、どちらも覚えるべき語彙がかなり限定されている。施設によって申し送りのやり方や、申し送りにおける伝達事項に違いがあるとは思われるが、患者数の把握や今日の予定などについては、上記で挙げた語彙が理解できていることを確認した上で、以下のようなモデル文を用いて練習すれば、情報伝達は早い段階から比較的スムーズに行えることが予想される。

（モデル文）
おはようございます。申し送りを始めます。
今日は○時から○○委員会があります。場所は○○です。
201の○○さんですが、○時に○○の予定が入っています。
入院患者数は男性○名、女性○名、計○名です。そのうち、担送○名、
護送○名、独歩○名です。空床数が男○、女○となっています。

　上記のモデル文にあるように、予定について報告する際には、「検査が予定されています」「検査の予定が入っています」などの表現が使われるのが一般的である。しかしながら、嶋（2016）が行った関西地方にある病院における調査では、申し送りにおいては、「介護認定調査あがってます」「皮膚科受診あがってます」というように「あがる」が使われていることが多いことが報告されている。「あがる」と同様、申し送りでは現在行われている治療や投薬について説明する場合などに、「いく」が頻繁に使われていることも観察されている。「酸素5リットル3％でいってます」「カロナールいってます」といった使い方である。こういった「あがる」や「いく」という語彙の使用は地域性によるものなのか、施設によるものなのか定かではないが、少なくとも日常場面で使われる「あがる」や「いく」とは異なる使い方がされているのは事実である。指導時には、こういった慣用的に使用される口頭表現についても、その施設でよく使われているものを学習者に示しておくことが重要である。
　一方、患者の容体について説明する場合には、覚えるべき語彙の範囲が広くなる。一般的なものだけでも、熱や尿、排便の状態といったものから、睡眠や呼吸、食事や薬の摂取状況などが挙げられる。それぞれにおいて、患者の状態を説明するための語彙を知っておくことが必要となるだけではなく、その症状の原因に関する知識や、その状況の中ではどのような点に注意して観察しなければいけないのか、アセスメントに関するスキルも同時に身につけることが必要となってくる。以下では、便に関わる語彙と下剤について学ぶ活動について取り上げる。

第 10 章　現場指導（OJT）における看護師養成と教材化　｜ 145

＜例 3 ：便に関わる語彙（尺度を見せながら確認する）＞

学習目標③：便の描写に関わる表現と下剤について学ぶ

ゴール：
1. 便の状態を描写することができる
2. 排便コントロールに使用される下剤とその特性を理解する

ステップ1: 指導者は、学習者にブリストルスケール（図1）を見せます。
ブリストルスケールを使いながら、便の状態と、その状態を表す語彙を一緒に
確認します。次に、指導者は、ブリストルスケールの絵を見せ、学習者は便の状
態を表す語彙を答えます。

ステップ 2: 指導者は、便の状態を表す語彙を言います。学習者は、どのよう
な便なのか、口頭で説明します。「下痢」なのか「便秘」なのかについても説明
します。

ステップ 3: 指導者は、便秘時の排便コントロールで用いられる下剤のうち、
院内で主に使用されているものについて、学習者に確認します。その際、学習
者が薬辞典等で詳細について調べられるように、正式名称と、院内で用いら
れている略語の両方を提示します。

下剤名	略語	服用上の注意点
例：マグミット	マグ	
例：ラキソベロン	ラキソ	

応用: 便や尿の描写には、形状や量の他、色の説明なども重要となりますが、
カラーチャートなど、指標がある場合には、それと照らし合わせることで、学
習者の理解が助けられます。また、余裕があれば、患者から「腹部膨満感」な
どの訴えがあった場合、便秘かそれ以外の理由かを判断するにあたり、どの
ような観察を行う必要があるのかなど、看護技術についても確認します。

非常に遅い （約100時間）	1	コロコロ便		硬くてコロコロの 兎糞状の便
	2	硬い便		ソーセージ状であるが 硬い便
	3	やや硬い便		表面にひび割れのある ソーセージ状の便
消化管の 通過時間	4	普通便		表面がなめらかで柔らかい ソーセージ状、あるいは 蛇のようなとぐろを巻く便
	5	やや軟らかい便		はっきりとしたしわのある 柔らかい半分固形の便
	6	泥状便		境界がほぐれて、ふにゃふ にゃの不定形の小片便 泥状の便
非常に早い （約10時間）	7	水様便		水様で、固形物を含まない 液体状の便

図1　ブリストルスケール（排泄ケアナビより引用）
http://www.carenavi.jp/jissen/ben_care/shouka/shouka_03.html

　以上、便に関わる語彙について取り上げた。便は一例に過ぎず、患者の状態について報告するには、基本的なものだけでも、以下の表1に見られる範囲の語をカバーする必要がある。これらの語彙を抑えた上で、ようやく申し送りという活動の中で他者の情報を伝えることが可能となるのである。上記の例1〜例3のように、学ぶべき語彙について丁寧に学習を進められるのが理想ではあるが、時間に追われることの多い医療現場においては、指導者側、外国人看護師側双方にとって、現実は学習時間の確保が非常に難しいという声も聞かれている。

　少なくとも、配属先の現場でよく用いられる語彙について、表1のように語彙の種類分けと語のリスト化、振り仮名の記載だけでもなされていれば、前述の看護現場における申し送り言葉や聞き言葉に関する辞書などを用いて、外国人看護師が自力で調べることも可能となるだろう。語彙のグループ化だけでも、外国人看護師にとっては市販されている現場の看護職のため

第 10 章　現場指導（OJT）における看護師養成と教材化　｜ 147

の辞書を活用する上で、大きな助けとなるのである。

表1　患者の状態について報告する際によく使用される語彙

熱	発熱、熱発、冷却（クーリング）、発汗、脱水
尿	尿漏れ、失禁、残尿、頻尿、尿測、排尿、陰洗（陰部洗浄）、膀洗（膀胱洗浄）、混濁、浮遊物、自尿、導尿、尿意、血尿、尿（ハルン、おしっこ）、貯留、バルーン、尿汚染、茶色尿、悪臭
便	便秘、下痢、軟便、硬便、水様便、泥状便、便摘、反応便、便（うんち）
睡眠	入眠、良眠、傾眠（うとうと）、不眠、熟睡、浅眠、眠剤
呼吸	オキシメーター、肺雑音、ヒュー音、いびき音、ゴロ音、痰、粘稠痰、排痰、鼻汁、咳、咽頭不快、吸引（サクション）、呼吸困難、喘息様呼吸、平静呼吸、気管支炎
食事	食べこぼし、食介、半食介、ミキサー食、きざみ食、ペグ（PEG、胃ろう）、経管栄養、中心静脈栄養
時間（帯）	夜間、夜勤帯、日勤帯、眠前、今朝、食す（食後すぐ）

5.　おわりに

　この論文では、国家試験に合格した外国人看護師が看護現場で必要とする日本語場面として申し送りに注目し、そこで必要となる語彙や表現について、現場で指導を担当する看護師とともに学ぶための活動例を提示した。しかしながら、この論文で扱った申し送りは数ある看護場面のうちの一つに過ぎず、またデータも限られたものである。繰り返しになるが、申し送りのやり方や、そこで必要となる語彙は、施設や診療科によって大きく異なる。今回扱った語彙は、尿や便、熱や呼吸など、診療科を問わず使えるものが中心になっているが、現場の状況に合わせ、カバーするべき語彙を検討する必要がある。今後は外国人看護師の指導計画を参考に、申し送り以外の看護場面にも焦点を当て、教材の開発や改良を重ねていく必要があるだろう。

また、この論文では直接触れることはできなかったが、外国人看護師の職場適応には、テクノロジーによるサポートも無視できない。外国人看護師がいくら語彙を覚えても、現場の記録で使用されている手書きの文字が判読できず、情報収集に困難を感じているという声も聞かれている。既に多くの病院では看護記録などの電子化が進んでいるが、電子機器やテクノロジーの導入により外国人看護師の負担を減らすことは可能である。老人施設の中には、看護・介護にあたる外国人職員にスマートフォンを携帯させ、患者の要求の聞き取りや漢字の読みなどに問題があった場合には、写真や録音機能を利用し、周囲に確認しながら解決を図っているという事例もある。

今後ますますの増加が予想される外国人看護師に対し、医療現場の安全・安心を確保するためにも、彼らの職場における学習支援の体制づくりだけでなく、テクノロジーやリソースの導入といった職場環境の整備も合わせて行っていくことが重要となるだろう。

引用文献

石原美知子 (2012)「日本の医療現場における中国人看護師とコミュニケーション —— 病院赴任直後の言葉の問題を中心に ——」『コミュニケーション科学』36, pp. 67–81.

エキスパートナース編集部 (編) (2011)『看護聞き言葉辞典　第 2 版』照林社.

加藤敬子 (2017)「経済連携協定 (EPA) 看護師候補者の医療終了における位置づけ —— 外国人医師・外国人看護師・外国人准看護師の医療就労の現状 ——」『人間社会環境研究』34, pp. 157–170.

唐澤由美子・中村恵・原田慶子・太田規子・大脇百合子・千葉真由美 (2008)「就職後 1 ヶ月と 3 ヶ月に新人看護者が感じる職務上の困難と欲しい支援」『長野県看護大学紀要』10, pp. 79–87.

月刊ナーシング編集室 (編) (2014)『医学・看護・介護申し送り言葉 mini note』学研.

国際厚生事業団 (2013)『平成 24 年度厚生労働省看護職員確保対策特別事業 EPA 看護師に関する調査事業報告書』(https://jicwels.or.jp/?page_id=543)

国際厚生事業団 (2014)『経済連携協定 (EPA) に基づく看護師の指導者ガイドブック』(https://jicwels.or.jp/?p=111)

佐居由美・松谷美和子・平林優子・松崎直子・村上好恵・桃井雅子・高屋尚子・飯田正子・寺田朝子・西野理恵・佐藤エキ子・井部俊子 (2007)「新卒看護師のリアリティショッ

クの構造と教育プログラムのあり方」『聖路加看護学会誌』11 (1)，pp. 100–108.

嶋ちはる（2016）「外国人看護師のための語彙シラバス」森篤嗣（編）『ニーズを踏まえた語彙シラバス』pp. 213–229，くろしお出版.

永井涼子（2013）「看護師談話の分析を応用した教材作成の試み」『日本語教育方法研究会誌』20 (2)，pp. 42–43.

安留孝子（2009）「介護・看護現場における外国人労働者のコミュニケーションに関する課題──ベトナム人看護師養成支援事業と経済連携協定（EPA）による受け入れの比較を中心に──」『流通経済大学論集』44 (3)，pp. 229–240.

付記

　この論文は、日本学術振興会科学研究費補助金による若手研究（B）「外国人看護・介護人材の職場におけるコミュニケーションの研究」（研究代表者：嶋ちはる）の研究成果の一部である。

第三部

教材案Ⅱ：授業単位で利用
できるアイディア

第**11**章

コロケーションリストの
教材化

中俣尚己

1. はじめに

　近年、言語学習においてコロケーションが重視されてきている。語の学習において大切なのは、語の意味を理解することではなく、語をどのように使うかという情報、すなわちコロケーションを理解することであるとの主張も行われてきている (Lewis (ed.) 2000、テイラー 2017)。一方で、コロケーションの習得は上級学習者であっても難しいという主張もある (劉 2017)。

　いくらコロケーションの重要性が叫ばれても、コロケーションの幅を広げる学習活動として、リストの提示とその暗記以上の、何か面白い活動がなければ、さしたる効果は上げられないのではないか。そのような問題意識から、この論文ではコロケーションリストを元にした教材として、「コロケーションクイズ」を提案する。これはあらゆる言語素材に応用でき、知的な興奮を味わえる教材であり、それを使った活動も様々に考えることができる。

　以下はこの論文の構成である。まず **2.** でコロケーションをめぐる先行研究について紹介する。**3.** ではコロケーションクイズとはどのようなものかを提示し、どのような新奇性を持っているのかを述べる。続いて、**4.** でコロケーションクイズの作り方を解説する。**5.** ではコロケーションクイズを使った活動について提案する。**6.** ではコロケーションクイズを作る上でこれまでに直面した課題を挙げる。**7.** はまとめである。

2. 先行研究

　コロケーションの定義は研究者によって様々に行われているが、この論文ではごく単純に「ある語と（確率的に）よく共起することが多い語との組み合わせ」と定義しておく。また、中心として考える語を中心語、中心語と共起する様々な語を共起語と呼ぶ。

　Stubbs（2002）は語からさらに拡大し、語と文法範疇の関係や、語とプラス・マイナスの指向性といった関係についても用語を定義しているが、コロケーションクイズの素材としてはあくまでも語と語という範囲に限定する。

　また、語と語の結びつきの強さには、例えば慣用句のように非常に固定的なものから、自由結合まで段階性があることが指摘されているが（劉2017）、この論文では基本的に全てを含めることにする。もちろん、問題作成者の意図によっては、この範囲を狭めることも可能である。

　日本語教育においてもコロケーションを扱った研究が増えてきており、中国で発行されている日本語教科書とコーパスのコロケーションを比較した李（2014）や学習者がコロケーション選択を行う際のツールに注目した寺嶋（2016）などがある。一方で、冒頭でも述べたように、学習者は上級になってもコロケーションを適切に使用するのは難しいという報告もある（劉2017）。

　また、コロケーションという捉え方ではないが、多義的な和語動詞については長年研究が行われてきており、特に近年、JSL児童にとって基本的な動詞の多義性が問題になることが指摘されている（西川・青木・細野・樋口2015、西川・細野・青木2016、池田2017）。これも、文中の動詞がどの意味かということは共起語によって決定されることが多く、どれだけのコロケーション知識を持っているかという問題に他ならない。この論文で扱う教材は中心語として和語動詞を選んでいるが、それは一見簡単そうで、実際には様々な意味が派生するためであり、それがこのクイズの特性と合っているからである。

　近年になってコロケーションが特に注目を浴びているのはコーパス言語学の興隆と無関係ではないだろう。コロケーションの種類は膨大であるため、内省での研究には向かない。また、提示方法としても1つ2つの例を出すだけでは全く不足である。その結果として、例えば小野・小林・長谷川（2009、2010）のように大量の例をリストのように提示することになる。中

俣 (2014) は文法項目と共起することが多い述語のリストである。また、近年のコーパス日本語学の成果の1つとして、コーパスから得られたコロケーション情報や例文を簡単に表示できる NINJAL-LWP for BCCWJ（以下 NLB）、NINJAL-LWP for TWC（以下 NLT）というウェブアプリケーション（赤瀬川・パルデシ・今井 2016）があり、この論文のクイズ作成にも利用できる大変便利なツールである。

このようなリスト、特に中俣 (2014) や NLB、NLT のように頻度情報まで付与されたものはどれをよく使うかという点では有益ではあるものの、学習者からすれば単に上位のものを覚えるだけ、ないしは調べ物に活用するだけという利用法に陥ってしまう危険もある。ところが、このリストに少しの工夫を加えるだけで、魅力的な教材に変身するのである。

3. コロケーションクイズ
3.1 コロケーションクイズの全体像

早速だが、コロケーションクイズとはどのようなものかを紹介する。骨格は以下のようなものである。

表1　コロケーションクイズの骨組み

血を	
手を	
目を	
身を	
尾を	？　？
興味を	
線を	
辞書を	
注意を	
かぜを	

表1の左側にはコロケーションの共起語が並び、右側にはそれらに共通する語、すなわちコロケーションの中心語が入る。たくさんの共起語から、中心語を推測するという活動である。シンプルな活動であるが、やってみる

と母語話者でも意外と解けなかったりする。この論文でも正解は章末に記すことにするので、読者の皆さんも解くことに挑戦してみてほしい。

3.2　コロケーションクイズのメリット

　2. で示したように、これまでのコロケーション教材はリストを提示するという形が多かった。しかし、この場合、学習者にとって中心語は最初からわかっているのだから、後は共起語を見るだけである。これは単調な記憶作業になってしまう危険性がある。

　一方で、コロケーションクイズは単にコロケーションリストから中心語を隠しただけともとれるが、学習者の認知活動としては全く異なるものとなる。学習者はこのクイズを解く際に持っているメタ言語知識を最大限に活用することになる。そして、メタ言語知識を活性化した状態で、正解のコロケーションリストを見ることで、「そうだったのか！」という感覚を味わうことになり、より深く新しいコロケーションが定着すると考えられる。

　仮に学習者が知らないコロケーションがあった場合、従来のように単にコロケーションリストを見るだけでは未知項目は既知項目の中に埋没してしまう恐れもある。しかし、このクイズは「全ての名詞が１つの動詞と共起する」という条件を課せられているため、学習者は未知コロケーションに引っかかりを覚え、「答えはおそらく○○だろうが、こういうコロケーションもあるのだろうか」と思いながら、正解を見るのである。つまり、単なるコロケーションのリストとは、未知のコロケーションに触れる際の心的状態が異なっており、当然引っかかりを持った状態でリストを眺めるこの教材のほうが学習効果は高いと考えられる。

　また、ヒントの共起語を多数示すことで、クイズの難易度を下げている。共通する語を当てるようなクイズは例えば小学校の国語教科書にも散見されるが、本クイズはそれよりもややヒントの数が多いことが特徴である。全てのコロケーションが既知でなくても、数個の既知のコロケーションがあればそこから答えを推測することは可能である。JSL児童にとっては派生義よりも中心義のほうが易しいことが知られているが、中心義をいくつか混ぜておけば、そこから答えを推測することもできる。クイズの難易度が低いことは

第 11 章　コロケーションリストの教材化 | 157

学習者に達成感をもたらすと考えられる。そのような心的状態であれば、少数の未知のコロケーションを学ぶ意欲も促進されるであろう。

4.　コロケーションクイズの作り方

　ここでは、コロケーションクイズの作り方を解説する。「コロケーションを集める」「コロケーションを配列する」「最後の一工夫」の3ステップである。また、コロケーションを集める方法として、辞書を使うやり方とコーパスを使うやり方を紹介する。

4.1　コロケーションを集める1：辞書編

　手軽なのは、国語辞典を使う方法である。コロケーションを集めるためには、ある程度大型の辞典が望ましい。例えば、「出す」を例にとると『広辞苑（第五版）』には以下のように用例ごとに様々な例文が挙げられている。

> ❶内にこもっているものを外へ遣る。①内から外に移す。「布団の外に足を―・す」「鼻血を―・す」「芽を―・す」②出発させる。天草本平家「馬ども乗せて舟―・せとおほせらるれば」「バスを―・す」……

　この例文の中からコロケーションを集め、「足を？？」「鼻血を？？」「芽を？？」「バスを？？」のような問題を作ればよい。試みに、『広辞苑』の「出す」の例から収集してみたコロケーションが表2である。

表2　『広辞苑』から収集した「出す」のコロケーション

店を？？	手を？？	答案を？？	お茶を？？	お金を？？
鼻血を？？	芽を？？	手紙を？？	足を？？	肌を？？

　ただし、いくつか注意すべきことがある。まずは、できるだけ色々な用法からコロケーションを集めたほうが、言語の学習としては広がりがあるということである。前から順に採用していたのでは、意味の偏りが生じるということである。

　また、上の例にも天草本平家の例がさらりと混ざっているように、古典の用例が掲載されることも多い。これも省くべきである。「舟を出す」はもちろん現代でも通用するコロケーションではあるが、問題は「舟を？？」とい

う形で見た時に、「出す」が思い浮かぶかどうかということである。渡し船をよく使うという人でなければ、なかなか出てこないコロケーションではないだろうか。

最後の問題は、同音異字の問題である。例えば、『広辞苑』では「さす」の見出し語として、【刺す・挿す】【注す・点す】【差す】【差す・指す】などが挙げられている。しかし、これらはよく用いられる漢字による慣用的な区別であり、辞書内にもその旨記載されている通り、同源語、すなわち「さす」の派生義の広がりとみなすべきである。「さす」の意味の広がりに目を向けたければ、全ての見出し語に目を通す必要がある。

ここまで、辞書を使ったコロケーション収集方法を説明してきたが、弱点もある。1つは、どれがよく使われるコロケーションなのか、換言すれば学習上の重要なコロケーションはどれなのかがわかりにくいということである。もう1つは慣用句の問題である。例えば「口を出す」は見出し語「口」の下に記述されることが多いため、「出す」の用例としては掲載されないことが多い。これらの問題点を解決できるのが、コーパスを使ったコロケーション収集法である。

4.2　コロケーションを集める2：コーパス編

ここでは、コーパスを使ってコロケーションを集める方法を紹介する。これにはレキシカル・プロファイラーと呼ばれる NLB、NLT などのウェブアプリを使うのが簡便である。どちらも無料で利用できる。両者の使用方法は同じである。違いは、NLB は『現代日本語書き言葉均衡コーパス』という出版物を基本としたコーパスのデータを収録しており、およそ1億語規模であること、NLT は『筑波ウェブコーパス』というインターネット上のデータから作ったコーパスのデータを収録しており、およそ11億語規模であることである。図1は NLT で「出す」を検索し、「〜を出す」の共起語一覧を表示させた画面である。

コーパスを使う動機の一つとして、「よく使うコロケーションがわかる」というものがあるため、基本的には頻度が多いコロケーションを採用することになるが、注意点もある。例えば、図1には「結果を出す」「結論を出

す」があるが、この２つのコロケーションはよく似ていると考えた場合は、どちらか１つを採用し、他のコロケーションを採用したほうが学習価値は高くなる。他にも「ドアを開ける」「扉を開ける」「戸を開ける」のようにほとんど言い換えに近い例がある。

コロケーション	頻度 ⇕	MI	LD
手を出す	7,410	6.84	8.74
声を出す	6,950	7.50	9.09
顔を出す	6,379	7.67	9.11
結果を出す	4,926	6.03	8.01
結論を出す	3,922	8.93	9.02
音を出す	3,556	6.65	8.18
お金を出す	3,029	6.83	8.14
指示を出す	2,893	8.41	8.57
答えを出す	2,654	7.61	8.29
者を出す	2,648	2.65	5.07

…を出す　　8031種類

図１　NLT で調べた「出す」のコロケーション

　また、図１の一番下には「者を出す」というコロケーションがあるが、これは少しわかりにくい。右のパネルで例を確認すると「犠牲者を出す」「死傷者を出す」「合格者を出す」のような接尾辞であることがわかる。このような場合は、そもそも問題から排除するか、あるいは一番例が多そうな「犠牲者を？？」という形で提示することが必要である。

　NLB や NLT を使っても解決できない問題もある。4.1 で『広辞苑』における「さす」の見出し語は複数あるということを述べたが、これは NLB、NLT でも同様である。この問題があるため、筆者は NLB、NLT ではなくコーパス検索アプリ「中納言」を利用してコロケーションリストを作っている。中納言でリストを作る際のポイントは、キーを「品詞＝名詞」と設定する点にある。その後、例えば、キーから後方１語を「語彙素＝を」とし、

キーから後方2語を「語彙素読み＝サス、品詞＝動詞」と設定すれば、
「？？をさす」に当てはまる名詞を一気に検索できる。「語彙素読み」を条件
に使用することで、表記の揺れを吸収しているのである。

4.3　コロケーションを配列する

　得られたコロケーションを辞書の順番、あるいは頻度順に並べるだけでは
よい問題にはならない。表3と表4を比較してみよう。

表3　問題案1

○○することを
とどめを
釘を
傘を
水を
針を
指を
胸を
12時を
全体を

表4　問題案2

釘を
胸を
水を
指を
針を
12時を
○○することを
全体を
とどめを
傘を

　表3は語の取捨選択は行っているが、基本的に頻度順に配列したもので
ある。この問題は、実は「とどめをさす」というコロケーションを知ってい
れば、上の2行だけを読めば解けてしまう、易しい問題である。難しくす
るには、ある程度人為的にそうしたヒントとなるような語を下に配置すると
いった調整が必要である。

　なお、「とどめを」とくれば母語話者の知識では「さす」が必然的に選ば
れる。つまり、「とどめをさす」はコロケーションの強度が強いと考えられ
る。NLB、NLTではコロケーション強度の指標として、MI-scoreやログダ
イス係数が表示される。ところが、NLTで実際のデータを見ると、「とどめ
をさす（MI=13.12, LD=10.03）」「針をさす（MI=13.28, LD=10.38）」「釘をさ
す（MI=13.93, LD=10.40）」の3語でほとんど差は見られない。「針を？？」
「釘を？？」とくらべて「とどめを？？」は明らかに大きなヒントになるよ

うに感じられるが、そういった母語話者の感覚を反映する指標をまだコーパス言語学は提供できていないのである。今後の課題としたい。

4.4 最後の一工夫

ここまで、リストを元にクイズの問題を作ってきたが、教材としては回答編も必要である。ここにコーパスの用例を元に作った例を掲載することで、新しいコロケーションの獲得を促す。さらに、ルビやイラストを加え、教材として形にしたものが、図2である。

左側が問題、右側が解答である。左側には10のコロケーションを提示しているが、その上と下に空白マスがある。これは学習者がその他のコロケーションを書き込む欄であり、学習者の解答を拾い上げることで、様々な教室活動につなげることができる。

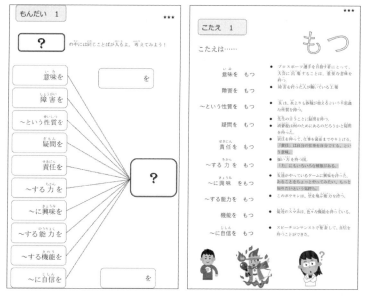

図2　コロケーションクイズの完成例「〜をもつ」

5. コロケーションクイズを使った活動

5.1 クイズを解く活動

筆者はこれまで、コロケーションクイズを多くの学習者に提示してきた。学習者のレベルは N4 から N1 まで多岐に渡ったが、どの学習者も興味を持って取り組んでくれた。幅広いレベルの学習者が混在する環境でも活躍する教材であると言える。また、試しに飲み会で母語話者の学生に見せたところ、非常に盛り上がった。

筆者は当初、N4 の学習者にとってはやや難しいかもしれないという予測を持っていた。実際、ある N4 の学習者は「バスを○○」のような問題に対して「来る」と答えるなど、格助詞の習得に問題を抱えていた（ただし、正解は「バスを待つ」であるが、これは「バスが来るのを待つ」という意味である。つまり、意味的には正しくこの問題を捉えていたとも言える）。しかし、その学生が「電源を○○」という組み合わせを見た時に、かなり短時間で「電源を切る」というコロケーションを正解できたことには驚かされた。おそらく生活の中で身につけたコロケーションであろう。その後、その学生は未知のコロケーションである「シャッターを切る」「ハンドルを切る」について詳しく尋ねてきた。わかる組み合わせが１つでもあれば解くことができ、その後他の組み合わせを見て学習を進めることができるという反応は、まさにこの教材の狙い通りである。

また、N1 の学習者は流石に多くの問題ですばやく解くことができた。しかし、例えば図２の「もつ」の問題で、「性質を持つ」という組み合わせだけは未知のコロケーションであると言い、「こんな言い方があるのか」と興味を持った様子であった。ネイティブからすれば「性質を持つ」も「機能を持つ」も同じように感じられるのであるが、学習者にとってはそうではないということである。

5.2 コロケーションを増やす活動

筆者が和語動詞を中心語としたクイズを作成した背景には、JSL 児童・生徒にとっての多義語の問題があった。この点を確かめるため、中学校の帰国生徒クラスにおいて時間をお借りし、「持つ」「入れる」「書く」「やめる」の

第 11 章　コロケーションリストの教材化 | 163

4 語のプリントを使ってミニ授業を行った。帰国クラスの生徒の日本語能力は高く、多くの生徒は苦もなく解いてしまったが、未知のコロケーションに印をつけるように指示したところ「メスを入れる」「使用をやめる」などは知らないという生徒もいた。さらにその後、生徒たちが考えたその他のコロケーションについては挙手をして発表してもらった。このクラスには一人、非母語話者の生徒もおり、事前の打ち合わせで、もしかしたらその生徒にとっては難しいかもしれないという話をしていたのであるが、実際にはその生徒は率先して「勇気を持つ」というコロケーションを発表し、その活動が弾むきっかけとなってくれた。

　また、生徒が作ったコロケーションを見ると「ペンを持つ」「お金を入れる」のような基本義に基づくものよりも、「かつを入れる」「うらをかく」のような派生義に基づくものが多かった。クイズの問題が様々な意味の名詞だったので、学習者にも「面白い例を作ろう」という意識が生まれやすいのかもしれない。もちろん、全ての学習者がそうであるとは限らないが、教室活動として行うならば、クラスに一人は「面白い例」を作ろうとする学習者がいるはずである。そういった回答をうまく拾い上げ、クラスでシェアすれば、コロケーションクイズの効果は何倍にも高まると考えられる。

5.3　クイズを作る活動

　ここまで、コロケーションクイズを使った学習活動は効果的で、楽しいということを述べた。しかし、実は世界でただ一人、コロケーションクイズの楽しさを実感できない人間がいる。それはその問題の作成者である。作成者は中心語、すなわちクイズの答えを決めてからクイズを作り始めるので、その過程は楽しくもなんともない。

　コロケーションクイズというアイディアを思いついた筆者にも同様の悩みがあった。理屈の上では楽しいはずだし、解いている人間の表情も楽しそうではあるが、本当に楽しいのか、いまいち自信が持てなかった。そこで、以下のような活動を行い、検証した。

　ある大学での日本語学の授業でコーパス検索アプリの「中納言」の使い方を学習した際に、中納言の検索機能の総復習として、一人一問、コロケー

ションクイズを作るように指示したのである。授業の後半は作ったクイズを前の画面に映して発表してもらい、筆者は学生と混じって多くの問題を解いた。そのプロセスは確かに非常に楽しく、効果を実感することができた。この授業の受講者は全員が日本語母語話者であったが、コロケーションクイズは母語話者にとっても十分やりがいのある課題になるようである。

　NLB、NLTなどのツールを使えば、レベルによっては学習者自身にコロケーションクイズを作らせ、お互いに解くという活動も十分に可能であると考えられる。クイズを解くステップの次として、クイズを作るという活動を位置づけることができる。

　また、学生に問題を作らせたことで、問題作成上の注意点も明らかになった。1つは、動詞を中心語とする場合は共起名詞の格を揃えなければならないということである。ヲ格名詞、ニ格名詞、デ格名詞などが混在すると、非常に解きにくい問題になってしまう。もう一点は、機能語的な動詞に注意する必要がある。例えば、以下の問題は受講生は誰も正解することができなかった「超難問」である。それは、正解の動詞の本来の意味と、リストの名詞がほぼ何の関係もないからである。もっともこのことについては、ひとくちに動詞と言っても様々なものがあるという日本語学的な気づきにつながるため、あらかじめ排除しなければならないような問題点ではないとも言える。なお、筆者は3分ぐらい経ってから、これは機能語ではないかと察知し、ただ一人正解することができた。読者の皆さんもぜひ挑戦してほしい。

表5　解くのが難しい問題

問題を？？	思いを？？	考えを？？	事件を？？	是非を？？
制度を？？	解釈を？？	政策を？？	関係を？？	首を？？

6. 問題制作における課題

　ここでは、コロケーションクイズを作る上での課題を述べる。まずは語彙の選定の問題である。もっとも教材ということであれば、中心語については重要そうな語を適当に選んでも構わないかもしれない。しかし、共起語との組み合わせを考えると、問題の難易度には大きな差が生じる。4.3でも述べたように、それらを前もって知ることや計測することは難しい。

次に、慣用句をどこまで採用するかという問題もある。慣用句が多すぎると、動詞の意味の把握は難しくなる。慣用句は知らなければ意味を推測できないため、問題を解く際の妨げにもなる。しかし、語彙学習教材として考えるならば、使用頻度が高い慣用句については積極的に取り入れるべきとも考えられる。慣用句については問題にマークを記しておくということも考えたが、どこからが慣用句でどこからが派生義なのかという線引きが非常に難しいという問題が生じる。

最後に、コーパスから問題を作成すると頻度は高いが教育上ふさわしくないようなコロケーションも散見される。「とどめをさす」「子供を作る」などである。問題として採用すべきかどうかは現場に応じた判断が必要となるであろう。

7. おわりに

この論文では、語彙学習教材として、コロケーションクイズを提案し、その作成法や活用法について一例を提示した。教育現場でのコーパス利用が提唱されて久しいが、コーパスの検索結果だけを見せられてもすぐに教育現場に役立つとは言い難い。しかし、少し手間と工夫を加えるだけで、魅力的な学習教材となり、様々な活動に使えるようになる。日本語教育におけるコーパスの利用はいまだ黎明期と言え、まだまだ様々な利用可能性が眠っていると思われる。そのためには暗記を強いるだけでなく、いかに「楽しい」活動にするかという視点が欠かせないであろう。

調査資料

『広辞苑　第五版』新村出（編）, 岩波書店, 1998.
NINJAL-LWP for BCCWJ（NLB）(http://nlb.ninjal.ac.jp/)
NINJAL-LWP for TWC（NLT）(http://nlt.tsukuba.lagoinst.info/)
コーパス検索アプリケーション「中納言」(https://chunagon.ninjal.ac.jp)

引用文献

赤瀬川史朗・プラシャント・パルデシ・今井新悟（2016）『日本語コーパス活用入門
　　NINJAL-LWP 実践ガイド』大修館書店.

池田（三浦）香菜子（2017）「中国語を母語とする JSL 生徒の語彙力調査——小・中学校教科書で使われる多義動詞に着目して——」『日本語教育』166，pp. 93–107.

小野正樹・小林典子・長谷川守寿（2009）『コロケーションで増やす表現——ほんきの日本語——Vol.1』くろしお出版.

小野正樹・小林典子・長谷川守寿（2010）『コロケーションで増やす表現——ほんきの日本語——Vol.2』くろしお出版.

テイラー，J. R.（著）西村義樹・平沢慎也・長谷川明香・大堀壽夫（編訳）（2017）『メンタル・コーパス——母語話者の頭の中には何があるのか——』くろしお出版.［Taylor, J. R. (2012) *The mental corpus: How language is represented in the mind*. Oxford: Oxford University Press.］

寺嶋弘道（2016）「日本語学習者のコロケーション選択とその考察——DIC 法と DIC-LP 法の比較から——」『日本語教育』163，pp. 79–94.

中俣尚己（2014）『日本語教育のための文法コロケーションハンドブック』くろしお出版.

西川朋美・青木由香・細野尚子・樋口万喜子（2015）「日本生まれ・育ちの JSL の子どもの日本語力——和語動詞の産出のモノリンガルとの差異——」『日本語教育』160，pp. 64–78.

西川朋美・細野尚子・青木由香（2016）「日本生まれ・育ちの JSL の子どもの和語動詞の産出——横断調査から示唆される語彙力の「伸び」——」『日本語教育』163，pp. 1–16.

李文平（2014）「日本語教科書におけるコロケーションの取り扱いに関する一考察——中国の日本語教科書と現代日本語書き言葉均衡コーパスとの比較——」『日本語教育』157，pp. 63–77.

劉瑞利（2017）「日本語学習者の「名詞＋動詞」コロケーションの使用と日本語能力の関係——「YNU 書き言葉コーパス」の分析を通して——」『日本語教育』166，pp. 62–76.

Lewis, Michael (ed.) (2000) *Teaching collocation: Further development in the lexical approach*. Hampshir: HEINLE CENGAGE Learning.

Stubbs, Michael (2002) *Words and phrases: Corpus studies of lexical semantics*. Oxford: Blackwell.［スタッブズ，M.『コーパス語彙意味論——語から句へ——』南出康世・石川慎一郎（監訳），研究社，2006.］

付記

教材を使った活動に協力して下さった京都教育大学、京都橘大学の学生の皆さん、また、京都教育大学附属桃山中学校の生徒と教職員の皆さんに御礼申し上げます。特に、大栗真佐美先生には桃山中学校での実践の手配についてお世話になり、感謝申し上げます。

クイズの答え

【表1】ひく　　【表5】めぐる

第12章

国語科教育のための
オノマトペの教材化

中石ゆうこ

1. はじめに

　国籍を問わず、家庭において多言語環境で育つ児童・生徒、いわゆる「外国につながる子どもたち」（川上 2008）の数が近年、日本でも増加している。外国につながる子どもたちに対する教科指導の中で、国語科は指導が難しいといわれる（今澤・齋藤・池上 2005、田中 2015）。国語科は小学校就学前に話しことばの基礎をすでに身につけている母語話者を対象とした教育（今澤他 2005）という暗黙の前提がある。しかし、外国につながる子どもたちは、「話しことばの基礎をすでに身につけている」というスタートラインより前の位置から、しかも、十人十色のスタートラインから走り始める。このように多様な能力を持つ児童・生徒に対して、国語科をどのように指導することができるのだろうか。そこでこの論文は、オノマトペに焦点をあてて、日本語および国語科の指導で用いることができるように教材化を行う。

　議論の流れとして、**2.** ではなぜ国語科、なぜオノマトペを焦点にして教材化したのかについて論じる。**3.** では小学校国語科におけるオノマトペの扱いをまとめる。**4.** では教材の概要を説明する。**5.** では教材作成の際に参考にしたコーパスと項目選定の方法を説明する。**6.** では作成された教材を用いた活動の事例とそこから見えたオノマトペ指導の問題点について述べる。**7.** ではこの研究のまとめをして、今後の課題を挙げる。

2. なぜ国語科、なぜオノマトペか

2.1 国語科の難しさ

算数科、理科、社会科が「日本語で教科内容を学ぶ」のに対し、国語科は小学校就学前に培った基礎的な日本語能力を前提として「日本語を学ぶ」教科である（今澤他 2005: 10）。国語科では、小学校就学前にすでに習得している日本語能力を使って、詩や俳句、物語、随筆など様々な分野の日本語で書かれた作品に接し、味わうことになる。さらに、その活動を通して豊かな語彙力を育み、それを適切な場面で使用し、理解できるということが目指されている。そのため、日本語を第二言語とする児童・生徒にとっては、他の教科とは異なる対応が必要となる。教育現場では表現力・理解力の育成を目指して、より平易な日本語で書かれたリライト教材が準備されたり、教科書の本文が対訳されたりという対応がなされている。

現行の学習指導要領（2011 年：平成 23 年改定）を参照すると、小学校における国語科の目標は「国語を適切に表現し正確に理解する能力を育成し、伝え合う力を高めるとともに、思考力や想像力及び言語感覚を養い、国語に対する関心を深め国語を尊重する態度を育てる。」とされる。日本語を第二言語とする児童にとって、日本語母語話者が幼少期から培ってきた「言語感覚」を小学校の授業のみを通して身につけることは困難であることが予想される。日本語を第二言語とする児童が、国語科教育の通常の指導によって身につけられる言語感覚と、そうでない言語感覚を区別して捉えることが重要であるのではないだろうか。

2.2 オノマトペの難しさ

オノマトペは、その語自体で出来事全体を表す具体的な描写力があるため、広告や新聞の見出しでは動詞を伴わないことが多い（田守 2002: 15）。

（1） 背筋がシャン（椅子）

（2） ピンそばにピタリ（ゴルフ用品）

（3） 友達と一緒にわくわく（朝日　2000.3.5）

（4） 列島ブルッ（朝日夕刊 2000.12.26）

（例文はいずれも田守 2002: 9–17 より）

これらの用例を見ると、母語話者は補うべき動詞が頭に浮かぶ。しかし、第二言語学習者の場合、どんな動詞がふさわしいのか理解することは簡単ではない。例えば、彭（2007）は、「チーンしてください」の意味が来日当初分からなかったことを告白し、オノマトペの後ろが省略された新聞の見出しに対して、外国人日本語学習者は困惑すると指摘している。この指摘からも、第二言語として学ぶ場合、オノマトペは自然なインプットだけでは習得が難しい語彙であることが予想される。

第二言語学習者にとって、オノマトペの習得が難しいことは多くの研究で指摘されている（Hamano 1986、金 1989、彭 2007、中石・佐治・今井・酒井 2011 など）。中石他（2011）では、中国語を母語とする上級日本語学習者10 名を対象にして、アニメーションで表された事象に対して適切なオノマトペを答えてもらう産出課題とオノマトペを提示して作文してもらう産出課題を行った。その結果、上級学習者であっても正答率が極めて低いことが明らかになった。また回答から、「浮き輪で浮かんでいる様子」を「ウキウキ」と表現したり、「ハラハラ」の意味を「元気な様子」と理解したりというように、場面とオノマトペが結びついていない習得状況を報告している。守山（1994）では、日本語で「すらーすらー」というと、滑らかな、滑るようなイメージがわくが、中国人の医師が胃の痛みを表現しようとして、「中国語では、すらーすらーという」と説明した事例から、日本語と中国語では音の感覚が異なることが指摘される。

2.3 学校教育でのオノマトペ指導の難しさ

第二言語としてオノマトペを習得することが難しいことが指摘されていることから分かるように、日本語母語話者の児童と共通する前提をもって、日本語を第二言語とする児童に対してオノマトペの言語感覚を養成することは難しいと推測される。実際に、中石・建石（2016、2017）では、広島県のある小学校 3 年生に対する日本語指導、教科の指導記録を分析し、「すたすた」、「ブラブラ」、「ガラガラ」のようなオノマトペの意味を理解することが日本語を第二言語とする児童にとって難しいことを明らかにした。オノマトペに関する具体的な問題点として、例えば、「擬音語擬態語の語彙が少なく、

意味を説明できない。」（児童 G、優位な言語：日本語）、「『はらはらする』
と『どきどきする』は混乱していた。」（児童 D、優位な言語：中国語）、「擬
音語はまずまずだが、聞こえる音をどう表現するかが難しい」（児童 B、優
位な言語：日本語）というような記述が児童 8 名中、4 名の記録に見られた
（中石・建石 2017）。このように、意味が分かるオノマトペの数が少ない、
意味が近いオノマトペで混乱する、聞こえた音などのイメージをどう表現す
るかが難しいというつまずきがあり、それは優位な言語が日本語である児童
にも見られた。このことから、オノマトペの難しさは、日本語のレベルが低
い段階の児童だけではなく、母語は日本語であるが日本語能力の一部に停
滞、欠落があり、日本語能力を高めるための補充が必要になる段階（田中
2015）の児童にも共通する問題であることが分かる。

　一方、日本語母語話者にとってオノマトペはむしろ、幼少の頃からなじみ
のある語彙である。養育者の幼児に対する発話には、オノマトペが頻出する
ことが指摘されている（宮﨑・岡田・針生・今井 2010）。また、幼児向けの
本として、年齢の少ない時期を対象にしたオノマトペの絵本が数多くあるこ
とも、幼児の語彙獲得におけるオノマトペの役割を示す傍証になるだろう。

　以上の知見から、第一言語と第二言語では、語彙体系へのオノマトペの取
り込まれ方は異なることが予測される。だとするならば、学習指導要領の小
学校国語科に掲げられた目標のうち「言語感覚を養う」という面に着目する
場合に、オノマトペは注意するべき語彙である。日本語指導を受ける児童
は、手持ちのオノマトペの語彙が少なく、教科書のオノマトペの意味を理解
できない場合もある。また、音の感覚が日本語母語話者とは異なるため、い
くらオノマトペの使用例を出しても、イメージが掴みづらいという問題が生
じることが予測される。このように、オノマトペは指導されても身につきに
くい語であると考えられる。国語科の指導で、日本語母語児童・生徒に教え
るような方法が取られるだけでは、オノマトペの意味の理解でつまずいてし
まい、その語が表すイメージを味わい、適切な場面で用いられるような言語
感覚の養成には結びつかないのではないだろうか。

　それでは、非母語話者向けの日本語教育の教材を用いた日本語指導を行え
ばオノマトペの指導は十分であろうか。日本語教育における語彙指導におい

て、オノマトペは重要な項目として位置づけられ、オノマトペを学習項目として、枠組みの中に少しずつ取り入れる動きが進んできている（日本語教育学会（編）2005）。しかしそういった流れにあっても、オノマトペは語彙学習の中でどうしても優先度が低くなり、理解語彙としての位置づけに留まる（有賀 2007）といわれる。よって、日本語教育の従来の教科書を用いた指導だけでは、オノマトペは指導からこぼれてしまいがちな語であると考えられる。

3. 小学校国語科におけるオノマトペの扱い

小学校の国語科においては学年を問わず、教科書にオノマトペは出現する。

（5）　大きな足あとを見たとき、急に胸がどきどきしてきました。

（「森へ」『国語六上創造』光村図書出版株式会社、2006 より）

（6）　むすめは、くるくるとよくはたらきました。

（「ゆうすげ村の小さな旅館」『新しい国語3上』東京書籍、2014 より）

茂木（2003）は日本人児童にとってスムーズな意味の理解が難しく、指導者の手当てが必要となる「つまずきことば」を国語科の教科書から抜き出し、「ひやり」（1 年生）、「いそいそ」（3 年生）、「あっさり」（6 年生）のように、副詞の約半数の 35 語（47.9%）がオノマトペであることを指摘している。

国語科の学習プリントでは、オノマトペを含む語を選択肢にし、それぞれの文のコロケーションを聞く問いが出題されることが多い。以下は、4 年生向けの問題集からの引用である。

（7）　次の文に合う言葉を、後からえらんで記号で書きなさい。

（途中略）

③白い入道雲が（　　　　　　）たちのぼっている。

④かわいい赤ちゃんが（　　　　　　）ねている。

⑤とつぜんお寺のかねが（　　　　　　）鳴った。

（ア）まったく　　（イ）とつぜん　　（ウ）白い　　（エ）かわいい

（カ）赤・白の　　（オ）むくむくと　　（キ）ゴーンと　　（ク）すやすやと

（桝谷 2011: 31 より改変して一部抜粋）

問題を見てみると、「むくむくと─たちのぼる」「すやすやと─寝る」

「ゴーンと一鳴る」のように、オノマトペは後ろの動詞句との結びつきによって選択肢が絞られる。このような小学校の国語科における扱いからも、オノマトペをコロケーションで指導することで、国語科学習に役立つことが期待できる。

4. 教材

　開発したオノマトペ合わせカードは、「キラキラ」－「輝く」、「ユラユラ」－「揺れる」など、特定の語句との結びつきが強く、コロケーションとして指導できるオノマトペを指導するための教材である。

　オノマトペは「キャンキャン」といえば犬、「ぐつぐつ」といえば「煮る」というように、語に対して主語や述語が一義的に決まるものが多く（有賀2007）、コロケーションで指導することに適した語彙である。

　そこで、中石・建石（2016、2017）で観察された外国につながる子どもたちの語彙習得に関する問題点を参考にしつつ、国語科の指導、第二言語としての日本語指導を想定して、様々な日本語能力を持つ児童に短時間で楽しく使用してもらえるような教材を目指してオノマトペ合わせカードを開発した。

4.1　教材の概要

　カードには、オノマトペが書かれた前件カードと、そのオノマトペと一緒に使用される動詞句、名詞句などが書かれた後件カードがある。使用の際には、バラバラに並べられたカードから、前件カードと、それにふさわしい後件のカードを選んでもらう。マッチングしたカードをひっくり返すと、正しい場合には、前件と後件で描写された事象の絵が現れる。次のページの図1にオノマトペ合わせカードのイメージを示す。

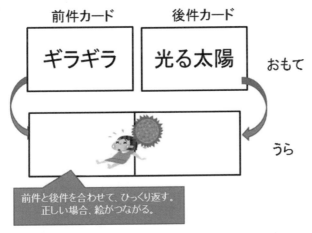

図1　オノマトペ合わせカードのイメージ

4.2　教材のコンセプト

　オノマトペ合わせカードの開発においては、以下の3点を重視した。まず、日常会話で困らない日本語能力の児童から、母語は日本語であるが補充が必要な段階の児童まで、幅広い日本語能力の児童に使用可能であること、次に、短時間で使用可能であること、そして、ゲーム性があることである。一点目の幅広い日本語能力の児童に使用可能というのは、日本語指導を受ける児童の言語能力にばらつきが大きいことに配慮したものである。日本語指導の現場には、来日直後の児童もいれば、日本生まれの児童もおり、その日本語能力の差は大きい。これに加えて、児童・生徒の言語使用実態、学習状況は個々で異なる（バトラー後藤2011、田中2015）。例えば、来日の時期、家庭で使用する言語とその能力、日本での生活経験など、彼らの言語状況は多様である。そこで、使い方次第で、多くの言語能力を持つ児童に対応して使用できる教材を目指した。二点目の短時間で使用可能というのは、取り出し授業の形態に配慮したものである。取り出し授業では、児童にとって苦手な部分を集中して指導するため、教科書の読み取りの指導、漢字指導、語彙指導というように、一回の授業での指導項目が多岐にわたることも多い。よって、指導項目の合間の時間に5分から10分程度で実施してもらえ、指

導する語数を、所要時間や児童・生徒の能力で調整できるような形態を取ることにした。三点目のゲーム性に関しては、オノマトペの学習が児童にとっての楽しみとなることを目指したためである。

5. 項目選定の方法

　教材開発の際に参考にしたコーパスと分析の手順は次の通りである。
　（1）　小学校国語科教科書に出現するオノマトペの出現頻度を分析する
　教科書コーパス語彙表（Version 1.0）は、2005年度に使用された小学校・中学校・高等学校の全学年・全教科の教科書1種ずつを対象とした語彙の一覧表である。このうち小学校国語科の語彙における副詞の中から目視でオノマトペを抜き出したところ、頻度3以上の語は次ページの表1の80語あった。各語に付された数字は小学校国語科における使用頻度を表す。
　（2）　（1）で出現頻度の高いオノマトペから絵にしやすいものを選定
　　　　　し、様々なジャンルの書き言葉における使用例を抽出する
　高頻度のオノマトペ13語について、現代日本語書き言葉均衡コーパス（通常版）BCCWJ-NTの全ジャンルについて、コーパス検索アプリケーション中納言（2.4, ver.1.1）を用いて、短単位検索モードの語彙素読みでオノマトペを入力して検索することで、平仮名表記、片仮名表記を合わせて使用例を全て抽出した。
　（3）　（2）で得られた用例について、コロケーションを分析する
　エクセル（Excel）のランダム関数（RAND）を用いて、100件を全用例から無作為に抽出した。抽出した用例について、オノマトペが一緒に用いられる語句を前文脈、後文脈を目視で確認しながら決定して入力し、それぞれの語句の出現数をカウントした。
　（4）　主要なコロケーションを選ぶ
　用例100件のうち、一番使用例が多い語句をコロケーションとして選んだ。但し、動詞句は可能な限り「する」以外の動詞を選択した。

表1　小学校国語科コーパスのオノマトペ（頻度3以上）

ずっと	34	にっこり	6	どっさり	4
はっきり	33	はらはら	6	ばたばた	4
ゆっくり	28	わくわく	6	ふっ	4
ほ	19	かぷかぷ	5	ぶるぶる	4
ほう	19	ぐっ	5	がっかり	3
すっかり	17	ぐんぐん	5	ぎらぎら	3
びっくり	17	じっくり	5	くわくわ	3
ころりん	16	しんと	5	こきこき	3
じっと	16	そっくり	5	こっくり	3
そっと	15	ひょい	5	こっつんこ	3
ちゃんと	15	ぽちゃん	5	さらさら	3
にこにこ	15	ぼんやり	5	しゅうしゅう	3
すっとんとん	13	いきいき	5	ちょっぴり	3
もちもち	13	うっとり	4	ちょん	3
くるくる	10	うんと	4	つーん	3
のほほん	10	かーん	4	つぶつぶ	3
きい	9	かたかた	4	どん	3
きらきら	9	からから	4	どんぴしゃり	3
どんどん	9	きゅきゅ	4	にこ	3
ぴったり	9	きゅっきゅっきゅっ	4	ぱちり	3
どきどき	8	くっく	4	ぴゅ	3
ぴかぴか	8	ぐったり	4	ひゅう	3
ぷるん	8	けるるん	4	ふらふら	3
ゆらゆら	8	こっそり	4	ぺったん	3
ぱっ	7	すう	4	ぽうっと	3
ころころ	6	ちゅるん	4	ぽんぽん	3
はっと	6	ぴん	4		

　（1）から（4）の作業を通して抽出されたコロケーションを参考にして、特定の語句と結びつけて指導できるオノマトペ合わせカード（前件13枚、後件13枚）を作成した。

　試用版のカードの前件（オノマトペのカード）、後件（コロケーションの高

い語句のカード）を挙げ、共起しやすい語を見つける際に参考にしたコーパ
ス分析結果を表2に示す。

表2　前件カード、後件カードとコーパス分析結果の一覧

オノマトペ合わせカード		オノマトペ小学校国語科出現頻度	参考にしたコロケーション	
前件	後件		前後に共起しやすい語句	共起件数（／100件中）
にこにこ	笑う	15	（と）笑う	15
くるくる	回る	10	（と）回る	20
きらきら	輝く	9	（と）輝く	32
どんどん	増える	9	増える・増えていく・増えてくる	8
どきどき	する気持ち	8	する	58
ぴかぴか	にみがく	8	に磨く・磨き上げる・磨き抜く	11
ゆらゆら	ゆれる	8	（と）揺れる	25
ころころ	転がる	6	（と）転がる	17
ぐんぐん	伸びる	5	（と）（背が）伸びる・伸びていく	12
じっくり	考える	5	（と）考える	8
ひょい	と立ち上がる	5	※一定せず（急激な体の動き、移動）	－
ぎらぎら	光る太陽	3	太陽	20
さらさら	と水が流れる	3	（と）流れる	6

6.　活動から見える教材の改善点

　開発したオノマトペ合わせカードを、小学校の外国につながる児童に対す
る日本語指導で使用してもらった。その活動の概要と活動を通して得られた
問題点の指摘を事例1から3として挙げ、教材の改善にどのようにつなげ
ればよいか考察する。

6.1　事例1（日本生まれの児童を想定して）

［学年］4年生　［言語状況］日本生まれ日本育ちだが、優位な言語は日本語

以外の言語

[主な活動]

（1）カード（前件 13 枚、後件 13 枚）を机の上に文字が見えるようにして、バラバラに並べる

（2）前件と後件を選び、カードをひっくり返して答え合わせをする

（3）裏側の絵を見て、オノマトペの文を産出する

[所要時間] 5 分から 10 分程度

　オノマトペと後件を結びつける活動は、不正解のカードもあったが、正答が多かった。二度目の実施では、一度目のマッチングで誤答だったものも、ほぼ正答した。しかし、裏側の絵を見て、適切なオノマトペ文を産出する活動は難しかった。「サラサラと水が流れる」は、特に難しそうだった。見た目、手触りで「サラサラ」がどのような様子を表すのかについて、「ツルツル」、「ザラザラ」との違いが分からず混同した。触感で混乱しているので、それが触感ではなく、水の流れる様子を表すということになるとさらに混乱してしまった。

6.2　事例 2（外国生まれ、日本育ちの児童を想定して）

[学年] 5 年生（複数名）　[言語状況] 優位な言語は日本語以外の言語、日本での生活期間が母国での生活期間より長い

[主な活動]

（1）カード（前件 8 枚、後件 8 枚）を机の上にバラバラに並べる

（2）前件と後件をグループで相談しながら選び、カードをひっくり返して答え合わせをする

（3）分からなかったものは、辞書を引いて意味を確認する

[所要時間] 5 分から 10 分程度

　できるものをそれぞれが教え合うスタイルで活動を実施した。「コロコロ転がる」、「クルクル回る」、「ピカピカに磨く」など、日常生活で聞く頻度が高いオノマトペは正答したが、それ以外については、時間をかけても正しい

選択ができなかった。分からなかったものは辞書を引いたが、その語が記載されていない場合や辞書の説明だけでは不十分な場合があり、絵だけでは説明が難しかった。特にスピード感を表す、「ぐんぐん伸びる」、「ひょいと立ち上がる」、「どんどん増える」は誤解が多かった。

6.3 事例3（外国生まれ、来日後2年程度の児童を想定して）

[学年] 6年生　[言語状況] 優位な言語は日本語以外の言語、日本での生活期間が短く日常生活の基礎的な日本語が身についた程度
[主な活動]
（1）カード（前件5枚、後件5枚）を前件と後件で分けて別々に並べる
（2）前件と後件からカードを選び、ひっくり返して答え合わせをする
（3）分からなかったものは、辞書を引いて意味を確認する
[所要時間] 5分から10分程度

　カードをバラバラに並べた場合、前件同士のカード（例：「クルクル」と「コロコロ」）を選んでしまった。この段階の児童は、オノマトペを使った文の構造自体が分かっていないため、支援者の方で前件、後件にカードを分ける足場かけが必要になる。事例2同様、辞書を引かせる必要があった。

6.4 教材の改善点

　上記の3つの実践で共通して生じた問題点として、絵だけでは状況を理解したり、作文したりするのが難しいという点が挙げられる。特に、動きを表す事象については、児童は、オノマトペの指す状況を絵からは理解しづらかったようである。例えば、「ひょいと立ち上がる」、「ぐんぐん伸びる」、「どんどん増える」は動きや変化が必要で、一枚の絵では説明しにくい事象である。次に、絵から間違った情報を取得し、意味を誤解してしまうという問題である。例えば、図2の「じっくり考える」は「男の人が本を開いて数学の勉強をしている」絵だったので、「勉強すること」だと思ってしまった。また、オノマトペが絵の中のどの部分を指しているか分かりづらい場合があるという点にも注意すべきである。4.の図1に示した「ギラギラ光る

太陽」では、太陽の様子なのか、疲れている人の様子なのか、絵からは判断しづらく、「暑くて、疲れてしまうこと」が「ギラギラ」であるという誤解を生じてしまった。

上記の指摘で明らかになったように、コロケーションを記憶できて

図2 「じっくり考える」の挿絵

も、オノマトペの持つイメージの理解が難しいという問題は残されている。非言語的要素（表された感情、心理的影響、印象など）の説明が、日本語の擬音語・擬態語にとっては大変重要であるが、それを説明するのは難しい（金1989）といわれる。日本語教育のオノマトペの指導でも、音や動きが伝わらないという限界があるということがすでに指摘されている（三上2007）。

また、ある程度の数のオノマトペを知っている児童・生徒については、そこから発展して、例えば、「大通りを通り過ぎる電車が教室からチラッと見える」はいえるが、「中心部のビル群が教室からチラッと見える」は不自然であるというように、あるオノマトペをどこまで汎用できるのか考えたり、類義語の区別をしたりするなど、オノマトペに関する語彙知識を明示的に整理する機会を持つことが有効であるかもしれない。

7. おわりに

外国につながる子どもたちにとって、国語科教育においてスタートラインに立つための土台となるべき基礎的な日本語能力の中には、習得が難しい新しい語の概念がある。そして、その難しさが検証されることなく、学習項目として含まれている場合がある。その一つがオノマトペの意味を理解するということであろう。

前述の茂木（2013）では、「つまずきことば」の一つとして、副詞の半数が「いそいそ」、「ひやり」などのオノマトペであることを指摘している。この指摘から、オノマトペは幼い頃から周囲で使用され、なじみがあるとはいえ、日本人児童にとってもまた、理解が難しい語であるといえる。つまり、

オノマトペの概念を理解するという課題は、実は、外国につながる子どもたちと日本語母語児童にとって地続きの問題となっている可能性がある。ひと口にオノマトペといっても、例えば、「ドキドキする」のように日常生活で頻繁に用いられる、なじみの深い語と、「ちょこんと座る」のように物語、小説などの文脈にしか出現しにくいような使用文脈に偏りのある語があるのではないだろうか。後者の語は、日本人児童にとっても理解が進んでいない可能性がある。開発したオノマトペ合わせカードを、来日後間もない児童には日常生活で用いるオノマトペ、それができる児童には教科学習で用いるオノマトペなど、レベルごとになったカードにすれば、適切なレベルのオノマトペを指導することが可能になる。オノマトペのレベル分けは、日本語母語話者の幼児、小学校低学年の児童を想定した活動にもカード教材の利用をつなげることにもなろう。

　もう一つの課題として、オノマトペの理解を作文指導につなげたいという現場の要請にいかに答えるかという点が挙げられる。田近・井上（2009: 131）では、国語科の作文指導における表現技術の一つとして、描写的な機能の高いオノマトペを指導する機会を捉えて扱うことを推奨している。このことから、国語科では、オノマトペを意味的に理解するだけではなく、適切な場面でレトリック技術として産出することが求められていると考えられる。オノマトペを使えば、話し手の考えや感情をずばりと言い切り、自分の立場・態度をはっきりと表すことができる（金 1989）。国語科におけるオノマトペの指導は、今回のカード教材で学べるような、特定の語との結びつきの指導から出発しても、その用法を応用して作文で使用できることが最終的な目標であるといえよう。オノマトペの作文指導については、この論文で扱うことができなかった。カードによって記憶したオノマトペの用法をどのように産出につなげるかについては今後の課題としたい。

調査資料

「現代日本語書き言葉均衡コーパス（通常版）BCCWJ-NT」，国立国語研究所
　（https://chunagon.ninjal.ac.jp/bccwj-nt/search）

教科書コーパス語彙表，特定領域研究「日本語コーパス」言語政策班，version 1.0，2011.

引用文献

有賀千佳子 (2007)「オノマトペを通して，語彙の学習・教育について考える」『日本語学』26 (7)，pp. 65–73.

今澤悌・齋藤ひろみ・池上摩希子 (2005)『小学校「JSL 国語科」の授業作り』スリーエーネットワーク.

川上郁雄 (2008)「『移動する子どもたち』のプロフィシェンシーを考える —— JSL バンドスケールから見える『ことばの力』とは何か ——」鎌田修・嶋田和子・迫田久美子 (編)『プロフィシェンシーを育てる —— 真の日本語能力をめざして ——』pp. 90–107，凡人社.

金慕箴 (1989)「中国における日本語の擬音語・擬態語教育について」『日本語教育』68，pp. 83–98.

田近洵一・井上尚美 (2009)『国語教育指導用語辞典〔第四版〕』教育出版.

田中薫 (2015)『学習力を育てる日本語指導 —— 日本の未来を担う外国人児童・生徒のために ——』くろしお出版.

田守育啓 (2002)『オノマトペ擬音・擬態語をたのしむ』岩波書店.

中石ゆうこ・佐治伸郎・今井むつみ・酒井弘 (2011)「中国語を母語とする学習者は日本語のオノマトペをどの程度使用できるのか —— アニメーションを用いた産出実験を中心として ——」『中国語話者のための日本語教育研究』2，pp. 42–58.

中石ゆうこ・建石始 (2016)「外国につながる子どもたちのための語彙シラバス」森篤嗣 (編)『ニーズを踏まえた語彙シラバス』pp. 231–251，くろしお出版.

中石ゆうこ・建石始 (2017)「中国にルーツを持つ小学 3 年生のつまずき —— 子どもにとって優位な言語による違いに着目して ——」『県立広島大学総合教育センター紀要』2，pp. 17–29.

日本語教育学会 (編) (2005)『新版日本語教育事典』大修館書店.

バトラー後藤裕子 (2011)『学習言語とは何か —— 教科学習に必要な言語能力 ——』三省堂.

彭飛 (2007)「ノンネイティブから見た日本語のオノマトペの特徴」『日本語学』26 (7)，pp. 48–56.

桝谷雄三 (2011)「文の組み立て (修飾語) ①」『小学国語習熟プリント 4 年』p. 31，清風堂書店.

三上京子 (2007)「日本語教材とオノマトペ」『日本語学』26 (7)，pp. 36–46.

宮﨑美智子・岡田浩之・針生悦子・今井むつみ (2010)「対成人・対幼児発話におけるオノマトペ表出の違い —— 母子絵本読み調査における検討から (発達と知識獲得) ——」『電子情報通信学会技術研究報告』110 (63)，pp. 27–31.

茂木俊伸 (2013)「小学校国語科教科書における『つまずきことば』の分析」『鳴門教育大
　　学研究紀要』28, pp. 343-355.
守山恵子 (1994)「医師経験留学生に対する擬態語教授語彙の選択について」『長崎大学外
　　国人留学生指導センター年報』2, pp. 71-80.
文部科学省初等中等教育局教育課程課 (2011)「現行学習指導要領」
　　　　(http://www.mext.go.jp/a_menu/shotou/new-cs/youryou/index.htm)
Hamano, Shoko (1986) *The sound-symbolic system of Japanese*. Tokyo: Kurosio Publishers.

付記

　6. の活動、およびそれを通して観察された問題点の指摘は、いずれも試用版をいち早く
試してくださった広島市立基町小学校の中村清夏教諭の実践に基づいたものである。中村
清夏先生ご本人と基町小学校から得られた協力に対して、改めてお礼申し上げる。
　また、オノマトペ合わせカードはくろしお出版と筆者のウェブサイトからダウンロード
可能である。筆者の HP の URL は以下を参照のこと。
　　中石ゆうこ＊プロフィール＆研究論文掲載公式ホームページ＊
　　＞日本語クラスのための教材集
　　http://yuko-nakaishi.net/material.php

第13章

感動詞の教材化

小西　円

1.　はじめに

　この論文では感動詞を対象に扱う。感動詞にはさまざまな語が含まれるが、代表は話者の感情を1語で表すことができる「わっ」「へえ」「あれ？」のような語であろう。この論文ではこれを仮に感情感動詞と呼ぶことにする。ほかにも、「ええと」「あの」などの言いよどみ、「はい」「いいえ」などの応答、「おはよう」「こんにちは」などのあいさつも感動詞に含まれる（日本語記述文法研究会（編）2010）。また、感動詞は、「次の言葉が出るまでもう少し待ってほしい」「今、物の名前を思い出そうとしているところだ」というような心的な情報処理の過程が表現として現れたものであるとも言われている（定延・田窪1995、田窪・金水1997など）。つまり、感動詞は、それ一語で多様な感情や受け答え、心的な情報処理過程を表すことができる大変便利な語であるということができる。

　感動詞は日本語教育においても初級から扱われる。応答詞、あいさつはもちろんのこと、言いよどみを表すフィラーや感情感動詞も頻繁にダイアログに登場する。次の例は、初級教科書の第1課に掲載されている初対面のあいさつ場面のダイアログである。自然な会話を成立させるために多様な感動詞（下線）が使われている。

（1）　パク：こんにちは。

カルロス：あ、こんにちは。

パク：はじめまして、私はパクです。韓国人です。どうぞよろし
　　　くお願いします。

カルロス：こちらこそ、どうぞよろしくお願いします。私はカル
　　　　ロスです。

（中略）

カルロス：そうですか。パクさんの趣味は何ですか。

パク：私の趣味は旅行と映画です。

カルロス：あっ、私の趣味も映画です。

パク：わあ、同じですね。（『できる日本語　初級本冊』第1課）

　初級のダイアログの中で感動詞が示されるとき、多くの場合は、それ以外
にターゲットとなる文型がある。（2）のダイアログには「えっ」が含まれ
ているが、ターゲットとなるのは「何をしますか」とその回答となる「N
を V」という文型である。また、（3）には「へえ」が含まれるが、ターゲッ
トとなるのは「ことができる」という文型である。

（2）　A：4月10日はお花見です。

　　　B：えっ、お花見？何をしますか。

　　　A：桜を見ます。お弁当を食べます。

　　　B：そうですか。　　　　　　　（『できる日本語　初級本冊』第3課）

（3）　山田：サントスさんの趣味は何ですか。

　　　サントス：写真です。

　　　山田：どんな写真を撮りますか。

　　　サントス：動物の写真です。特に馬が好きです。

　　　山田：へえ、それはおもしろいですね。日本へ来てから、馬の
　　　　　　写真を撮りましたか。

　　　サントス：いいえ。日本ではなかなか馬を見ることができません。

　　　　　　　　　　　　　　　（『みんなの日本語　初級 I 本冊』第18課）

　このように、感動詞はダイアログに埋め込まれてインプットの対象になる
ものの、アウトプットできるように時間をかけて練習をする対象にはなりに
くい。その背景には、特に初級・中級レベルでは、命題内容を構成するため

の根幹となる文型や基本語彙が中心であり、感動詞の比重が低くとらえられやすいことがあるだろう。

しかし、これは感動詞が日本語学習者にとって不要で余剰なものであるということではない。山内（2009）は、フィラーの「あの」が発話に現れるようになったらOPIの中級と認定でき、フィラーの「この」が現れるようになったら超級と認定できると述べている。これは、フィラーなどの感動詞の使用が学習者の習熟度に大きく関連していることを示している。また、本書第6章の岩田論文では、「たぶん」などの副詞が動詞の活用を補うという点から見て有用であることを指摘しているが、感動詞も話者の感情などを一語で言い表せるという点で、同様の効果が得られると思われる。

そこでこの論文では、感動詞を語彙の面からとらえて集中的に学習項目として取り上げる場合、どのような感動詞をどのように扱えばよいかについて、調査を基に検討する。この論文では、感動詞の中でも感情感動詞とフィラーを対象とする。以下、**2.** では感情感動詞についての調査と結果を提示する。**3.** ではフィラーについての調査と結果を提示する。最後に **4.** で教材の事例を示す。

2.　感情感動詞について

感情感動詞の調査は、母語話者の発話における感情感動詞の実態調査と、教科書分析の2つを行った。

まず、母語話者の使用実態を把握するため、母語話者同士の雑談会話を収録した「名大会話コーパス」を分析データとして使用した。これを母語話者データと呼ぶ。雑談会話を調査対象とするのは、固定されていない話題の中で現れる多様な感情感動詞を集めるためである。調査にはコーパスアプリケーションの中納言を使用した（検索日：2017年8月25日）。検索キーを「品詞中分類：感動詞－一般」とし、フィラー以外の感動詞を抽出した後、語彙素単位でまとめ、頻度を集計した。語彙素とは辞書の見出し語のようなもので、例えば、語彙素「ええ」には「えー」「えーっ」「ええ」などの書字形（実際に表記された語）が含まれる（小木曽 2014）。中納言を利用しているため、感動詞の品詞分類は Uni-Dic によっているが、中には一つの語彙素

に複数の用法が含まれる場合がある。例えば、語彙素「ええ」には、驚きを表す感情感動詞と応答の2つの用法がある。それらを区別する方法として、書字形が「ええー」「えー」「えーっ」の場合は感情感動詞とし、書字形が「ええ」の場合は応答とするというような、書字形によって大まかに分類する方法を取った。つまり、（4）は驚きを表す感情感動詞、（5）は応答詞に分類される。

（4）　F024：えーっ、そうなん？　　　　　　　　（名大会話：Data091）

（5）　M034：へえー、MDのプレイヤーで？　録音もできるやつで？

　　　　M002：ええ。　　　　　　　　　　　　　（名大会話：Data093）

　このような手順で集計した結果得られた頻度上位10語を表1に示す。備考欄には、当該語の意味を田窪・金水（1997）や浅田（2017）などの先行研究に倣って簡略に示し、また、書字形の分類作業を行った場合はその概略を示した（「教科書」の欄の説明は後述）。また、上位10語の頻度の概略を図1に示す。

表1　名大会話コーパスにおける感情感動詞上位10語と教科書語彙との関係

順位	語	備考（意味／書字形の分類作業）	教科書
1	あっ	発見・思い出し	◎
2	うーん	迷い／語彙素「ううん」から書字形「うーん」だけを抽出。	○
3	ふーん	評価中・受容／語彙素「ふん」から書字形「ふーん」だけを抽出。	
4	えっ	意外・驚き	◎
5	へえ	評価中・意外・驚き	○
6	ねえ	注意喚起	
7	あれ	意外・驚き	○
8	ほら	気づかせ・思い出させ	1
9	んっ	疑念	
10	えー	意外・驚き／語彙素「ええ」から書字形「ええー」「えー」「えーっ」だけを抽出。	
（12）	わあ	意外・驚き	◎

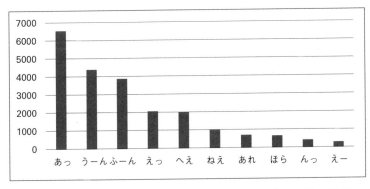

図1　名大会話コーパスにおける感情感動詞上位10語の頻度

　田窪・金水（1997）は、フィラーや応答、ため息以外の感動詞を意味的に分類し、「意外・驚き」「発見・思い出し」「気づかせ・思い出させ」「評価中」「迷い」という下位類をあげている。表1の上位10語でその下位類のすべてをカバーしており、雑談場面に多様な感情感動詞が現れ、特定の意味に偏っていないことがわかる。

　田窪・金水（1997）では触れられず、名大会話コーパスの上位10語に現れた語は「ねえ」である。浅田（2017）には、「ねえねえ、聞いて」のような注意喚起の例が示されているが、名大会話コーパス内の「ねえ」は注意喚起だけでなく、（6）のような終助詞の「ねえ」との区別が難しいものも含まれている。そのため、丁寧に用法分類を行った場合、「ねえ」が上位10語から外れる可能性があることを補足しておく。

（6）　F061：どっちでもいいですね。（うーん）＜笑い＞そう、ねえ、
　　　　　　理屈で考えたら、（うん）あれで別にどうということはない。

（名大会話：Data057）

　次に、教科書分析について述べる。初級教科書の索引のページを参考に、初級で扱われている感情感動詞を抽出した。調査対象としたのは『みんなの日本語 初級Ⅰ・Ⅱ 第2版』、『初級日本語 げんきⅠ・Ⅱ 第2版』、『日本語初級1・2 大地』、『できる日本語 初級 本冊』の4種である。ダイアログのみで現れ、練習問題では現れない場合も「扱われた」としてカウントした。

『げんき』にはダイアログには現れるが索引にはない感動詞が複数見られたため、ダイアログに出たものを「扱われた」とみなした。

調査の結果を表1の右端の列に示す。4種で扱われた語は「◎」、3種で扱われた語は「○」、2種以下で扱われた語は扱われた冊数を記した。

分析対象とした初級教科書は4種とわずかであるが、教科書個別の特徴は少なく、すべてに似た傾向があった。表1を見ると、3種以上で扱われた感情感動詞のうち、母語話者データの上位10語と共通しているものは、「あっ」「うーん」「えっ」「へえ」「あれ」の5語である。3種以上で扱われているが、母語話者データの上位10語から漏れた語は「わあ」1語であった。これは母語話者データの12位であったため、参考として表1末尾に付した。また、「ああ、そうですか」のような「ああ」が3種に現れたが、応答とみなして除外した。2種で扱われた語はなく、1種で扱われた語に「ほら」があった。

表1で「◎」と「○」が付いた6語を見ると、「発見・思い出し」は「あっ」、「意外・驚き」は「えっ」「あれ」「わあ」、「迷い」は「うーん」、「評価中・意外・驚き」は「へえ」となり、多くの意味をカバーしている。「意外・驚き」の語が多く、各語の意味の違いを理解する必要があることがわかる。また、「へえ」の類語として「ふーん」があるが、「へえ」が初級教科書で扱われる理由として、「ふーん」が生返事としてくだけた会話で用いられやすく、プラス評価と結びつきにくいという指摘（冨樫2005、浅田2017）が関連していると思われる。しかし、日本語話し言葉コーパス（以下、CSJ）における対話データを見ると、初対面会話で10歳以上の差がある年下の話し手が「ふーん」を用いる例が複数見られる（例（7））。それらは、年下の話者が年上の話者に質問をし、大量の新情報を得るという場面が共通しており、音調も関連する。「ふーん」が丁寧だとは言い難いが、常にぞんざいな態度を示すわけではない点には注意が必要である。

（7）　L：じゃ あれが 本当の 大阪じゃないんですね

　　　　R：うーん あれは どっちかと 言うと 空気は 東京に 近いですね

　　　　L：あー そうなんだ

　　　　R：うーん うん

L：じゃ 本当の 大阪を 知るには その う どこでしょう 心斎橋

R：もう こてこては 心斎橋 難波の 間 それから アメリカ村

L：ふーん あー 何か よく 聞きますよね 　　　（CSJ：D03F0040）

　以上、2つの調査の結果から、母語話者データの上位語と、初級教科書で扱われている語には共通点が多いことがわかる。つまり、言語の使用実態と学習項目としてのニーズとに重なる部分が大きいといえる。そのため、語彙項目として取り上げる感情感動詞の範疇を定める際に、母語話者データの上位語を対象にすることが妥当だと考えられる。

3.　フィラーについて

　フィラーは聞き手がいる場合といない場合とで異なる語が用いられることが知られている（定延・田窪 1995）。そのため、独話と対話の両方を備えたコーパスである多言語母語の日本語学習者縦断コーパス（以下、I-JAS）を用いて、母語話者と学習者のフィラーの使用実態を把握する。山根（2002）などに倣って、「あ」「ん」「え」を母音型フィラー、「あの」「まあ」「えっと」を語彙型フィラーとし、これら6語を分析対象とする。以下、語彙素で表記するため、例えば語彙素「あの」には「あのー」「あのっ」などの書字形が含まれている。

　まず、母語話者の使用実態を見る。図2は、I-JAS の母語話者データにおけるフィラーの使用を1万語あたりの調整頻度としたうえで3つのタスク（I、RP、ST）ごとに表したものである（小西（2018）を基に作成）。I は調査者と調査協力者との半構造化インタビュー、RP は依頼と断りのロールプレイであり、どちらも対話のタスクである。ST は、絵を見て物語のストーリーを話すストーリーテリングであり、独話のタスクである。

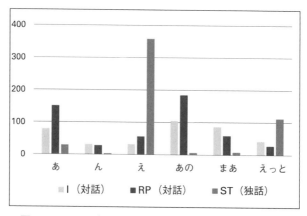

図2　タスクごとに見た母語話者のフィラーの使用

　図2を見ると、対話タスクで多用されるフィラーは「あの」「あ」、次いで「まあ」であり、独話タスクで多用されるフィラーは「え」「えっと」であることがわかる。「あの」は話し手が言語編集中であることを示しており、聞き手の存在を予定する場面で用いることや、話し手が言語形式に気を配っているという態度を表すことによって発話のぞんざいさを減滅する効果があることが指摘されている（定延・田窪1995）。それに対して、「えっと」は、聞き手の存在が予定されているとは限らず、聞き手がいる場合であれば、話し手が心的操作のために聞き手とのインターフェースを一時遮断する宣言として働く、と述べられている（定延・田窪1995）。I-JASでも、「あの」は対話タスクで用いられやすいが、相手の申し出を断ったり、依頼をしたりするRPで特に多用されており、発話のさしでがましさを減滅する効果が発揮されていると考えられる。また、「えっと」は話し手が絵を見てストーリーを考えて話すという独話タスクで使用されており、定延・田窪（1995）の指摘と合致する。ここから、母語話者は独話か対話かというタスクの違いによってフィラーを使い分けているといえる。
　次に、I-JASを利用して学習者の使用実態を見る。図3は学習者の習熟度別に6語のフィラーの使用割合の推移を表したものである（小西（2018）を基に作成）。参考として、母語話者のフィラー使用を図の右端に示す。

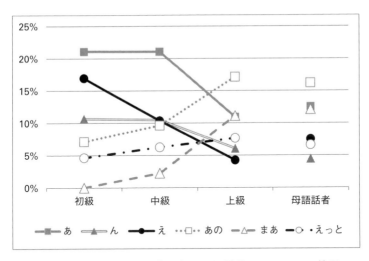

図3　習熟度別に見た学習者と母語話者のフィラーの使用

　図3を見ると、初級の学習者は母音型フィラーを多用し、習熟度が上がるにつれて母音型フィラーが減っていくことがわかる。反対に、語彙型フィラーは習熟度が上がるにつれて使用が増え、上級で母音型と逆転もしくは同等になる。また、上級の学習者と母語話者の各語の使用割合が似ていることもわかる。野田（2015: 154）は、「フィラーをはじめとする感動詞は、無意識に発せられることが多いため、他の語句に比べ母語のものがまじりやすい」として、学習者が母語の感動詞を用いる例をあげている。学習者の発話を書き起こしたデータからなる I-JAS の場合も、例えば「ん」というフィラーには、「あん」と「ん」の中間のような音も含まれており、初級学習者の母音型フィラー多用には母語のフィラーが含まれていると考えられる。
　次に、初級教科書で扱われているフィラーを調査した。調査には 2. で用いたのと同じ初級教科書4種を使用し、索引ページに出ているフィラーを抽出した。その結果、4種すべての教科書で扱われていたフィラーは「あの」「えっと」（一部教科書では「えーと」で表記されている）で、それ以外のフィラーは見られなかった。つまり、初級教科書では母音型フィラーは扱っておらず、語彙型フィラーのみを導入している。

Iwasaki（2011）は、日本国外で日本語を学ぶ学習者を対象に日本留学前後の発話を比較し、留学後に非流暢性を感じさせない社会的な意味合いをもつフィラーが増加したことを指摘している。これは、教科書のダイアログの中に埋め込んだ形でフィラーをインプットするだけでは習得が難しく、母語話者との対話の中でフィラーの適切な習得が進むことを示している。つまり、対話の中でフィラーを意識化する必要があるといえる。また、小西（2018）では、初級・中級の学習者は、独話と対話でフィラーを使い分けることができていないことが報告されている。つまり、フィラーが「言いよどみを示す場つなぎ的な語」であるという理解はあっても、各語に用法の違いがあることが十分把握できていないといえる。ここから、語彙としてフィラーを集中的に取り出す場合には、初中級では使用が少ない語彙的なフィラーを中心としつつ、母語の母音型フィラーではなく日本語の母音型フィラーの存在を意識していく必要があるだろう。

4. 教材例

感情感動詞とフィラーは、感情を表すか言いよどみや心的な情報処理過程を表すかという違いがあるものの、どちらも一語で話し手の広い意味での心情を表す語ととらえることができる。また、驚きを表す感情感動詞の「えー」とフィラーの「え」など、文字で表すと似ていたり全く同じだったりする語の音調を意識する必要があるため、教材では両者の違いを理解したうえで、まとめて扱うこととする。**2.** と **3.** の調査結果から扱う範疇を定めると、感情感動詞は表1で示した11語、フィラーは語彙型で、かつ初級教科書で扱われる「あの」「えっと」の2語とする。語数を減らす場合は、感情感動詞を初級教科書で扱われる6語に絞るとよいだろう。

語彙として感動詞を導入する際には、豊富な例文やダイアログが欠かせない。また、場面、会話の参加者の立場、丁寧体・普通体などの文体、対話・独話の別など、各語を用いる際の特徴が把握できるようにしておく必要がある。音調が重要であるため、映像などで示すことができればなおよい。

以下に教材の作成例を示す。タスク先行型教材として、解説の前にタスクを置いた。タスク先行型の場合は、ある程度日本語の運用力のある中上級の

学習者が適しているだろう。初級学習者の場合は、扱う語数を減らしたうえで解説を先に置くことも可能であろう。

　まず、「1 どう違いますか」は、感動詞だけが異なる2つのダイアログから、意味の違いを考える問題である。学習者がダイアログを黙読するだけでなく、教師が読み上げるなどして、ターゲットになる感動詞の音調に注意を払わせる必要がある。「2 続けて話しましょう」は、1 で感動詞の意味を理解した後に、感動詞の後の文を作成する問題である。類似した場面で違う感動詞を使うことにより、後に来る文も変わってくることを確認したい。「3 何を使いますか」は、これまでの練習とは逆の発想で、感動詞が入る箇所をブランクにしたダイアログを見て、適切な語を考えるものである。感動詞を出発点にダイアログを考えていた 1、2 と違って、ダイアログ全体から感動詞を類推する点で難易度が高い。難易度を下げるためには、学習者が各自でブランクの箇所を考える前に教師が感動詞を含めたダイアログ全体を読み上げる方法もある。その場合、学習者は音声だけでダイアログを聞くが、通常は意味を理解しようとして、感動詞の部分に注意を向けることは少ない。ダイアログ全体の意味を把握したうえでブランクの箇所を見ると、「ここで話者は驚いていた」「この話者は何かを探しているところだった」のように場面が想定でき、ブランクが埋めやすくなると考えられる。3（1）のようにすでに教科書で扱ったダイアログを用いることで場面を想定しやすくすることもできる。また、3 の場合は、ブランクに入る感動詞は複数ありえるため、異なる感動詞を入れることでどのように意味が変わるかを考えることもできる。最後に「4」で意味と例文を簡潔に示す。例文は学習者のレベルに合わせて改変する必要がある。紙幅の都合上、練習 1 ～ 3 は 1 ～ 2 問のみを示し、4 には意味と例文1例のみを掲載する。省略した部分はウェブに掲載する。

　すべての練習において音調の重要性を意識し、聞き取り練習・発音練習を組み合わせるような工夫が必要であろう。音調の把握には、浅田（2017）や須藤（2008）の資料などが参考になる。

教材例（教材の全体像はくろしお出版のウェブでダウンロードできます）

1語で感情を伝える語を学ぼう！

1 どう違いますか
   （1）ポケットに手を入れて、独り言を言う。
     ① あれ、ハンカチない。
     ② えっ、ハンカチない。
   （2）社内の会議の後に、後輩が先輩に、会議への感想を言う。
     後輩：さっきの山田さんの提案は、ちょっと難しくないですか？
     先輩：① うーん、そうかなぁ。
         ② んっ？ そうかなぁ。

2 続けて話しましょう
   （1）友人同士でコンサートに行く計画を立てている。
     Aさん：駅からコンサートホールまで、歩いて10分だよね。
     Bさん：えっ、（   ）
   （2）友人同士。携帯に保存されている写真を見せながら。
     Aさん：見て、このケーキ、昨日自分で作ったの。
     Bさん：わあ、（   ）

3 何を使いますか
   （1）寮の歓迎会で初めて会った人同士が自己紹介をしている。
     パク：こんにちは。
     カルロス：（   ）、こんにちは。
     パク：はじめまして、私はパクです。韓国人です。どうぞよろしくお願
         いします。
     カルロス：こちらこそ、どうぞよろしくお願いします。私はカルロスです。
     パク：カルロスさん、お国はどちらですか。

第 13 章　感動詞の教材化 | 195

カルロス：ブラジルです。

パク：そうですか。カルロスさんは学生ですか。

カルロス：いいえ、学生じゃありません。会社員です。パクさんは学生
　　　　　ですか。

パク：はい。あおぞら日本語学校の学生です。

カルロス：そうですか。パクさんの趣味は何ですか。

パク：私の趣味は旅行と映画です。

カルロス：（　　　　　）、私の趣味も映画です。

パク：（　　　　　）、同じですね。

（『できる日本語初級本冊』第 1 課 p. 30 を基に作成）

[4]　意味と例文

① 　あっ：何かを思い出したときや、何かを発見したときに使います。独り言
でも使えます。

（1）数学の問題をずっと考えていて、答えがわかったときの独り言

　　　A さん：<u>あっ</u>、わかった！

② 　うーん：思考中や、迷っている様子を表します。独り言でも使えます。応
答を表す「うん」や否定を表す「ううん」との音の違いに注意が必要です。

（1）レストランでメニューを見ているときの独り言

　　　A さん：<u>うーん</u>、どれにしようかな…。

③ 　ふーん：新しい情報を知ったときに使います。中立の評価を表すことが多いで
すが、音調や後続する言葉によって、悪い評価になることも多いです。

（1）親子の雑談

　　　子供：ねえ、お母さん。学校の校歌って、昔の子供たちが歌詞を作った
　　　　　　んだって。

　　　母：<u>ふーん</u>、そうなの。

④ 　えっ：自分の予想や考えていたことと違うことに対して、驚きや意外な気
持ちを表します。いろいろなことを考える前の、瞬間的な反応です。疑問や理
解不能という意味を表す感動詞の「えー」（⑪）やフィラーの「えー」、応答を表
す「ええ」との音の違いに注意が必要です。

（1）友人同士の雑談

　　　A さん：あのさ、私、明日の集まり、行けなくなったんだ。

　　　B さん：<u>えっ</u>、行けないの？

　　　A さん：ごめんね。

⑤　へえ：驚きを表します。新しい情報を知って、それが自分のもっている知識にうまく組み込めたことを表し、多くは肯定的な評価になります。音調によってはぞんざいにもなるため、注意が必要です。

　　（1）会社の先輩・後輩同士の雑談
　　　　後輩：いつも自分でお弁当を作るんですか。
　　　　先輩：ええ。妻のお弁当も、子供たちのお弁当も作りますよ。
　　　　後輩：へえ、すごいですね。

⑥　ねえ：相手の注意をひきたいときに使います。文頭で用い、会話をスタートさせる働きをすることが多いです。「ねえねえ」と繰り返すことも多いです。

　　（1）家族同士のやりとり
　　　　姉：ねえねえ、ここに置いてあった雑誌知らない？
　　　　妹：雑誌？　なかったよ。
　　　　母：あ、汚れてたから、古いのかと思ってあっちに持って行っちゃった。
　　　　姉：えー、まだ読んでる途中なのよー。

⑦　あれ：驚きを表します。起こった状況や目の前にある情報を一度受け止め、それが自分のもっている知識や予想と違う、ということを表します。そのため、「あれ」の後ろには「おかしいな」のような表現や、相手の発話に対する疑問を述べることが多いです。

　　（1）会議中の同僚同士のやりとり
　　　　Aさん：えっと、明日の打ち合わせは10時から東京なので、みなさん、
　　　　　　　　直接会場にいらしてください。
　　　　Bさん：あれ、明日は横浜じゃないですか？
　　　　Aさん：横浜は来週ですよ。
　　　　Bさん：あ、そうですか。

⑧　ほら：相手の注意をひきたいときに使います。何かを示して見せたいとき、思い出したい何かを示したいときなどに使います。

　　（1）友人同士の雑談
　　　　Aさん：お正月にやる遊び、何だったけ？昔よくやった…、ほら、目隠
　　　　　　　　しししして目とか鼻とかおいていくやつ。
　　　　Bさん：ああ、「福笑い」ね。

⑨　んっ？：疑問を表します。応答の「ん」（「うん」の省略形）や、フィラーの「んー」と違って、語尾が上昇します。

　　（1）友人同士の雑談

Ａさん：見て見て、これなんだと思う？

Ｂさん：<u>ん？</u>　食べ物？

⑩　えー：疑問や、理解不能という気持ちを表します。やや非難めいたマイナス評価で用いることが特徴です。フィラーの「えー」（平板型）や、予想外を表す感動詞の「えっ」(④)と違って、語尾が上昇します。

（1）授業中の先生と生徒のやりとり

先生：突然ですが、明日テストをします。

生徒全員：<u>えー！</u>

⑪　わあ：自分の予想を越えることに対する驚きや意外性・感動を表します。独り言でも使えます。

（1）満開の桜を見たときの独り言

Ａさん：<u>わあ</u>、きれい！

⑫　あのー：言いよどみを表すフィラーです。相手がいる丁寧な場面で使います。どんなふうに言おうか考えている、という合図になります。そのため、会話の切り出しや、言いにくいことを言うときにも使います。

（1）上司とアルバイターのやりとり

アルバイター：<u>あの</u>、すみません。あした、僕バイト入ってるんですが、ちょっと外せない用事ができてしまいまして…。

上司：来られないんですか。

アルバイター：いえ、そうじゃないんですが、<u>あのー</u>、30分ほど遅れてしまいそうで…。

⑬　えっと：言いよどみを表すフィラーです。相手がいるときにも使えますが、1人で話すときに使うほうが多いです。次の発話を考えている、という合図になります。

（1）会議中の発言

Ａさん：では次は、予算についてご報告します。お配りの資料の、<u>えっとー</u>（資料をめくりながらページを探している）、3ページ目を見ていただけますか。

調査資料

多言語母語の日本語学習者縦断コーパス（http://lsaj.ninjal.ac.jp/）

名大会話コーパス（http://mmsrv.ninjal.ac.jp/nucc/）

日本語話し言葉コーパス（http://pj.ninjal.ac.jp/corpus_center/csj/）

『初級日本語 げんき I・II 第2版』坂野永理・池田庸子・大野裕・品川恭子・渡嘉敷恭子（著），The Japan Times，2011.

『できる日本語 初級 本冊』できる日本語教材開発プロジェクト，アルク，2011.

『日本語初級1・2 大地』山﨑佳子・石井怜子・佐々木薫・高橋美和子・町田恵子（著），スリーエーネットワーク，2008，2009.

『みんなの日本語 初級 I・II 第2版 本冊』スリーエーネットワーク（編著），スリーエーネットワーク，2012，2013.

引用文献

浅田秀子（2017）『現代感動詞用法辞典』東京堂出版.

小木曽智信（2014）「形態素解析」山崎誠（編）『講座日本語コーパス2　書き言葉コーパス設計と構築』pp. 89–115，朝倉書店.

小西円（2018）「日本語学習者の習熟度別に見たフィラーの分析」『国立国語研究所論集』15，pp. 91–105.

定延利之・田窪行則（1995）「談話における心的操作モニター機構──心的操作標識「ええと」と「あの（ー）」──」『言語研究』108，pp. 74–93，言語学会.

須藤潤（2008）「日本語感動詞の音調記述の試み──1音節感動詞を中心に──」『音声言語』IV，pp. 29–52.

田窪行則・金水敏（1997）「応答詞・感動詞の談話的機能」音声文法研究会（編）『文法と音声』pp. 257–279，くろしお出版.

冨樫純一（2005）「「へえ」「ほう」「ふーん」の意味論」『月刊言語』34（11），pp. 22–29.

日本語記述文法研究会（編）（2010）『現代日本語文法1』くろしお出版.

野田尚史（2015）「日本語非母語話者の感動詞の不自然な運用」友定賢治（編）『感動詞の言語学』pp. 149–165，ひつじ書房.

山内博之（2009）『プロフィシェンシーから見た日本語教育文法』ひつじ書房.

山根智恵（2002）『日本語の談話におけるフィラー』くろしお出版.

Iwasaki, Noriko（2011）Filling social spase with fillers: Gains in social dimension after studying abroad in Japan. *Japanese Language and Literature* 45, pp. 169–193.

第14章

言語テスト作りを応用した
形容詞の教材化

渡部倫子

1. はじめに

　この論文では、言語テスト作りの方法を応用することで、よりよい語彙教材を作る方法について提案する。

　これまで、日本語教育の現場では、様々な語彙テストが作られ、実施されてきた。なぜなら、語彙テストの実施によって様々なメリットが考えられるからだ。よい語彙テストを実施すれば、

（1）　成績をつけるためのデータの1つになる。

（2）　学習者の語彙力がわかる。

（3）　教師の語彙指導が適切だったかを確かめられる。

（4）　語彙テストがあるよと言うと、学習者が頑張って語彙の勉強をする。

（5）　語彙テストそのものが語彙の学習になる。

（6）　語彙テストの結果を見て、学習者がよりよい方法で語彙の勉強を続けられる。

といった様々なよいこと（プラスの波及効果）が得られる。

　ここで注目したいのは、（5）と（6）である。近年、言語評価の分野では、学習としての評価（Assessment as Learning）が注目されている（Earl 2012）。学習としての評価とは、教師主導の従来の評価（e.g. ペーパーテストの結果）、

学習者同士で行うピア評価 (e.g. クイズの相互採点)、学習者自身による自己
評価 (e.g. 振り返りシートへの記入) の結果をもとに、学習者が自律的に学習
目標を設定し、学習プロセスを自己モニターしながら学習し、必要であれば
その学習方法を改善するプロセスを指す。学習としての評価は、学習者の自
律性とメタ認知能力の向上が期待できるという点で、教師主導による学習の
評価 (Assessment of Learning：e.g. 従来の総括的評価) や学習のための評価
(Assessment for Learning：e.g. 従来の形成的評価) とは異なっている。学習
者が語彙学習プロセスをモニターするので「語彙学習としての評価」に用い
る材料は、教師が作成した語彙テスト、語彙クイズ、語彙のチェックリスト
だけに限らない。本書で提案したような語彙の練習問題、語彙力の向上が期
待できるタスクなどの語彙教材も含まれるのである。よく、教育と評価は表
裏一体と言われているが、評価を「裏」ととらえるのではなく、語彙教材と
語彙テストは有機的に一体化させるほうが望ましいといえよう。

　そこで、次に、これまでの言語テスト研究の知見をもとに、「語彙学習と
しての評価」の材料として、語彙教材を作る際に、どのような点に注意すれ
ばよいかについて考える。

2.　語彙教材作成の 5 つのポイント

　よりよい語彙テストを作るにはいくつか注意すべきポイントがある。

　1 つ目は、評価の妥当性 (測りたいもの＝構成概念が測れるかどうか) に関
するもので、測ろうとしている語彙力とは何かがわかった上で作るということ
である。言い換えれば、ある語彙テストで学習者が 80％正解した場合、どの
ような語彙力があって、どのような語彙力が足りないのかがわかるテストか
どうか、ということがポイントとなる。村上・加納・衣川・小林・酒井 (2013:
163) は日本語の語彙力 (語彙知識の運用能力) を以下のようにまとめている。

　　（1）　語の正しい表記、綴りがわかる／使える。

　　（2）　平仮名、片仮名、漢字、混ぜ書きなどを見て読みがわかる／使え
　　　　る。

　　（3）　語の表記を見て、基本的な意味・用法がわかる／使える。

　　（4）　反義語・対義語がわかる／使える。

（5）　類義語がわかる／使える。

（6）　上位語、下位語の関係がわかる／使える。

（7）　同種の語彙の仲間、あるいは仲間はずれの関係がわかる／使える。

（8）　文中での他の語との共起関係がわかる／使える。

（9）　文脈から文中に使われるべき適当な語がわかる／使える。

（10）　慣用句など、決まった表現などに使われる語がわかる／使える。

（11）　その語が使われるべきジャンル（話し言葉か書き言葉か、一般語か専門語か、など）や使用上の制限などがわかる／使える。

（12）　その言語にある語とない語を見分けることができる。

　本書において提案された語彙教材を見ると、例えば、第11章の中俣論文と第12章の中石論文は（8）の共起関係を理解することを学習目標とした教材であることがわかる。この教材を用いて、学習者が間違えたり、わからないと言ったりしたときには、該当する語の共起関係の理解が不十分であることが予測できる。このように測りたい語彙力を予測できるテストや練習問題は、妥当性が高いと言われる。

　2つ目は、真正性に関するもので、語彙テストには様々な形式があるが、必ずしも学習者が実生活（日本語教室以外）で体験しない形式である場合があるという点である。代表的な語彙テストの形式は、以下のようにまとめることができる。この形式は、語彙教材の形式に酷似している。

（a）　平仮名、片仮名、漢字、混ぜ書きの読み書き：漢字の読みを書く等

（b）　多肢選択：ある語の類義語や反対語を4つの選択肢から選ぶ等

（c）　マッチング：オノマトペと動詞を結びつける（ゆらゆら揺れる）等

（d）　空欄補充：文脈から類推し、空欄に適切な語を書き入れる／選択肢から選ぶ等

（e）　定義付け：語の定義を書く／選択肢から選ぶ等

（f）　作文：特定の語を用いて作文する／口頭で作文を発表する等

　ここで挙げた形式は、学習者が実生活を送る際、実際に頭の中で起こっていることに似せた認知プロセスを求めている。このように学習者が実生活で直面することに似せた形式は、より高い真正性を目指したものだといえる。

真正性とは、学習者が生活の中で体験する言語活動に似せたタスク（テスト
や練習問題で学習者に課せられるタスク）かどうかを議論するための指標で
ある。例えば、中侯論文や中石論文で提案された教材をタスクとして採用し
評価する場合、「文中での他の語との共起関係がわかる／使える」という測
りたいものが測れるという意味で、妥当性が高いと言える。しかし、すべて
の学習者が日本語教室以外の生活の中で、複数の名詞と共起する動詞を考え
たり、カードを用いてオノマトペの共起関係を考えたりすることはないだろ
う。正直に言って、真正性が完璧な練習問題はあり得ないので、各形式の特
徴を把握しておくことが重要だ。例えば、語彙の練習問題は、読むスキルな
のか解答を書くスキルなのか、語彙力だけなのか読解力に含まれる力なのか
等、実は、何のスキルや力を測っているのかがわからないという限界があ
る。そもそも、教師が語彙の練習ドリルを学習者にさせ、その出来を見ると
き、ある語彙力を見ているのではなく、ただ単純に授業で説明したことがわ
かっているかどうかを見ているだけになっているケースが多い。

　その一方で、(a)～(f) の形式を用いれば、習熟度が低い学習者でも、認知
的な負荷をかけることなく、語彙力に焦点を当てた練習ができるというメリッ
トがある。また、(d)空欄補充をする際、選択肢から選ぶより書かせたほうが、
書くというスキルにおいて求められる語彙力を予測できるので、いくつかの形
式を併用することで、真正性の問題を少し解決することもできる。この真正性
は、問題の形式だけではなく、取り上げる語についてもいえる。本書で提案し
た教材のように、学習者のニーズが高いトピックの語、コーパス分析を根拠と
した高頻度語などに絞り込んだ教材は、より真正性が高いといえる。

　3つ目は、実用性（練習問題の作成、実施、採点、解釈が簡単かどうか）
をおろそかにしないということである。実用性と真正性は、どちらかを高め
れば、どちらかが低くなるというケースが多い。話す力や書く力について
は、実際に話させたり、書かせたりしたほうが真正性は高いが、その分、実
施や採点に時間がかかるし、解釈も難しくなる。授業で語彙練習ばかりやっ
ていては飽きてしまうし、時間は限られている。実用性と真正性のバランス
をとった教材の作成と使用が求められるのである。

　4つ目は、評価の信頼性に関わるもので、語彙の練習問題の結果を適切に

解釈するということである。ある語彙の練習問題の出来が、クラス全体で悪かった場合は、教師の指導方法が悪かったか、テストで扱った語が難しすぎたと解釈できる。一方で、一部の学習者の出来が悪かった場合は、その学習者の語彙力に問題がある可能性がある。適切に解釈するには、信頼できる採点（測定、判断）をしなければならない。採点結果が信頼できるということは、何度採点しても、例え違う人が採点しても、同じ結果になるということである。例えば、体重計に乗る度に体重が変わっていたら、その体重計は信頼できないし、二度と乗りたくないだろう。また、採点の仕方や問題の作り方は、信頼性（安定して測れる）だけではなく、妥当性にも影響を与える。語との共起関係の理解を測定しようとしていたのに、漢字の表記ミスを減点してしまうと、語の共起関係だけでなく漢字の表記も測定対象とすることになる。それに、語の共起関係の練習問題の中に、語の表記の問題が混在していると、もともと測りたかった語彙力（＝共起関係の理解）が安定して測れない。こうした練習問題やテストは、内的一貫性が低いと言われる。

　5つ目は、評価がもたらす様々な影響（＝波及効果）に関わるもので、語彙の練習問題が終わった後のことも考えて作るということである。日本語のテスト研究においては、作成したテストの妥当性と信頼性が重要だと長年指摘されているが、テストが終わった後の波及効果や妥当性（＝結果妥当性）について言及しているものは少ない。結果妥当性が低い例としては、得点や成績を学習者に示すだけで、解答用紙も返却しないというケースがあげられる。これでは、テストの後、どのような学習をすればいいかわからない。例えば、日本語能力試験では、総合得点だけでなく、言語知識（文字・語彙・文法）、読解、聴解別の得点が通知される。また、各レベルに対応したCan-do自己評価リストが公開されており、このリストと合格したレベルを照らし合わせることができる。このリストによって、受験者や周辺の人々（クラスメイト、指導教員、保護者、上司など）が「このレベルの学習者は日本語を使ってどんなことができるか」をイメージしやすくなっているため、より結果妥当性が高いといえる。つまり、テスト得点や成績の解釈をどう学習者に伝え、その後、よりよい語彙学習のどんなアドバイスをするかについても考えることで、結果妥当性を高めることができるのである。練習問題を作る

ときは、その問題に間違えたとしても、いい影響（＝プラスの波及効果）を得られるような工夫が必要である。学習者を自律的な「語彙学習としての評価」へ導ける教材になるかどうかは、語彙教材を使った後にかかっているといっても過言ではない。

3. カードゲーム形容詞教材案

　この論文で提案したい形容詞教材は、市販のカードゲーム「ナンジャモンジャ（すごろくや）」、「ワードバスケット　キッズ（幻冬舎エデュケーション）」、「ヒットマンガ（TANSANFABRIK）」を活用し、16の基本形容詞を使わなければならないというルールを付加するというアイデアである。16の基本形容詞については、**4.2**で述べる。

3.1　ナンジャモンジャ

　「ナンジャモンジャ」とは、頭と手足だけの謎生物ナンジャモンジャ族12種類のカードを1枚めくり、好きな名前を付けて中央の場に出し、後で同じ絵のカードが出たら、その名前を早く叫ぶことで場のカードを一番多く集めた人が勝ち、というカードゲームである。付ける名前の条件に、16の基本形容詞を必ず使うこと、というルールを加えることで、ナンジャモンジャを描写しつつ、形容詞の学習をすることができる。基本形容詞の他にも、色を表す形
容詞やオノマトペを加えれば、より豊かな描写表現を学習することができる。

3.2　ワードバスケット　キッズ

　「ワードバスケット　キッズ」とは、箱の中にあるカードの文字ではじまり、自分の持っているカードの文字で終わる語を考え、できるだけ早く、その語を言いながら、手持ちのカードを箱の中に投げ入れ、最初に手持ちのカードをすべてなくしたプレーヤーが勝ち、というカードゲームである。形容詞そのものや形容詞と名詞を使った語を言うというルールを加えること

で、形容詞の練習をすることができる。16の基本形容詞の字カードを別に用意しておき、思いついた語と共起する形容詞がいち早く言えたら、形容詞カードを得ることができ、手持ちのカードをなくした早さと形容詞カードの枚数で、勝者を決めてもいいだろう。「ワードバスケット　キッズ」には、イラストと語の例が付

してあるが、「ワードバスケット（メビウスゲームズ）」は文字のみなので、語彙力の高い児童や成人学習者であれば、後者を使用することができる。

3.3　ヒットマンガ

「ヒットマンガ」は、かるたと同じルールで行う。ただし、場に並べてある取り札が漫画のようにイラストと空白のふきだしになっている。全く同じデザインの読み札を順に引き、ふきだしに入る台詞を自由に考えて発表する。発表した人以外の人が、できるだけ早く正解のカードをとり、最終的に得たカードの枚数が多い人が勝ち、というゲームである。読み札の山には、テコ入れカードという追加ルールが発生するカードを入れられる。もし、読み手が「効果音で伝える」「ジェスチャーで伝え

る」「感情をこめて言う」などのテコ入れカードを引いた場合、次の読み札から、追加ルールを守って台詞を言わなければならない。このテコ入れカードに「形容詞○○を必ず使う」というカードを加えることで、形容詞の練習教材として利用できると考えた。さらに、「嬉しい」「楽しい」「悲しい」「恥ずかしい」などの感情語を使うといったルールを加えることで、より豊かな気持ちを表す表現の練習に発展させることも可能である。

4.　社会的・認知的枠組みを活用した教材案の検討

次に、3.で提案したカードゲーム形容詞教材案について、2.で概説した

5つの作成ポイント（妥当性、真正性、実用性、信頼性、波及効果）を検討する。この5つのポイントは、電気をつけたり消したりできるようなスイッチではなく、音量を調整するつまみのようなものである。この論文では、5つの音のバランスを考慮した、いい音楽のような教材を目指し、社会的・認知的枠組み（Weir 2005）というアプローチを活用して、形容詞の練習教材を作るプロセスを提案する。

4.1 社会的・認知的枠組み

社会的・認知的枠組みとは、「言語使用の社会的・認知的・評価的側面を含み、さらに言語テストが実施される背景やその影響なども網羅した、テスト開発・妥当性研究への体系的かつ一貫的なアプローチ」（中津原 2013: 47）である。この枠組みは、タスクに取り組むときの学習者の言語使用を社会的現象としてとらえている。受験者の認知的なプロセスを反映した枠組みであることからも、「語彙学習としての評価」の検討に活用できると考えた。また、2.で述べた5つのポイント（妥当性、真正性、実用性、信頼性、波及効果）について、ポイント間の関係をイメージしながら、テストや教材を作成するときの時系列に沿って検討できるというメリットがある。

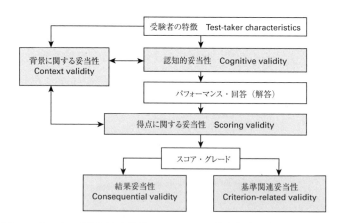

図1 テストの妥当性を検証するための「社会的・認知的枠組み」
（O'Sullivan & Weir 2011: 21） （中津原 2013: 47 より）

第14章　言語テスト作りを応用した形容詞の教材化　｜ 207

　図1中の背景に関する妥当性と認知的妥当性は、テスト開発の初期段階で検証が行われるべきとされている。**2.** で述べた5つのポイントのうち、主に妥当性、真正性、実用性にあたる。背景に関する妥当性とは、タスクの特徴とタスクの施行方法は適切、且つ、学習者に公平かを問うものである。例えば、タスクの目的と真正性、問題の形式、問題の提出順、テクストの長さ、背景知識などを検討する。認知的妥当性とは、タスクによって要求される認知プロセスは適当かを問うものである。例えば、学習者に提示される画像やテクスト、文法や語彙の難易度、提出順などが、現実の認知プロセスと同様で、認知的に負荷がかかりすぎないかを検討する。この2つの妥当性について考えるには、もちろん学習者の特徴を把握しておく必要がある。

　その後、テストや練習問題を実施し、学習者の解答を得られてから検討するのが、得点に関する妥当性である。この妥当性は、**2.** で述べた5つのポイントのうち、採点によって得られた得点の信頼性が高いかを問うものである。こうして得られた信頼できるスコアやグレード（得点や成績）を解釈し、その結果を伝えるときに検討されるのが、結果妥当性と基準関連妥当性である。これらの妥当性は、**2.** で述べた5つのポイントのうち、主に妥当性と波及効果にあたる。結果妥当性とは、先に述べたとおり、得点や成績が学習者とその周辺の人々にどのような波及効果を与えるかを検討するものである。基準関連妥当性は、実施したテストや練習問題の結果と他の信頼できるテスト結果とを比較し、その関係に矛盾がないかを検討するものである。基準関連妥当性を考慮するのはハードルが高いという現場の声も聞こえるが、必ずしも統計的に比較しなくてもいい。作成した語彙テストと中間テストの結果が明らかに異なっているとか、日本語能力試験がN1なのに語彙テストの結果がとても悪いといったケースがあった場合、直感的に「何かおかしい。テストに原因があるかもしれない」と思えることが大事なのである。

4.2　16 の基礎形容詞

　続いて、**3.** で紹介したカードゲームをCLD児（文化的・言語的に多様な背景を持つ児童：Culturally Linguistically Diverse Children）のための形容詞教材として使用する場合に注意するべき点について、この社会的・認知的

枠組みを用いて検討する。

　この枠組みにおける受験者、つまり教材の使用者は、CLD児である。日本語の習熟度が低いCLD児にとって、日本語母語児と同じ教材を用いることは、より認知的負荷が高い。また、CLD児の母語や、母語による学習経験が解答に影響を与えることも予想される。こうした特徴を持つCLD児のために、語彙の中でも形容詞を選び、形容詞の産出を目的とした教材を作成することにした。

　はじめに、背景の妥当性について、タスクの目的とその真正性を検討した。なぜ形容詞を取り上げたかということである。2016年7月及び2017年7月に、渡部（2016）と西川・青木・細野（2015）を参考に選定した「CLD児のつまずきことば」284語を用いて、日本語母語話者を対象とした難易度の印象評定調査を実施した。欠損値のない有効回答170件のデータを難しい順にランクを付け、その中から形容詞を取り出し、表1に示した。

表1　「つまずき形容詞」の困難度ランキング

ランク	形容詞	平均値	SD
115	厚い	2.86	1.10
158	等しい	2.57	1.12
252	細い	1.87	1.11
260	短い	1.81	0.99
265	多い	1.78	0.92
268	軽い	1.74	1.12
269	丸い	1.73	1.02
270	重い	1.72	1.13
272	長い	1.70	1.02
278	大きい	1.59	1.00

　表1から、形容詞のほとんどが、252位以降の易しい語であると評定されたことがわかる。しかし、これらの形容詞は、日本語の取り出し授業で2回以上指導された「つまずきことば」であるにもかかわらず、教師が易しいと判断し、CLD児のつまずきを見落としてしまう可能性のある語だといえる。これらの形容詞にCLD児がなぜつまずいたかは予測するしかないが、

基本形容詞の語義数の多さと、それによって生じる共起の複雑さが理由の1つとして考えられる。例えば、外国人児童生徒のためのJSL対話型アセスメントDLAの中で行われる語彙力チェックにおいて、多く見られる誤用の1つに「背が大きい／小さい」がある。こうした、形容詞と名詞の共起に関する誤用は、成人学習者にも多く、中級・上級になっても十分に習得されないことが指摘されている（Cao・仁科2006）。また、高原（2017）は、基本形容詞の使い分けの難しさは、多義性だけでなく、類義関係のある形容詞があるために生じると述べている。先ほどの例「大きい」と「高い」は類義関係のあるペアだが、語義によって類義関係が成立したりしなかったりするのである。しかし、日本の学校教育において、基本形容詞の多様な語義を明示的に指導する機会はほとんどない。また、言うまでもなく、形容詞は日常生活での使用頻度も高い。

そこで、この教材では、高原の研究成果である類義関係が認められた基本形容詞19ペア（異なりで16の基本形容詞）を用いることとした（図2）。この基本形容詞は、成人学習者コーパスの誤用とNINJAL-LWP for TWC（NLT）をもとに選定され、図2のように「小さい」と「大きい」を中心に、2つの大きなまとまりで類義関係が成り立っていることが示された。

図2中の基本形容詞には、表1の「つまずき形容詞」のうち、「厚い」「等しい」「細い」「丸い」が含まれていないが、「短い」「多い」「軽い」「重い」「長い」「大きい」が含まれていることがわかる。また、田中・甲斐・関（2016）がCLD児の理科日本語語彙テストのために作成した語彙リストにおいても、「重い」「大きい」「長い」が高頻度語リストの中に含まれている。

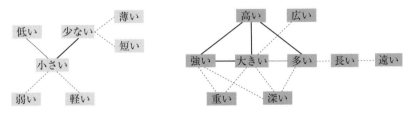

図2　「小さい」と「大きい」を中心とした類義関係（高原2017: 6）

以上のような理由から、形容詞の学習を目的とし、16の基本形容詞を対象とした教材を作ることは、真正性が高く、背景の妥当性も高いと判断した。ただし、高原が示した共起語は小学生にとっては非常に難しいものが多い。例えば、「小さい」と共起するのは、負担、影響、リスク、差、変化、割合、抵抗、容量、負荷、被害、金額、電力、変動、距離、コスト、誤差であった。これらの語が指導される学年を教科書コーパス、バトラー後藤 (2011) の学習語リストで検索した結果を表2に示す。

表2から、成人日本語母語話者の使用頻度が高い共起語は、小学4年生以上の学年で指導されることがわかった。つまり、小学3年生の時点では、「小さい」の意味を、物の形、数、量の描写に限って教材を作ったほうが、認知的負荷が低く、認知的妥当性が高いといえる。

表2 「小さい」の共起語の特徴

	指導開始学年	バトラー後藤の 学習語リスト	
		重要度	頻度
負担	6年	中	高
影響	—	高	最高
リスク	—	—	—
差	4年	低	高
変化	5年	高	最高
割合	5年	—	—
抵抗	6年	中	高
容量	—	—	—
負荷	—	—	—
被害	6年	中	高
金額	5年	—	—
電力	6年	—	—
変動	—	—	—
距離	—	高	最高
コスト	—	—	—
誤差	—	—	—

4.3 カードゲーム形容詞教材の 5 つのポイント

こうして選定した 16 の形容詞をカードゲームで練習するというタスクは、CLD 児が日本語教室以外でも楽しく体験でき、口頭での産出能力を見られるため、真正性が高い。日本語の取り出し授業の限られた時間では、膨大な語彙学習にどう取り組むかが常に課題となっている。しかし、カードゲームであれば、休み時間にも夢中になって取り組む可能性があり、ルールさえ理解できれば非常に実用性が高い教材であると言える。また、イラスト入りのカードを用いるため、CLD 児が見慣れた形式の形容詞テストやドリルのような書く教材よりも認知的負荷が低く、認知的妥当性も高いと言える。日本語教室で教師がカードのルールを丁寧に説明し、十分に練習したり、日本語の習熟度に応じて追加するルールの難易度やゲームに参加するメンバーを調整したりすることで、さらに背景の妥当性を高めることができる。

得点の妥当性（信頼性）を左右する、CLD 児の発話の良し悪しの判断については教師が行ったほうがいいが、複数のグループで行う際は、ジャッジ役の CLD 児を決め、判断に迷う発話はメモさせて、ゲーム終了後に教師がフィードバックするといいだろう。基準関連妥当性を検討するなら、既存の形容詞ドリル「本物の国語力をつけることばパズル（小学館）」、「にほんごを使いこなすことばプリント（小学館）」、「ちびむすドリル（http://happylilac.net/kisetsu-sozai.html）」にある「様子の言葉を理解する」に取り組ませ、その得点とカードゲームの勝率の相関を確かめ、形容詞の理解と産出の伸びを実感させてはどうだろうか。

最後に強調したいのは、このカードゲームを用いた教材は、結果妥当性が非常に高いということである。このゲームを日本語の取り出し授業で紹介すれば、在籍学級でもブームが起こる。CLD 児とそのクラスメイトである日本語母語児との懸け橋となるだろう。楽しみながら形容詞を用いて表現することで、語に対する感度があがり、ゲームに勝つために辞書で言葉を調べたり、わざと間違えて楽しんだりするといった、様々なプラスの波及効果が期待できる。また、ゲームのルールを理解し、クラスメイトの発話の良し悪しを判断することは、自己モニターをする訓練にもなる。カードゲームを活用

した語彙教材は、学習者の自律性とメタ認知能力の向上が期待できる、「語彙学習としての評価」だと言えよう。

5. おわりに

　この論文では、これまでの言語テスト研究の知見を活かし、語彙教材を作る際の注意点について概説した。また、具体例として CLD 児のためのカードゲーム形容詞教材を提案し、その妥当性について論じた。

　今回提案したカードゲームを活用した語彙学習は、学習者主導型の活動であるが、教師の役割がないわけではない。教師による指導の効果に関する800 以上の研究を対象にメタ分析を行った Hattie (2012) は、指導の効果に影響を与える要因のうち、最も主要なものは教師であり、教師の「意思決定」と「行動」によって指導の効果を高めることができると示唆している。言語テスト研究で議論されてきた妥当性検証の枠組みを理論的背景とし、コーパス言語学の成果をもとに教材で扱う語彙を選択する（もしくは学習者に選択を任せる）という「意思決定」を行うことで、語彙教材の目的を明確にし、効果的なタスク実施のアイデアを考え、学習者のやる気を長く維持するための「行動」ができると考える。

引用文献

高原真理 (2017)「コーパスを用いた日本語基本形容詞の類義語研究」『第 11 回児童教育実践についての研究助成研究成果発表会発表資料』pp. 6–9, 博報財団.

田中裕祐・甲斐晶子・関裕子 (2016)「多言語背景をもつ年少者のための理科日本語語彙テスト開発に向けた語彙表の作成」『筑波大学グローバルコミュニケーション教育センター日本語教育論集』31, pp. 51–68.

中津原文代 (2013)「能力基準としての Can-do statements とテストの妥当性を検証する「社会・認知的枠組み」(Socio-cognitive Framework) について」『言語教育評価研究』3, pp. 44–53.

西川朋美・青木由香・細野尚子 (2015)「日本生まれ・育ちの JSL の子どもの日本語力——和語動詞の産出におけるモノリンガルとの差異——」『日本語教育』160, pp. 64–78.

バトラー後藤裕子（2011）『学習言語とは何か――教科学習に必要な言語能力――』三省堂.

浜名真以・針生悦子（2015）「幼児期における感情語の意味範囲の発達的変化」『発達心理学研究』26（1），pp. 46-55.

村上京子・加納千恵子・衣川隆生・小林典子・酒井たか子（2013）『テストを作る』スリーエーネットワーク.

渡部倫子（2016）「日本語教師から見た語彙シラバス」庵功雄・山内博之（編）『データに基づく語彙シラバス』pp. 115-135，くろしお出版.

Cao, H.・仁科喜久子（2006）「中国人学習者の作文誤用例から見る共起表現の習得及び教育への提言――名詞と形容詞及び形容動詞の共起表現について――」『日本語教育』130，pp. 70-79.

Earl, L. M.（2012）*Assessment as learning: Using classroom assessment to maximize student learning.* Thousand Oaks, CA: Corwin Press.

Hattie, J.（2012）*Visible learning for teachers: Maximizing impact on learning.* Abingdon, Oxon: Routledge.

Weir, C.（2005）*Language testing and validation: An evidence-based approach.* Basingstoke: Palgrave Macmillan.

O'Sullivan, B. & Weir, C. J.（2011）Test development and validation. In B. O'Sullivan（ed.）*Language testing: Theories and practices,* pp. 13-32. London: Palgrave Macmillan.

第15章

多義語の教材化

麻生迪子

1. はじめに

　語の習得は、語形と意味のマッチングから始まり、その後、語に関する様々な知識が徐々に習得されていく（Jiang 2002）。この論文が取り扱う多義語とは、1つの語形に対して複数の意味を持っている語のことであり（國廣 1982）、その習得は既に習得された語形と意味の組み合わせに新たな意味を加えていくものである。多義語の習得が困難であるということは多くの先行研究によって報告されている（松田 2000 など）が、その指導法については詳細に議論されていない。Imai（2012）では、多義語の基本的な意味は初級のテキストに登場するが、派生的な意味についてはテキストで明らかな指導がないと述べている。この論文では、**2.** で多義語教育の必要性を論じ、**3.** で多義語教育の方法論について検討する。続く **4.** では、自律的な多義語学習を促進させる知識について論じ、**5.** で教材案を提示する。最後の **6.** では、この論文のまとめと今後の課題について記述する。

2. なぜ多義語教育なのか

　語彙知識が読む・書く・話す・聞くといった4技能において欠かすことができないのは、言うまでもない。例えば、読解を例にとり、語彙知識の重要性を説明すると、小森・三國・近藤（2004）では、読解文の内容を理解す

るためには、文章中の知っている語の割合（既知語率）が96％以上必要であり、既知語が多いほど、読解文の内容理解が促進されると述べている。しかし、多義語を既知語の中に含めた場合、文脈に応じた意味を選択しなければ、誤読してしまう。例えば、藤原（2017）では、上級日本語学習者が小説を読む際、未知の多義語について誤った意味理解を行っていることが報告されている。

　多義語の多くが高頻度語であること（Langacker 2008）を考えると、学習者が多義語に接する機会も多く、習得が進むと考えられるが、松田（2000）の調査から上級者であっても基本的な多義動詞の習得が不安定であることが示されている。この結果から松田（2000）は、自力で多義語を学習させるのは難しく、何らかの教育が必要であると主張している。自力で学習が困難であり、そしてそれが言語活動において支障をきたすのであれば、何らかの教育が必要ではないだろうか。

3.　多義語教育

3.1　語彙学習方法

　では、多義語の教育方法として、どのようなものが可能なのだろうか。語彙学習研究をもとに検討してみたい。語彙の学習方法として、付随的語彙学習と意図的語彙学習という2つの分類方法がある。付随的語彙学習とは、学習者の学習の目的が内容理解であり、その過程において生じる語彙学習を指す。それに対して、意図的語彙学習とは、学習者がある語を学習するという意思を持って学習活動を行う際に生じる学習である（Nation & Webb 2011）。

　読解における付随的語彙学習の代表的な活動として、意味推測と辞書使用をあげることができる。意味推測と辞書使用が語彙学習を促進することについてはいくつかの研究で実証されている（Hulstijn 1992 など）。このような活動が有効であるという理論的背景は、処理水準仮説（level of processing）に基づく（Laufer & Hulstijn 2001）。処理水準仮説とは、情報の処理の仕方によって記憶が定着するか否かが決まるという仮説である（Craik & Lockhart 1972）。この仮説では、意味に関する処理のほうが形式に関する処理よりも

記憶の定着が良いと述べる。Laufer & Hulstijn (2001) では、意味推測活動と辞書検索活動の有効性について処理水準仮説の観点から説明している。意味推測活動については、その意味について推測を行うことから心理的負荷 (mental effort) がかかり、深い処理となるため記憶定着に良いと説明される。辞書使用についても同様に、検索する語義と他の語義を比較するなど意味に関する処理を行うため、定着が良いと説明されている。

　一方、意図的語彙学習の代表的な例としては、語の意味を記憶するにあたって、対象語の表記や母語で類似する単語をキーワードとして利用するキーワード法や語の意味をグループ別に分類する方法などの手法がある。これらの活動は語の意味について検討するため、深い処理が行われるとされ、代表的な意図的語彙学習法の有効性も処理水準仮説によって説明が可能である。

3.2　多義語の学習法

　語の学習方法として、意図的語彙学習と付随的語彙学習という2つの方法をあげたが、この論文では意図的語彙学習に焦点を当てて検討したい。それは、先行研究において多義語は付随的語彙学習で学習されにくいことが指摘されているためである。例えば、Laufer (1989) では、多義語の1つの意味を知っている場合、提示された文脈にあわないにも関わらず、知っている意味だと思い、そのまま読み進めてしまうことを指摘している。また、多義語の意味推測の成否については個人差があり（石黒・烏・劉・布施 2017）、適切な手掛かりがなければ当て推量をしてしまうこと（麻生・小森 2012）が報告されている。また、Luppescu & Day (1993) は、読解において第二言語辞書使用の学習効果について検討した。その結果、辞書使用による学習効果が認められたものの、語ごとに検討した場合、多義語については学習者の混乱が見られたと報告している。以上の先行研究の報告から多義語の学習方法として、この論文は、意図的語彙学習に焦点を当て検討を試みる。

　とはいえ、多義語、そしてそれらが持つ語義は無数にあり、「これだけ覚えたら終了」とは言えない。日々の授業において、意図的語彙学習の時間を設け、無数にある多義語を学習させるのは現実的ではないだろう。そこで、

この論文では教師主導で意図的に多義語を学習させる方法を提案するのではなく、学習者が自律的に多義語を学習する方法について検討したい。

4. 自律的な多義語学習に必要な条件
4.1 どのような活動によって自律的に多義語学習を行うべきか

　では、多義語を自律的に効率的に学習する方法とはどのような方法なのだろうか。学習者が自律的に多義語を学習するための方法を検討する前に、学習者に語彙学習が生じる条件についての理論的な先行研究の記述を見ておきたい。

　3.1 において、処理水準仮説の予測に従い、意味に関する処理、すなわち深い処理が記憶定着に有効であることを述べた。Nation (2013) では、処理水準仮説を踏まえた上で、実際の学習活動で記憶定着をもたらす３つの認知的な過程をあげている。Nation (2013) が述べる３つの認知的な過程とは、語に対する「気づき」、意味の「想起」、語の「創造的使用」という過程である。具体的な例で説明すると、学習者が未知の語に遭遇した場合、または、以前見たことがあるが、どうも意味が思い出せない場合、学習者は辞書でその意味を調べたり、または、文脈からその意味を推測するだろう。このように語に対して注意を向けることが語に対する「気づき」である。そして、「想起」とは、一度形式と意味がわかった単語の意味や形式を、忘れないうちに今一度思い出すことである。つまり、読解や聴解において、知っている単語に気がつき、その意味を思い出す、もしくは、会話や作文で習った単語の意味を伝えたいと思い、形式を思い出すことである。最後の「創造的使用」は、「想起」と連続して生じると考えられるが、学習した単語が、学習時と異なる形で使用されているのを目にしたり、耳にしたりすることである。または学習者が使用することである。例えば、最初「味」を「私は、辛い味が好きだ」という文で学習したが、「私は初恋の味を忘れられない」というように、初出時とは異なる意味で使用されている文を聞いたり、学習者が使用したりすることである。これら３つの認知過程は処理水準仮説とも融合が可能で、意味に関する処理を中心に行うと処理が深くなり、記憶定着がより良くなると考えられる。

Nation (2013) から、多義語の意味に関しての「気づき」「想起」「創造的使用」が生じる活動が学習効果が高いと予測できる。つまり、①多義語に注意を向けることができる活動、②その意味を思い出す活動、③学習した意味とは異なる意味を提示する、またはその意味を用いて文を作らせる活動が記憶定着に良いと考えられる。そのため、学生に①〜③を自律的に行うように指導する必要がある。具体的には、未知の多義語の意味に出会った時に意味推測や辞書検索を行う習慣を定着させ、読解などで一度学習した多義語に遭遇した場合、その意味を思い出す習慣を学習者につけさせることである。同時に、多義語がどのように用いられているのかに対して注意深くなる習慣も学習者につけさせる。しかし、ここで、考えなければならないのが、①の「気づき」の重要性と困難点である。多義語の未知の意味に対する「気づき」を持たない場合、②、③の活動は生じないと考えられる。「気づき」が、学習の始まりであると言えよう。しかし、多義語の場合、「気づき」が生じにくい。前述したように、Laufer (1989) では、学習者は多義語の未知の意味に対して、未知であるという「気づき」を得るのが難しいと報告されている。また、「気づき」は必ずしも正しい意味理解をもたらすものではない。多義語の意味の辞書検索には、誤る場合があるからである (Luppescu & Day 1993)。学習者が自律的に多義語学習を進める上で、「気づき」において躓く可能性があることを考えると、多義語の未知の意味の存在と正しい意味の「気づき」につながる知識について教育する必要がある。

4.2 学習者に多義語の未知の意味を正しく気づかせるには、何が必要か

Naiton (2013) では「気づき」が生じる活動として、意味についての「話し合い」や正しい意味を知る「定義づけ」、語に対する注意を誘発する「意識化」、注意を与えたい語に対する「テキストの強調」という 4 つの活動をあげている。この論文では、Laufer (1989) と Luppescu & Day (1993) の報告に対応づけ、「意識化」と「定義づけ」について検討する。

多義語の意識化の指導について、Nation (2013) では、多義語の意味の性質について指導を行うことを提案している。すなわち、学習者に多義語が多くあり、多義語とは中心となる意味 (中心義と呼ぶ) から新たな意味が派生

し、複数の意味がネットワークとしてつながっているという知識を定着させるということである。次に、「定義づけ」について考えてみよう。多義語の場合は、辞書検索において誤る可能性があることから、適切な語義選択ストラテジー能力の育成が重要である。ここで参考になるのは、多義語の意味推測ストラテジー研究である。学習者が未知の多義語の意味に遭遇した場合、意味推測をし、その上で辞書確認を行うと考えられるためである。正確な意味推測は、適切な語義選択をもたらす可能性が高い。そこで、多義語の意味推測ストラテジー研究について見てみると、石黒他（2017）では、中国人日本語学習者を対象に多義語の意味推測について調査を行っている。中国人日本語学習者が意味推測の手掛かりとするのは、多義語そのものから得られる情報や多義語が置かれている前後の要素、多義語が置かれている文の意味であることがわかった。多義語そのものから得られる情報とは、中心義の意味拡張や語の構成、語の表記などであり、多義語が置かれている前後からの情報とは、連語情報や共起情報である。石黒他（2017）の報告を踏まえると、意味推測を正確に行うためには3つの知識が必要だと言える。第1に意味拡張経路に関する知識である。第2に派生義の共起情報に関する知識である。第3に多義語が生じている文脈の内容を適切に理解することである。これら3つの知識を意味推測の手掛かりとして利用する指導を行う必要がある。正しい意味推測が適切な語義選択につながるだろう。

　以上、多義語の未知の意味を対象に、その存在と適切な意味に対する「気づき」をもたらす知識について議論した。先に述べた、多義語の意識化と辞書使用における適切な語義選択に必要な知識は、重複している部分もある。未知の意味の存在と適切な意味に関する「気づき」をもたらすには、①ある語は複数の意味を意味ネットワークという形で持っているという知識、②多義語の意味派生経路に関する知識、③派生義の共起情報が意味推測の手掛かりであるという知識、という3つの知識が必要であると言える。この3つの知識が、学習者に多義語の未知の意味の自律的な学習を可能にさせる。

5. 教材の提案

5.1 教材の材料

　この節では、前節の議論を踏まえて、多義語の未知の意味に対する「気づき」をもたらす知識の説明及び定着を目指した活動と教材案を提案する。具体的には、『日本語多義語学習辞典』シリーズを用いた活動である。この辞典は、中上級の学習者及び教師を対象とした辞書である。この辞書に着目したのは、認知意味論の枠組みを利用して意味の記述を行っているため、教師は短時間で多義語の意味の本質を説明する教材を作ることが可能になると考えたためである。また、学習者にとっても語義の理解がしやすいように工夫がなされている。語の意味記述について中国語・韓国語・英語の訳が記載されているが、全ての辞書において、多義語の全ての意味に共通するコア図を記載している。この論文が提案する活動では、辞書が使用できる中上級の成人学習者を対象とする。また、1語の活動につき、解説時間を含め、15分から30分程度要することを想定している。

5.2 語彙選定

　この論文では、取り扱う語彙数の多さと活動の組み立てやすさから動詞を例とした教材例と活動案をあげる。中心義が既知である語の多義構造を学習したほうが学習者にとって意味の派生関係が理解しやすいと考え、『みんなの日本語』『大地』『げんき』で記載されている語を選定した。この論文では、「かける」、「みる」、「とる」について作成した。多義語動詞と共起する名詞については、NINJAL-LWP（htl.tsukuba.lagoist.info/search）などを用いて検索した。

5.3 活動のコンセプト

　活動の目的は3つある。1つは、学習者自身が自律的に多義語の複数の意味を整理する方法を示すことである。これは、語の「創造的使用」に該当すると考えられ、記憶定着を促進する。もう1つは、「気づき」を誘発する知識の定着である。「気づき」を誘発させ、意味推測能力を高めるために中心義から意味拡張をするという多義語の意味の本質を示す。最後の目的は、共

起する名詞によって意味が異なることを確認することである。共起名詞に着目させることは、未知の意味かどうかの「気づき」を誘発し、同時に語義選択能力の育成につながると考えた。

　これら３つの目的を達成させるために、共起名詞をカテゴリーに分類する活動を提案する。このような活動は、共起名詞のカテゴリー化と呼ばれ、深い処理を促進すると言われている。「かける」「みる」「とる」の複数の意味のうち、共起名詞のグルーピングがしやすいと思われる語義を選び作成した。

教材例１【かける】

1.「○○をかける」の○○に入ることばを、下から選んで、５つのグループに分けましょう。完成したら、隣の人に見せて、□がどんなグループか説明してください。また、「かける」の意味はどんな意味になるのかも考えてください。

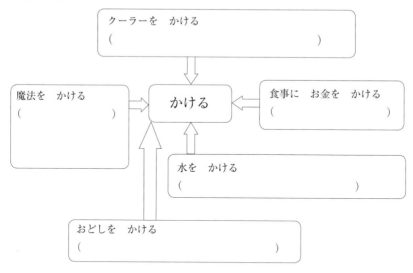

【応用問題：動詞編】
2.「かける」には、まだ意味があります。「かける」と一緒に使う名詞を3つ考えてください。自分と同じ名詞を考えた人を見つけてください。

教材例2【みる】
1.「○○をみる」の○○に入ることばを、下から選んで、4つのグループに分けましょう。完成したら、隣の人に見せて、□がどんなグループか説明してください。また、「みる」の意味はどんな意味になるのかも考えてください。

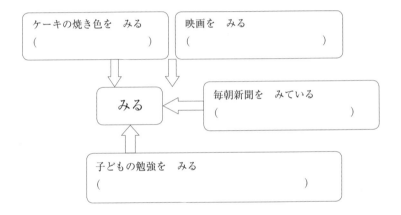

【応用問題】
2.「みる」には、まだ意味があります。「みる」と一緒に使う名詞を3つ考えてください。自分と同じ名詞を考えた人を見つけてください。

教材例3【とる】
1.「○○をとる」の○○に入ることばを、下から選んで、5つのグループに分けましょう。完成したら、隣の人に見せて、□がどんなグループか説明してください。また、「とる」の意味はどんな意味になるのかも考えてください。

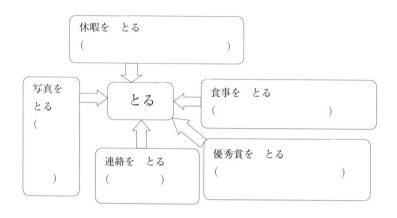

水分　コミュニケーション　映像　休み　朝食　2人の会話　栄養バランス　アポイントメント　野菜　カルシウム　予約　ビデオ　育休　メダル　休日　満点　学位　休憩　連携　動画　平均点　休息

【応用問題】
2.「とる」には、まだ意味があります。「とる」と一緒に使う名詞を3つ考えてください。自分と同じ名詞を考えた人を見つけてください。

5.4　指導の流れ

　「かける」の指導の流れについて説明をする。「かける」の場合は、以下の手順で指導を行う。(1)教師は、まず「かける」の中心的な意味を説明する。(2)共起名詞がカテゴリーに分かれることを説明し、学生に（　　　）の中に名詞を入れるという練習活動を行わせる。(3)辞書の記

述を参考に、メタファーやメトニミーといった意味拡張経路について説明を
行う。（4）グルーピングされた名詞の特徴について確認する。

　以上の流れで行うが、（3）については、辞書の意味説明を参考に教師が
自ら中心義と派生義の意味拡張を検討する必要がある。例えば、「かける」
の場合、中心義は、「上から置いて留める」（p. 140）と記述されており、派
生義【クーラーをかける】の意味拡張は、「鍵などをかけて、機械を作動させ
る」（p. 147）と説明されている。中心義と派生義の間には、「上に鍵を置き」、
その後「機械が動く」という時間的連続関係がある。このような時間的連続
関係は、メトニミーと呼ばれる。メトニミーとは、一方の事柄を表す形式
（ここでは、「かける」）を用いて、他方の概念を表す（ここでは、「機械が動
く」という意味を表す）意味拡張である。つまり、派生義【クーラーをかけ
る】は中心義からのメトニミーによって生じたと説明できる。また、派生義
【魔法をかける】の意味拡張は、「何かを始めるときは、上から手・足を置く。
相手に手をかけるように、相手に動作を行うから」（p. 146）と記載されてい
る。この説明を基にして意味拡張について検討すると、中心義と派生義に
は、「上から」という部分が類似している。ここから、派生義は中心義から
メタファーによって意味拡張していると学生に説明することができる。次
に、中心義と派生義【食事にお金をかける】の意味拡張について述べる。P.
141において、【食事にお金をかける】に該当する用法は「2a お金・時間な
どを投入する」と記述されている。意味拡張の経路としては、「圧力を加え
るように、お金・時間などを投入する」（p. 141）と記述されている。中心義
と派生義の辞書の意味説明から両者の類似点を検討してみると、食事にお金
を投入することが、食事という行為にお金を置いていくことであり、両者に
は「上から置く」という類似があるといえる。ここから、学生には、中心義
からメタファーにより意味拡張が生じたと説明ができる。さらに、派生義
【水をかける】への意味拡張について述べる。派生義【水をかける】の意味は
辞書においては、「物全体に液体・粉をまく」（p. 145）と記述されており、
中心義から「上から覆いかぶせる」という派生義を経て、当該用法が生じて
いる（p. 138）。辞書の記述を基に、中心義「上から置く」と当該派生義「全
体に水をまく」の間の類似点を検討すると、中心義と派生義の間には、「上

から物体が置かれる」という点に類似があるといえる。最後に、【おどしをかける】について説明を行う。【おどしをかける】とは、辞書においては、「人に迷惑・被害を与える」(p. 145) と記載されており、その意味拡張の経路は、中心義から「上から覆いかぶせる」という派生義を経て、当該用法が生じていると説明している (p. 145)。辞書の記述を基に、中心義と当該派生義の意味拡張関係を検討すると、中心義の「上から置く」という意味と派生義「人に迷惑を与える」という意味の間には、「上から置くように迷惑を与える」というメタファーの経路を見出すことができる。この点から、中心義から派生義へは、メタファーにより意味拡張が生じたと学習者に説明することができる。以上のように意味拡張経路の説明を行うが、辞書の意味拡張経路の記述をそのまま学習者に説明すると、混乱を招く可能性があるので、あくまでも辞書の記述は参考程度にし、教師自身が学習者が納得できる経路を導き出す必要があると考える。活動の (4) の段階では、共起名詞のグループをクラス全体で確認し、共起名詞に共通する特徴は何かを考えさせる。なお、この時に、共起名詞によって派生義の意味が異なることを確認し、辞書で語義検索する場合、共起名詞に着目するよう指導を行う。

　「かける」については、以上の指導を提案する。しかし、この教材案で取り上げた「かける」の意味は一部である。そのため、時間の余裕がある場合は、応用活動として、共起名詞をクラスで連想していく活動を行うのが良いだろう。この活動においては、学習者が知っている「かける」の用法が提示されるか、もしくは、学習者が「かける」と共起可能であると考えている名詞が提示されると考えられる。学習者からあげられた共起名詞を学習者とともに用法分類していくことで、「かける」が持つ複数の用法全体を整理していくことが可能になる。

　次に、「みる」と「とる」の指導の流れを提示する。大筋の流れは、「かける」の指導の流れ (1) ～ (4) と同じである。よって、ここでは、各語の意味拡張経路のみ説明したい。「みる」の中心義は、p. 477 において「目で知覚する」と記述されている。派生義【映画をみる】について述べると、意味拡張経路は p. 478 にて「目で見て、内容を楽しむ」と説明されている。ここから、「目で知覚し」その後、連続して「楽しむ」という点が生じてい

ると説明できる。派生義【映画をみる】は、中心義からのメトニミーによる
意味拡張であると説明できる。また、派生義【子どもの勉強をみる】につい
て述べると、意味拡張経路については、該当する用法において「勉強・仕事
などの様子を見て、必要な指導をするから」(p. 481) と記述されている。こ
こから、中心義「様子を見る＝目で知覚する」と「指導する」が、連続して
生じているため、時間的な隣接関係にあり、中心義からのメトニミーによる
意味拡張であると理解できる。また、派生義【毎朝新聞をみている】につい
て述べると、その意味は、「資料・書類を理解する」(p. 479) と記述されて
いる。そして、意味拡張については、「資料・書類を目で知覚して理解する
場合」(p. 479) と説明されている。この記述から、派生義【毎朝新聞をみて
いる】は、中心義「目で知覚する」から「内容を理解する」という時間的な
隣接関係であるメトニミーによる意味拡張であると説明できる。最後の派生
義【ケーキの焼き色をみる】について述べる。【ケーキの焼き色をみる】の用
法の意味は、p. 479 において「外見から状態を分析する」と記述されてい
る。その意味拡張の経路は、p. 479 にて「外見を知覚して、状態を分析する
場合」と説明されている。これらの辞書の記述を基に意味拡張経路を考える
と、中心義「目で知覚し」た後、派生義「状態を分析する」という行為が生
じることから、両者の間には時間的な隣接関係があり、当該派生義はメトニ
ミーによる意味拡張であると説明ができる。

　次に、「とる」の意味拡張について述べる。「とる」の中心義は、「物を手
でつかんで持つ」(p. 350) である。派生義【休暇をとる】の用法の意味説明
は、「許可・資格などを得る」(p. 357) であり、その意味拡張経路は、「相手
から物をもらうように許可・資格などを得るから」(p. 357) である。すなわ
ち、中心義と派生義の意味を考えると、中心義から派生義【休暇をとる】へ
の意味拡張経路は辞書が想定するように、2 段階を経ると考えることができ
る (p. 348)。中心義「物を手でつかんで持つ」という行為から「自分のもの
とする、もらう」という意味が生じ、この意味が許可資格を得ることに類似
しているため、当該派生義が生じたと説明することができる。つまり、派生
義【休暇をとる】は、中心義からメトニミーによる意味拡張で新たなる意味
が生じ、さらに、その意味がメタファーによる意味拡張を行ったことで生じ

た意味であると述べることができる。次に、派生義【食事をとる】について説明を行う。当該派生義の意味は、p. 355 の該当用法において「体が栄養などを吸収する」と説明されている。そして、意味拡張の経路は、「人が物をもらうように、体が栄養などを吸収する」(p. 355) と記述されている。これは、先ほどの【休暇をとる】の意味拡張の説明と重複しており、当該派生義の意味拡張経路は、次のように説明ができる。まず、中心義からメトニミーにより意味拡張し、「相手から物をもらう」という意味が生じた。そして、その意味が「体が栄養を吸収する」という行為と類似しており、その結果当該派生義の意味が生じたと考えられる。ここから、派生義【食事をとる】の意味拡張経路は、中心義からのメトニミー＋メタファーであると説明できる。3 つめの派生義【連絡をとる】の意味拡張経路であるが、p. 357 の該当用法において「相手から物をもらうように、相手から連絡・約束をもらって関係を持つ」と説明されている。前述した 2 つの派生義の意味拡張経路の説明と同様に、中心義からのメトニミーによる意味「相手から物をもらう」が、「相手から連絡・約束をもらって関係を持つ」と類似している。ここから、メタファーによる意味拡張であると説明できる。また、派生義【優秀賞をとる】であるが、意味拡張の経路は「相手から物をもらうように、結果・成績などを得るから」と説明されている (p. 357)。これも、前述の 3 つの用法と同じように、中心義からのメトニミーによる意味「相手から物をもらう」が、「結果・成績などを得る」と類似していると理解できる。つまり、メタファーによる意味拡張であると説明できる。最後の派生義【写真をとる】であるが、意味拡張の説明が「物を他に移すように、記録を移して残すから」(p. 353) とある。「物を他に移す」ということは、中心義「物を手でつかんで持つ」ということが含まれる。したがって、中心義からのメトニミーによって生じた意味「物を他に移す」があり、その意味が「記録に移して残す」という行為と類似していると理解できる。つまり、中心義からのメトニミー＋メタファーの意味拡張であると説明できる。

　以上のように、この論文が提案する活動、教材例に関して説明を行ったが、これらの活動を遂行する重要なポイントは、教師自身が辞書を参考に多義語の意味構造について自分なりの考察を行うことである。

6. おわりに

　この論文では、どのような多義語教育を行うべきかについて検討し、学習者の自律的な多義語学習を支援する活動及び教材を検討した。この論文が提案した教材は、現在市販されている多義語辞典を利用したもので、辞典に掲載されている意味ネットワークを使うことで、意味の本質や辞書検索における語義選択ストラテジーの育成を行うものである。また、このようなストラテジーの指導は、語1つを指導したから終わりとするのではなく、定期的に語を取り上げ、指導を行うことでストラテジーの使用が習慣化していくと考えられる。

　今後の課題として、2つの点があげられる。第1に多義語学習を可能にする読みものの開発である。現在の多義語教育の教材は、小野・小林・長谷川（2009、2010）のみである。小野他（2009、2010）は上級者を対象にし、練習問題を中心に構成されている。様々なレベルの学習者に様々な学習ツールを提供するという意味でも、レベル設定を行った多義語学習のための読解教材が必要ではないだろうか。第2の課題として、多義語の辞書検索指導法の開発である。多義語の二言語辞書使用については、混乱が見られることが既に指摘されている。どのような混乱が生じているのか、詳細に記述し、どのような指導が可能なのか検討する必要があるだろう。辞書の使用については、鈴木（2013）などで研究されているが、主に作文における辞書の使用である。混乱が見られる読解における多義語検索についてはまだ報告されていない。引き続き以上の2点について研究を行いたい。

参考資料

『日本語多義語学習辞典　名詞編』荒川洋平（編著），アルク，2011.

『日本語多義語学習辞典　形容詞編』今井新吾（編著），アルク，2011.

『日本語多義語学習辞典　動詞編』森山新（編著），アルク，2012.

『みんなの日本語 初級Ⅰ・Ⅱ 第2版 本冊』スリーエーネットワーク（編著），スリーエーネットワーク，2012，2013.

『初級日本語 げんきⅠ・Ⅱ 第2版』坂野永理・池田庸子・大野裕・品川恭子・渡嘉敷恭子

（著），The Japan Times，2011.

『日本語初級 1・2 大地』山﨑佳子・石井怜子・佐々木薫・高橋美和子・町田恵子（著），ス
リーエーネットワーク，2008，2009.

引用文献

麻生迪子・小森和子（2012）「多義語の意味学習を促進する処理水準の効果」『小出記念日
本語教育研究会論文集』20，pp. 79-92.

石黒圭・鳥日哲・劉金鳳・布施悠子（2017）「文章理解過程における日本語学習者の多義語
の意味把握——文脈的手がかりを用いて——」『2017 年度日本語教育学会秋季大会予
稿集』pp. 24-33.

小野正樹・小林典子・長谷川守寿（2009）『コロケーションで増やす表現 vol.1——ほんきの
日本語——』くろしお出版.

小野正樹・小林典子・長谷川守寿（2010）『コロケーションで増やす表現 vol.2——ほんきの
日本語——』くろしお出版.

國廣哲彌（1982）『意味論の方法』大修館書店.

小森和子・三國純子・近藤安月子（2004）「文章理解を促進する語彙知識の量的側面——既
知語率の閾値探索の試み——」『日本語教育』120，pp. 83-92.

鈴木智美（2013）「日本語学習者のための辞書使用のスキル養成のポイント——留学生の辞
書使用に関するアンケート調査自由記述欄の SCAT による質的分析を通して——」
『東京外国語大学論集——area and culture studies——』86，pp. 131-158.

藤原未雪（2017）「上級日本語学習者が小説を読むときに見られる誤読」『読書科学』59
(2)，pp. 43-57.

松田文子（2000）「日本語学習者による語彙習得——差異化・一般化・典型化の観点か
ら——」『世界の日本語教育』10，pp. 73-89.

Craik, F. I. & Lockhart, R. S. (1972) Levels of processing: A framework for memory
research. *Journal of Verbal Learning and Verbal Behavior* 11 (6), pp. 671-684.

Hulstijn, J. H. (1992) Retention of inferred and given word meanings: Experiments in
incidental vocabulary learning. In Pierre J. L. Arnaud & Henri Béjoint (eds.)
Vocabulary and applied linguistics, pp. 113-125. London: Palgrave Macmillan.

Imai, Shingo (2012) Development of a learners' dictionary of polysemous Japanese words
and some proposals for learners' lexicography. *Acta Linguistica Asiatica* 2 (3), pp. 63-
76.

Jiang, N. (2002) Form-meaning mapping in vocabulary acquisition in a second language.
Studies in Second Language Acquisition 24 (4), pp. 617-637.

Langacker, R. W. (2008) *Cognitive grammar: A basic introduction*. Oxford: Oxford University

Press.［ラネカー，R. W.『認知文法論序説』山梨正明（監訳），研究社，2011.］

Laufer, B.（1989）A factor of difficulty in vocabulary learning: Deceptive transparency. *AILA review* 6（1）, pp. 10–20.

Laufer, B., & Hulstijn, J（2001）Incidental vocabulary acquisition in a second language: The construct of task-induced involvement. *Applied Linguistics* 22（1）, pp. 1–26.

Luppescu, S., & Day, R. R.（1993）Reading, dictionaries, and vocabulary learning. *Language Learning* 43（2）, pp. 263–279.

Nation, I. S.（2013）*Learning vocabulary in another language* second edition. Cambridge: Cambridge University Press.

Nation, I. S. & Webb, S. A.（2011）*Researching and analyzing vocabulary*. Boston: Heinle, Cengage Learning.

教材例の答え

クーラーをかける（エアコン、エンジン、ブレーキ、冷房）
食事にお金をかける（費用、時間、年月、コスト）
水をかける（ソース、汁、ドレッシング、お湯、マヨネーズ）
おどしをかける（プレッシャー、負荷、負担）
魔法をかける（呪い、技、おまじない）

ケーキの焼き色をみる（新製品の出来、機械の状態、エンジンの調子、コンピューターの動き）
映画をみる（ニュース、動画、映像、テレビ）
毎朝新聞をみる（文章、本、書籍、テキスト、メール）
子どもの勉強をみる（娘の宿題、息子のサッカーの練習、おばあちゃんの面倒、後輩の仕事の仕方）

休暇をとる（休み、育休、バカンス、休日、休息、休憩）
食事をとる（水分、コミュニケーション、朝食、栄養、野菜、カルシウム）
優秀賞をとる（メダル、満点、学位、平均点）
連絡をとる（コミュニケーション、アポイントメント、予約、連携）
写真をとる（映像、2人の会話、ビデオ、動画）

第16章

語彙習得研究の成果を踏まえた震災関連語彙の教材化

小口悠紀子・畑佐由紀子

1. はじめに

「初めての地震でした。津波が見えた時、怖くて全然走れなかった。人生は終わりだ、さようならお母さん…と思いました。」(外国人被災者の感想)

1995年の阪神・淡路大震災では家屋の倒壊や火災による外国人犠牲者が170名以上にも及んだ。2011年の東日本大震災では、7万5千人を超える外国籍住民が突然「被災者」となり、津波の記憶や余震の恐怖を抱えながらの生活を強いられた。「高台」「避難」という日本語が理解できず逃げ遅れたケースや、震災後の生活において「給水」「配給」といった言葉の壁に、避難所を早々に退去したり、行くのを諦めたりした人もいた。

こうした問題を機に、減災のための「やさしいにほんご」の考案が進み、行政においても多言語表記の案内を準備するなどの対応が行われている。しかし、災害発生時から多言語での支援体制が整うとされるまでの72時間は、日本語能力が十分でない初・中級レベルの学習者が情報弱者として困難に陥る可能性が依然高い。そこで、この論文では防災学習と震災関連語彙学習を連携させ、初・中級学習者の語彙習得を支援するための「よみもの」を提案する。具体的には、学習者が読む活動を通して防災意識を高めつつ、震災関連語彙を付随的に学習できるよう、語彙習得研究や付随的語彙学習(incidental learning)の研究の知見を活かした多読用教材を作成する。

この論文の流れとして、**2.** と **3.** では、付随的語彙学習について語彙習得研究の成果について論じる。**4.** では、読解教材の作成にあたり留意すべき点をまとめ、**5.** では、先行研究をもとに作成された語彙リストを提示し、さらにそのリストを選定した理由を述べる。**6.** で教材案を示す。最後に **7.** でこの論文のまとめと限界点を述べる。

2. 人は語彙をどのように獲得するのか

円滑なコミュニケーションを遂行するためには、語彙の獲得が不可欠である。ただし、膨大な数の語彙を意図的に学習するのは非常に困難である。例えば、（日常の身近な話題に限らず）幅広い場面で使われる日本語をある程度理解することができるレベルだと言われる日本語能力試験 N2 に合格するには、6,000 語の語彙を学習すべきだと言われている。また、災害時に外国人を救うために必要だとされる「やさしい日本語」の語彙数は約 2,000 語である（佐藤 2009）。これらを全て意図的に学習することは学習者の負担が大きいばかりでなく現実的ではない。では、学習者は膨大な語彙をどのように獲得していけばよいのだろうか。また、教師はいかにして学習者に効率的な語彙学習の機会を提供できるだろうか。

母語を習得する場合、子どもは語彙の半数以上を学校教育ではなく日常的なインプットから付随的に獲得している（Nagy, Herman & Anderson 1985、Steinberg 1987）。つまり、母語話者は内容理解に重きを置いた読解や聴解の活動を通し、その副産物として語彙を習得しているのである。このような学習法を「付随的語彙学習」と呼ぶ。近年では、第二言語習得においても付随的語彙学習の効果の検討が進むと共に、文脈の中で語彙を学習することの重要性がコミュニケーション重視の言語教育の流れから注目されている。

3. 「付随的語彙学習」は語彙習得に効果があるのか

第一言語習得の分野では、多読を通して語彙習得が促進されたという結果が報告されている（Na & Nation 1985、Krashen 1993、Huckin & Coady 1999）。また、第二言語習得においても、文脈やインターアクションを通して視覚、聴覚提示された語彙は習得されやすいことが分かっている

（Paribakht & Wesche 1999、Nation 2001）。こうした研究は、付随的語彙学習の語彙習得への効果を支持するものである。

では、なぜ文章を読む行為が、学習者の語彙習得に効果的に働くのだろうか。考えられる理由の1つとして、文脈からの類推というストラテジーの影響が挙げられる。例えば新聞や小説を読んでいる際に未知語に遭遇した場合、多くの人が前後の文脈から意味を推測しようと試みるであろう。このような文脈からの類推は、言語情報をより深く処理しネットワーク構築に役立つことから、語彙習得を促すと考えられている（Ooi & Kim-Seoh 1996）。

しかし、どのようなテキスト教材も語彙習得に効果的であるとは限らない。次節では、付随的語彙学習を促す教材とはどのような教材かを見てみよう。

4. どのような教材が付随的語彙学習を促すのか

日本語学習者が未知語と遭遇した際に、文脈からの類推を成功させるためには、テキストに書かれている内容（インプット）が理解可能であり、かつ類推を行うだけの言語能力を備えていることが必要となる。これについて、英語でテキストの内容を読んで理解するためには95 〜 98％程度の既知語率が必要だと報告されている（Laufer 1989、Nation 2001）。一方、日本語では、出現する語彙の95 〜 96％程度が既知語でなければならないことが分かっている（小森・三國・近藤 2004）。

英語教育の分野では、こうした背景を考慮した上で、様々な多読用テキスト教材（graded readers）が開発されている（Nation & Wang 1999）。これは、語彙数を制限したり、文章量や文法事項を調整したりすることで、学習者が辞書なしで読み、楽しめるように作られたテキストである。しかし、日本語の付随的語彙学習を促すテキストの教材開発はまだ十分進んでいない（畑佐2012）。特に非漢字圏学習者の場合、漢字そのものの習得に時間がかかるため、中級でも一般のテキストを読めるほどの語彙知識は期待できない。したがって graded reader のように語彙数を制限し難易度を下げたテキストは、付随的語彙学習を支援するためには有効であると考えられる（畑佐 2012: 11）。

そこで、この論文では、多読を通した付随的語彙学習を、震災関連語彙の

学習にも応用できると考え、教材開発を提唱する。なお、日本語多読用教材としては『レベル別日本語多読ライブラリー（にほんごよむよむ文庫）』（アスク出版）、『にほんご多読ブックス』（大修館書店）があるが、これらはあくまでも楽しく読めることに焦点があり、特定の語彙を学習させることを目的として作成された教材ではない点においてこの論文の趣旨とは異なる。この論文で提案する多読教材は必ずしも楽しく読めることを念頭に置くわけではないが、学習者の付随的語彙学習を支援するために、既習語彙の割合や文法のレベルなどを調整し、より読みやすい教材となるよう工夫を凝らした。

5. 震災関連重要語彙リストの選定

　この論文で作成する教材は、日本語学習者が災害時に遭遇する日本語語彙の理解を支援することを目的とする。そこで、日本語非母語話者の減災を主目的として作成された語彙リストのうち、学習者がインプットを受けると想定される媒体から震災関連重要語彙を選定した松田（1996）を用いて教材を作成する（表1）。ただし表1には、日本語教育現場において、この語彙リストを教師が教材作成に活かしやすいよう、各語彙に対し旧日本語能力試験の級を追加した。なお、各語彙における級判定には、日本語読解学習支援システムである「リーディングチュウ太」を利用した。2018年現在、「リーディングチュウ太」で判定できるのは旧日本語能力試験1〜5級の出題基準を参考にした級であるが、この論文ではサイト上の表記に従い、これ以降「N1」〜「N5」の形で表記するものとする。

表1　震災関連重要語彙リスト（松田1996改）

(1) 最重要語彙

＜状況把握・注意情報＞	日本語能力試験
地震	N4
震度	―
余震	―
津波	N1
警報	―
避難（〜する／所）	N1

(2) 重要語彙

＜状況把握・注意情報＞	日本語能力試験
マグニチュード	―
震源（地）	―
揺れ（る）	N1 (N4)
出火	―
消火（器）	―
火の元	―

火災	N2、N3		始末（火の後〜）	N1
火事	N4		落下	N1
燃える	N2、N3		倒壊	—
消す	N5		被害	N2、N3
ガス漏れ	（ガス）N4、		安全	N4
元栓（ガスの〜）	—		被災者	—
けが	N4		災害	N1
救急（〜車/病院）	—		死者	—
消防（〜車・署）	N2、N3		亡くなる	N4
警察	N4		行方不明	N1
救助	N2、N3		安否	—
危険	N4		家屋	N2、N3
近づく（〜ない）	—		亀裂	—
注意（〜報/頭上〜）	N4		ライフライン	—
禁止（立ち入り/使用）	N2、N3		復旧	N1
崩れ（る）（がけ/土砂）	N2、N3		見通し	N1
不通	N2、N3		非常口	—
通行止め	—		確認する	N2、N3
停電	N2、N3		**＜生活・支援情報＞**	
断水	N2、N3		炊き出し	—
給水（車）	—		医療品	N2、N3
医師	N2, 3		医療	N2、N3
緊急（〜避難）	N1		コーナー（情報〜）	N1
情報	N2, 3		フリーダイヤル	—
＜生活・支援情報＞			問い合わせ	N2、N3
救援物資	N1		ボランティア	—
連絡（〜する/先）	N4		ホットライン	—
通訳	N2、N3		無料（〜電話/診療）	N2、N3
相談窓口	N2、N3			
大使館	N5			
領事館	—			
ダイヤル	N2、N3			

6. 震災関連語彙の習得を促すよみものの提案

6.1 教材のテーマと作成手順

Laufter & Hulstijn（2001）は付随的語彙学習を促すには、学習者自身が自分にとって重要であり学ぶ必要性があると感じられるタスクを行うことが重要であると述べている。そこで、学習者の興味や読みやすさを考慮し、教材のテーマを「震災経験者の語り」に設定する。その理由は、オンラインや書籍で入手可能であり、話し言葉の使用など臨場感があり、被災していない学習者にも当時の情景が浮かぶような表現が多く使用されているからである。この教材は、（著作権の関係により）東日本大震災で被災した複数の小・中学生の語りやニュース記事を参考に、筆者が作成したものであるが、実際の作文を用いることができれば、より真正性の高い内容を学習者に提供できるであろう。

日本語学習者の中には、日本に来て初めて地震を経験する学習者も多く、当事者性や興味の高さもこのテーマを選んだ理由の1つである。1995年、2011年の大震災では、英語も日本語も不自由な外国人が避難や避難生活に必要な情報を得ることができず、二重に被災したとされる。実際の被災地では、手書きの案内板などを読む機会、日本語での速報から情報を得なければならない機会が多いと言われる。特に限られたスペースに書かれる案内には漢字語彙が多用されるため、読めなくても理解できるようにしておく必要性は高い。

そこで、より多くの学習者に使える教材となるよう、以下に示す教材は語彙レベルを中級レベル（N2相応）と初級レベル（N4相応）に設定した。中級レベルには、表1の語彙リストより、最重要語彙5語と、重要語彙3語を含めた。初級レベルは、最重要語彙4語、重要語彙2語を含めた。このうち「余震」「給水」「炊き出し」「ボランティア」が級外、「避難」が旧日本語能力試験1級と判定された。つまり、中級学習者の場合約152語のうち5語が、初級学習者の場合約112語のうち5語が未知語であると想定され、およそ96～97％が既習であるという想定である。なお、未知語の意味推測が容易になるように文脈には配慮した。

この論文で提案する教材の作成手順を以下に示す。

① 教材、テーマを選定する（必要に応じてリライトする）。
② 付随的語彙学習を目的とする語彙を文章中に埋め込む、もしくは文章中に頻出する語彙を付随的語彙学習のターゲットとし、出現数を調整する。
③ 語彙、漢字、文法のレベル判定ツールにかけ95％以上の語彙が学習者に理解可能になるよう調整する（レベルに応じてふりがなや言い換え等修正する）。

なお、既知語率の操作には、日本語能力試験の出題語彙を基準として、オンラインで無料で使用できる日本語読解学習支援システム「リーディングチュウ太」等を利用すると便利である。

今回選定した震災関連語彙は、震災をはじめとする災害直後のニュース番組や避難所で以下のように使用されている。ここから、これらの語彙を理解することは、避難生活において重要な情報を得るために必要であることが分かるであろう。

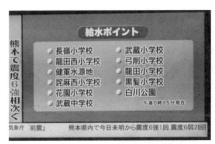

6.2 教材

　上記手順に従い作成した多読教材の１つとして、レベルが異なる「よみもの」と、「資料」を示す。「よみもの」の星の数は難易度（★—初級、★★—中級）を示すものである。レベル設定には、リーディングチュウ太をもとに算出した語彙の既知率と、震災関連語彙の語数を操作したほか、日本語能力試験各レベルの文法形式を参照し、文の長さにも配慮した。「資料」は、どちらのレベルでも読みやすい長さの文章を用いつつ、「よみもの」に含まれる震災関連語彙を再提示する構成になっている。「よみもの」のあとで、語彙の強化や確認のために必要に応じて使用できるよう工夫した。

（１）初級用教材（よみもの）

３月１１日　　Level ★

　３月１１日、小学校で 勉強しているとき、大きい 地震がありました。わたしたちは 机の下に入って、3分くらい 待ちました。そのあと、先生と友だちと いっしょに 体育館へ 行きました。体育館の中に人が たくさんいました。でも、家族は いませんでした。

　３月１２日の朝、体育館に 父と母と 妹が 来ました。わたしは うれしくて 泣きました。父と母と 妹も 泣きました。父が「食べ物や水を もらうことができるから、今から 避難所へ 行こう。」と言いました。そして わたしたちは 避難所へ行きました。

　避難所は あまり 便利じゃありませんでした。たとえば、顔を 洗ったり、歯をみがいたりするとき 水が出ませんでした。お風呂も 入ることが できませんでした。だから、給水車まで 水を もらいに行きました。1日1回、避難所に 給水車が 来ました。たくさんの 人が 給水車から 水を もらいました。

　それから、毎日3回、炊き出しをもらいました。炊き出しは あたたかい ご飯や カレーがありました。炊き出しは ボランティアの人が 作ってくれました。家族と いっしょに 炊き出しを 食べました。とても おいしかったです。

　避難所で 寝ているとき、余震が たくさん ありました。余震のとき、すぐに 机の下に入りました。大きい余震も 小さい余震も ありました。余震は、とても こわかったです。

　避難所で、やさしい人に たくさん 会いました。いろいろな 国から ボランティアの人が来ていました。わたしも 大人になったら、ボランティアをしたい と思いました。

第16章　語彙習得研究の成果を踏まえた震災関連語彙の教材化　|　241

（2）中級用教材（よみもの）

３月１１日　Level ★★

　３月１１日、わたしは小学校で勉強していました。「あっ！」と先生が言ったとたん、大きなゆれがきました。わたしたちは机の下に入り、ゆれが終わるまで３分くらい待ちました。そのあと、先生と友だちといっしょに体育館へ行きました。体育館の中には人がたくさんいました。わたしは家族を探しました。しかし、家族はいませんでした。夜、友だちの家族といっしょに寝ました。

　３月１２日の朝、体育館に父と母と妹が来ました。その時、わたしは安心して泣きました。すると、妹も泣きました。父と母も泣きました。わたしは「早くうちへ帰りたい。」と言いました。すると、父が「家は崩れてしまった。」と言いました。そして、「食べ物や水がもらえるから、今から避難所へ行こう。」と言いました。わたしたちはすぐに避難所へ行きました。家の近くの高校が避難所でした。

　避難生活はいつもの生活と違いました。例えば、顔を洗ったり、歯をみがいたりするときは、水が必要でした。でも、水道から水は出ませんでした。断水していたからです。だから、何回も給水車まで水をもらいに行きました。１日１回、避難所に給水車が来ると、たくさんの人が水をもらうため、給水車の前に集まりました。毎日寒いからお風呂に入りたかったですが、断水のため、入ることができませんでした。

　毎日３回、炊き出しがありました。炊き出しはあたたかいご飯やスープがありました。炊き出しをもらうと、家族といっしょに食べました。炊き出しはボランティアの人が作ってくれました。とてもおいしかったです。

　避難所で寝ているとき、何回も余震がありました。余震がくると、すぐに机の下に入りました。大きい余震も小さい余震もありました。「また、とても大きなゆれがきて、避難所が崩れたらどうしよう・・・」と何回も思いました。だから、余震のあとはこわくて、あまり寝ることができませんでした。寝られないときは、いつもお母さんが頭をなでてくれました。

　避難所で、新しい友だちがたくさんできました。やさしい人にもたくさん会いました。いろいろな国からボランティアの人がたくさん来てくれました。わたしも大人になったら、ボランティアをして、困っている人を助けたいと思いました。

（3）資料

地震のまえにしたほうがいいです！

1. 水

水をたくさん買ったほうがいいです。
地震のあと、断水しましたから、
シャワーやトイレのとき、水がなくて大変でした。

2Lの水を買ってください。
断水のとき、水がありませんでした。
給水車から水をもらうとき、
古いペットボトルを使いました。

2. 避難所はどこ？

揺れたあと「避難所はどこですか」と友だちに聞こうと思いましたが、電話が使えませんでした。
だから、となりの家のおばあさんといっしょに避難所へ行きました。

余震がたくさんあったから、1人で家にいたくありませんでした。
友だちの家は少し崩れてしまいました。

避難所は近くの大学でした。大きな部屋でたくさんの人が寝ていました。みなさんの避難所はどこですか？チェックしたほうがいいです。

3. 食べもの

地震から2日間は食べものがありませんでした。3日目からボランティアの人が炊き出しを作ってくれました。おいしかったです。

避難所も家も食べものが少なくておなかがすいていました。
炊き出しでスープをもらいました。

6.3 教材に含まれる震災関連語彙数の内訳

上記教材に含まれる震災関連語彙数の内訳は以下の通りである。レベルに
も依るが、中級レベルでは「地震」を除くと、1つのよみものに2回〜7回
の出現数であり、資料も合わせると1番多い「避難」で13回出現している。

日本語を対象とした研究はまだないが、他の言語習得を対象にした先行研
究では、文章を通して付随的にある語が学習され定着するのに、6回
(Saragi, Nation, & Meister 1978、Rott 1999) から10回以上 (Jenkins, Stein,
& Wysocki 1984) の遭遇が必要だと言われている。また、習熟度が低い場合
にはさらに多くの遭遇回数が必要になると指摘されている (Zahar, Cobb &
Spada 2001)。この論文の教材は、対象とした震災関連語彙の全てが上述の
基準を満たす回数出現するわけではないが、文脈の流れや自然さを考えると
使用できる回数にも限界がある。学習者への語彙の定着を図るには、この論
文で提示したような資料を活用した前後の活動や、他のよみものの中での遭
遇回数を増やす必要があろう。

表2 教材に含まれる震災関連語彙数の内訳

最重要語彙	JLPT	よみもの(回) 中級	よみもの(回) 初級	資料(回) —	重要語彙	JLPT	よみもの(回) 中級	よみもの(回) 初級	資料(回) —
地震	N4	0	1	3	揺れ(る)	N4	3	0	1
余震	級外	5	5	1	炊き出し	級外	4	4	2
避難	N1	7	6	6	ボランティア	級外	3	3	1
崩れ(る)	N2, 3	2	0	1					
断水	N2, 3	2	0	2					
給水	級外	3	3	1					

7. おわりに

この論文では、付随的語彙学習に関して論じ、初・中級学習者の震災関連
重要語彙の習得を支援するため、防災学習で使用することを想定した多読教
材の1つを提案した。ここではこの論文の限界を述べる。

この論文で扱った震災関連重要語彙リストは阪神・淡路大震災の直後に作
成されたものであることから、東日本大震災のように津波により多くの死
者・行方不明者が出た震災のほか、西日本を中心に河川の氾濫や洪水、土砂

災害による大きな被害が出た平成 30 年 7 月豪雨などと比較すると、重要とされる語彙が異なる可能性がある。そういった点に関しては、各地域において想定される災害についての語彙を教材作成者が収集し、適宜加えていく必要があることは言うまでもない。

　この論文では、非常時対応のための語彙教材を作成したが、語彙の選定はこれに限る必要はなく、様々なテーマについて付随的語彙学習を促す教材を作成することが可能である。例えば森（編）(2016) に記載されている「理工系留学生のための語彙シラバス」「就労者のための語彙シラバス」「外国人看護師のための語彙シラバス」「外国につながる子どもたちのための語彙シラバス」などといった語彙リストを利用すると便利であろう。この論文が、学習者のための様々なよみものを作成する際の参考になり、学習者の語彙学習や習得の支援に繋がれば幸いである。

調査資料

日本語読解学習支援システム「リーディング・チュウ太」(http://language.tiu.ac.jp/)
　　　(2018 年 1 月)
『レベル別日本語多読ライブラリー (にほんごよむよむ文庫)』NPO 法人日本語多読 (監修),
　　　アスク出版.
『にほんご多読ブックス』NPO 法人日本語多読 (監修), 大修館書店.

引用資料

http://www.itmedia.co.jp/news/articles/1611/22/news068.html
http://blog.canpan.info/ivusa/archive/389
http://www.city.funabashi.lg.jp/bousai/taisaku/p026036.html
https://twitter.com/KEYTALKtweet/status/721229604942254080

引用文献

小森和子・三國順子・近藤安月子 (2004)「文章理解を促進する語彙知識の量的側面 —— 既
　　　知語率の閾値探索の試み ——」『日本語教育』120, pp. 83–92.
佐藤知之 (2009)「外国人被災者のための地震災害基礎語彙シソーラス試案」『「やさしい日

本語」の構造』(http://human.cc.hirosaki-u.ac.jp/kokugo/saigaikisogoi-sian.pdf (1 月15 日))

畑佐由紀子 (2012)「第一部 語彙と習得 総論」畑佐一味・畑佐由紀子・百濟正和・清水崇文 (編)『第二言語習得研究と言語教育』pp. 2-22, くろしお出版.

松田陽子 (1996)「非常時の対応のための日本語教育 —— 阪神大震災関連調査からの考察 ——」『日本語教育』92, pp. 13-24.

森篤嗣 (編)(2016)『ニーズを踏まえた語彙シラバス』くろしお出版.

Huckin, T. & Coady, J. (1999) Incidental vocabulary acquisition in a second language: A review. *Studies in Second Language Acquisition* 21, pp. 181-193.

Jenkins, J. R., Stein, M. L., & Wysocki, K. (1984) Learning vocabulary through reading. *American Educational Research Journal* 21 (4), pp. 767-787.

Krashen, S. (1993) *The power of reading: Insights from the Research*. Englewood, CO: Libraries Unlimited.

Laufer, B. (1989) What percentage of text-lexis is essential for comprehension? In C. Lauren & M. Nordman (eds.) *Special language: From humans thinking to thinking machines*, pp. 316-323. Clevedon: Multilingual Matters.

Laufer, B. & Hulstijn, J. (2001) Incidental vocabulary acquisition in a second language: The construct of task-induced involvement. *Applied Linguistics* 22 (1), pp. 1-26.

Na, Liu & Nation, I. S. P. (1985) Factors affecting guessing vocabulary in context. *RELC Journal* 16 (1), pp. 33-42.

Nagy, W. E., Herman, P. & Anderson, R. C. (1985) Learning words from context. *Reading Research Quarterly* 20, pp. 233-253.

Nation, P. & Wang, K. (1999) Graded readers and vocabulary. *Reading in a Foreign Language* 12 (2), pp. 355-380.

Nation, I. S. P. (2001) *Learning vocabulary in another language*. Cambridge: Cambridge University Press.

Ooi, D. & Kim-Seoh, J. L. (1996) Vocabulary teaching: Looking behind the word. *ELT Journal* 50, pp. 52-58.

Paribakht, T. S. & Wesche, M. (1999) Reading and "incidental" L2 vocabulary acquisition: An introspective study of lexical inferencing. *Studies in Second Language Acquisition* 21, pp. 195-224.

Rott, S. (1999) The effect of exposure frequency on intermediate language learners' incidental vocabulary acquisition and retention through reading. *Studies in Second Language Acquisition* 21 (4), pp. 589-619.

Saragi, T., Nation, I. S. P. & Meister, G. F. (1978) Vocabulary learning and reading. *System* 6

(2), pp. 72-78.

Steinberg, R. J. (1987) Most vocabulary is learned from context. In M. G. McKeown & M. E. Curtis (eds.) *The nature of vocabulary acquisition*, pp. 89-105. Hillsdale, NJ: Erlbaum.

Zahar, R., Cobb, T., & Spada, N. (2001) Acquiring vocabulary through reading: Effects of frequency and contextual richness. *The Canadian Modern Language Review* 57, pp. 541-572.

あとがき

山内博之

　江戸時代には、「寺子屋」という教育機関が存在した。寺子屋は個人もしくは親子で運営されることが多く、私立であり、その開設には幕府や藩の許認可がいらなかった。そのため、正確にいくつ存在したかがわかりにくいのだが、髙橋（2007）によると、19世紀には、日本中に数万の寺子屋が存在したのではないかとのことである。つまり、少なく見積もっても数万人の師匠（教師）たちが存在したわけである。

　寺子屋に関する資料を読んでいくと、とても驚かされることがある。それは、寺子屋の師匠たちの能力の高さと存在感である。寺子屋では一斉授業の形式はとらず、それぞれの寺子（生徒）の学力やニーズに合わせて師匠がカリキュラムを決め、個別に手本（教材）を与えていたそうである。私も、個々の学習者の能力やニーズに合わせ、個別にカリキュラムを作成して教育を行うのが理想だとは思うが、現実には、とてもそのようなことはできない。

　また、寺子屋では、読み書きのみでなく、礼儀も教え、「礼儀なき子供は読み書きを学ぶ資格なし」が師匠の鉄則だったとのことである。師匠は寺子たちからとても尊敬されており、死後は寺子たちが墓碑や顕彰碑を建立することが多く、それらは筆子塚と呼ばれ、その総数は万単位に達すると考えられている。私も、学生たちのことを考えて日々教育を行っているつもりでは

あるが、私が死ぬ時に、何らかの碑を建立しようなどと考える教え子が1人でもいるだろうか。

寺子屋を主流とする教育という観点から見た江戸時代は、「教師の時代」と呼べるのではないだろうか。それぞれの生徒の能力とニーズに合わせてカリキュラムを設定して個別に教材を与え、それと同時に礼儀も教え、死後に教え子たちが碑を建立するというようなことは、教師たちの際立った存在感を示しているものと思われる。

江戸時代が「教師の時代」だとすると、現代は「教科書の時代」である。現在の小中学校においては、学習指導要領によって教えられる内容が定められており、それらの内容が収められた教科書の使用が義務づけられている。現在の小中学校は義務教育であり、江戸時代の寺子屋とは生徒の数も教師の数もまったく違う。だから、文科省は学習の内容を設定し、教科書の使用を義務づけることによって、教育の質がある一定水準になることを担保しているのであろう。

ただし、その一方で、現在の小中学校においては、江戸時代の寺子屋の師匠たちがしていたような「それぞれの生徒の能力とニーズに合わせてカリキュラムを設定して個別に教材を与える」という要素は欠落している。学習指導要領に基づいた教科書を使用するという安定感と、生徒の能力やニーズに合わせて個別に対応するというきめ細やかさとを同時に実現する教育はできないものだろうか。

私は、日本語教育にはその可能性があるのではないかと思う。学習指導要領にも縛られていないし、市販の教科書を使わなければならないわけでもない。だから、日本語教師は、教科書や教材をどんどん作って使用することができる。教える日本語を実質語（語彙）と機能語（文法）に二分して考えると、特に実質語の教育においては、学習者の能力やニーズに合わせて教材を作っていくことが必要になる。なぜなら、実質語は、機能語に比べると圧倒的に数が多く、かつ、学習者によって使用傾向が異なることが多いからである。日本語教育の、特に語彙教育から、「教師の時代」「教科書の時代」に続く次の時代が始まる可能性があるのではないか。

この本のタイトルは『語から始まる教材作り』であり、語（実質語もしく

は語彙）に関して、どのような教材をどのように作るのかということを扱っている。この本の目指すところは、学習者に個別に対応するという江戸時代の寺子屋の師匠のようなきめ細やかさと、学習指導要領に基づく教科書を使用することによってあるレベル以上の教育の質を保証するという現代の公教育の安定感とを兼ね備えた教材作成を実現することにある。

　この本では、クラスの学習者の能力やニーズにあった語彙教材の作成方法とその教材例を示している。クラス単位での教材作成が基本だが、寺子屋のように、個別の学習者に配慮したきめ細やかな教材例もある。そして、安定感のある教材を作成するためには、山内（編）（2013）『実践日本語教育スタンダード』（ひつじ書房）のような「教材作成の基になる語彙リスト」が使用されている。山内（編）（2013）には、8,110 の実質語が 100 種類の話題に分類されて収録されている。このような「教材作成の基になる語彙リスト」が、語彙教材の作成にはしばしば必要になる。

　ちなみに、この本には 16 本の論文が収録されており、その 16 本で引用されている文献数を数えてみたら、全部で 151 点であった。このうち、1 本の論文のみで引用されている文献が 139 点、2 本の論文で引用されている文献が 10 点、3 本の論文で引用されている文献が 1 点、6 本の論文で引用されている文献が 1 点であった。6 本の論文で引用されていたのは、山内（編）（2013）である。やはり、語彙教材の作成には、山内（編）（2013）のような「教材作成の基になる語彙リスト」が必要なのであろう。

　なお、3 本の論文で引用されていたのは、中俣（2014）『日本語教育のための文法コロケーションハンドブック』（くろしお出版）である。中俣（2014）は、基本的な 93 の文法項目の用法がどのような動詞と結びつきやすいのかを示したハンドブックである。この中俣（2014）も「教材作成の基になる語彙リスト」として扱われ得るものであり、そのため、3 本の論文で引用されているのであろう。

　山内（編）（2013）及び中俣（2014）を引用していない論文では、これら以外の「教材作成の基になる語彙リスト」を参照するか、あるいは、作成したい語彙教材に適した「教材作成の基になる語彙リスト」が存在しない場合には、コーパスを用いたり、言語使用場面に直接出向いて語彙調査をしたりし

て、「教材作成の基になる語彙リスト」を自ら作成している。

　寺子屋の時代においても、個別にカリキュラムを設定していたとはいえ、使用した教材は、いくつか定番のものがあったようである。たとえば、人名を読めて書けるようになるための教材『名頭 (ながしら)』、生活圏の地名を覚えるための『村名 (むらな)』『郡名 (こおりな)』、身近なお触れをまとめた『五人組条目』などで、寺子の能力が高い場合には、徒然草や万葉集などの生教材も使用したとのことである。

　教師が教材を作っていく場合には、何か拠り所となるものが必要である。特に、語彙教材の場合にはその傾向が顕著である。クラスの学習者に合った語彙を、教師が自分の頭の中からどんどんひねり出していくということは、なかなかできることではない。語彙教材の作成について言えば、やはり、「教材作成の基になる語彙リスト」が必要である。また、語彙以外の教材を作成する場合でも、やはり、何か拠り所となるものがあった方がよい。

　私は、「日本語教育スタンダード」こそが、その拠り所であるべきだと思う。また、「日本語教育スタンダード」を作るのであれば、教材・教科書作成の拠り所となり得るということが、その必要条件であろう。このように考えると、「教師の時代」「教科書の時代」の次に来るべき時代は「スタンダードの時代」であり、それが、下図のような形で、教育の歴史区分になるのではないかと思う。

【教師の時代】　⇒　【教科書の時代】　⇒　【スタンダードの時代】
　（個別化）　　　　　　（標準化）　　　　　（標準化された個別化）

　優れた教師は、学習者を1人ずつ個別に意識する。つまり、「教師の時代」の教育の特徴は「個別化」である。次に、「教科書の時代」においては、教科書の使用によって教える内容にばらつきが少なくなり、教育がある一定のレベルに保たれるという安定感が生まれる。つまり、「教科書の時代」の教育の特徴は「標準化」である。そして、その次が「スタンダードの時代」である。私が考える「スタンダードの時代」とは、「日本語教育スタンダード」を拠り所にして、それぞれの教師がそれぞれのクラス・コースに合った

あとがき | 251

教材・教科書を学期ごとに作成し、それらを用いて教える時代である。学習者の能力やニーズに合わせた教材・教科書を作成する際に、スタンダードを拠り所として使用すれば、作成される教材・教科書のレベルが安定する。「スタンダードの時代」の特徴は、「標準化された個別化」である。

　本シリーズの第1巻は『データに基づく文法シラバス』であり、そこでは文法シラバスの科学的検証にチャレンジした。現在のシラバスが、日本語学における文法研究の成果を無批判かつ無目的に取り入れたものであることについては、野田（2005）が指摘しているとおりであるが、本シリーズ第1巻の問題意識は野田（2005）の指摘と軌を一にするものである。

　しかし、何事にもいい面と悪い面がある。文法研究に密着した教科書を用いることによって、日本語教師全体が文法についてしっかり考えるようになっているのではないか。他言語の教師との客観的な比較は難しいが、私の周りにいる外国語教師たちのことを考えてみると、日本語教師が持つ日本語に関する知識は、相対的にかなり高いのではないかと思う。

　また、文法に限ったことではないが、日本語教師は研究指向が強く、日本語教育学会の会員数は、英語教師が入会するであろう全国英語教育学会や全国語学教育学会などよりもはるかに多い。さらに、日本語教師向けの講習会やセミナーがすぐに定員に達してしまい、キャンセル待ちになるというような状況に出くわすことも、決して珍しいことではない。日本語教師は、概してとても勉強家であり、努力家である。日本語学等の学問分野に明るいのみでなく、自力で教材を作成していく日本語教師も多い。逆に、自力で教材を作成したことのない日本語教師を探す方が難しいぐらいであろう。

　シリーズ最終巻となるこの本においては、実質語（語彙）に関する教材作成を扱った。本書『語から始まる教材作り』を最終巻とするこのシリーズを契機とし、日本語教育の新たな時代に進んでいくことができれば、望外の喜びである。

　なお、このシリーズ本における研究は、領域指定型共同研究プロジェクト「学習者コーパスから見た日本語習得の難易度に基づく語彙・文法シラバスの構築」、及び、日本語教育研究領域プロジェクト「日本語学習者のコミュニケーションの多角的解明」という、人間文化研究機構国立国語研究所の2

つのプロジェクトの成果の一部である。このような研究の機会を与えてくだ
さったことに対し、記して感謝の意を表したい。

引用文献

髙橋敏 (2007)『江戸の教育力』ちくま新書.

中俣尚己 (2014)『日本語教育のための文法コロケーションハンドブック』くろしお出版.

野田尚史 (2005)「コミュニケーションのための日本語教育文法の設計図」野田尚史 (編)
『コミュニケーションのための日本語教育文法』pp. 1–20, くろしお出版.

山内博之 (編)(2013)『実践日本語教育スタンダード』ひつじ書房.

執筆者紹介

*は編者、#はシリーズ監修

山内博之 (やまうち ひろゆき)*#

筑波大学大学院修士課程経営・政策科学研究科修了。経済学修士。岡山大学文学部講師、実践女子大学文学部助教授を経て、現在、実践女子大学文学部教授。著書に『[新版]ロールプレイで学ぶ中級から上級への日本語会話』(凡人社、2014)、『プロフィシェンシーから見た日本語教育文法』(ひつじ書房、2009)、『OPIの考え方に基づいた日本語教授法─話す能力を高めるために─』(ひつじ書房、2005) などがある。

小口悠紀子 (こぐち ゆきこ)

広島大学大学院教育学研究科博士課程後期修了。博士 (教育学)。現在、首都大学東京人文科学研究科助教。論文に Expressions to Describe an Unexpected event in Intermediate learners' writing: A Comparison with Oral Story Telling Tasks (*Japanese Language Education in Europe*, 22, 2018)、「上級日本語学習者の談話における「は」と「が」の知識と運用─未出か既出かによる使い分けに着目して─」(『日本語教育』166、2017)、「談話における出来事の生起と意外性をいかに表すか─中級学習者と日本語母語話者の語りの比較─」(『日本語/日本語教育研究』8、2017) などがある。

橋本直幸 (はしもと なおゆき)

東京都立大学大学院人文科学研究科博士後期課程単位取得退学。修士 (教育学)。首都大学東京助教、福岡女子大学国際文理学部講師を経て、現在、福岡女子大学国際文理学部准教授。著書・論文に『日本語教育のためのタスク別書き言葉コーパス』(共著、ひつじ書房、2014)、『実践日本語教育スタンダード』(共著、ひつじ書房、2013)、「話題から見た語彙シラバス」(『ニーズを踏まえた語彙シラバス』くろしお出版、2016) などがある。

建石 始 (たていし はじめ)

神戸市外国語大学大学院外国語学研究科博士課程単位取得退学。博士 (文学)。鹿児島県立短期大学文学科准教授、神戸女学院大学文学部准教授を経て、現在、神戸女学院大学文学部教授。著書・論文に『日本語の限定詞の機能』(日中言語文化出版社、2017)、『中国語話者のための日本語教育文法を求めて』(共編著、日中言語文化出版社、2017)、『名詞類の文法』(共編著、くろしお出版、2016)、「時を表す表現」(『コーパスから始まる例文作り』くろしお出版、2017) などがある。

田中祐輔 (たなか ゆうすけ)

早稲田大学大学院日本語教育研究科博士後期課程修了。博士 (日本語教育学)。日本学術振興会特別研究員、早稲田大学大学院日本語教育研究科助手、東洋大学国際教育センター講師を経て、現在、東洋大学国際教育センター准教授。著書・論文に『現代中国の日本語教育史』(国書刊行会、2015、第32回大平正芳記念賞特別賞受賞)、「戦後の日本語教科書における掲載語

彙選択の傾向とその要因に関する基礎的定量分析」(『日本語教育』170、2018) などがある。

岩田一成 (いわた　かずなり)*

　大阪大学大学院言語文化研究科博士後期課程修了。博士 (言語文化学)。国際交流基金日本語国際センター専任講師、広島市立大学国際学部講師、准教授を経て、現在、聖心女子大学文学部准教授。著書に『読み手に伝わる公用文：〈やさしい日本語〉の視点から』(大修館書店、2016)、『日本語教育学の歩き方―初学者のための研究ガイド―』(共著、大阪大学出版会、2014)、『日本語数量詞の諸相―数量詞は数を表すコトバか―』(くろしお出版、2013) などがある。

本多由美子 (ほんだ　ゆみこ)

　一橋大学大学院言語社会研究科修士課程修了。修士 (学術)。千駄ヶ谷日本語学校専任講師、教務主任、一橋大学大学院言語社会研究科修士課程を経て、現在、一橋大学大学院言語社会研究科博士後期課程在籍、宝塚大学非常勤講師。論文に「二字漢語における語の透明性の調査－母語話者と非漢字系日本語学習者の比較－」(『日本語／日本語教育研究』9、ココ出版、印刷中)、「二字漢語における語の透明性－コーパスを用いた語と構成漢字の分析－」(『計量国語学』31-1、2017) などがある。

栁田直美 (やなぎだ　なおみ)

　筑波大学大学院修士課程地域研究研究科修了。博士 (言語学)。吉林大学外国語学院外国人専門家、早稲田大学日本語教育研究センターインストラクター、関西学院大学日本語教育センター常勤講師、一橋大学国際教育センター講師、准教授を経て、現在、一橋大学国際教育交流センター准教授。著書に『接触場面における母語話者のコミュニケーション方略－情報やりとり方略の学習に着目して』(ココ出版、2015)、『評価を持って街に出よう』(宇佐美洋編、くろしお出版、2016) などがある。

嶋ちはる (しま　ちはる)

　ウィスコンシン大学マディソン校第二言語習得研究科博士課程修了。博士 (第二言語習得)。モナッシュ大学 、立命館アジア太平洋大学、ウィスコンシン大学マディソン校非常勤講師、グルノーブル第三大学、関西学院大学日本語教育センター常勤講師を経て、現在、国際教養大学国際教養学部助教。論文に、Co-construction of "doctorable" conditions in multilingual medical encounters: Cases from urban Japan (共 著、*Applied Linguistics Review*、5-1、2014) などがある。

中俣尚己 (なかまた　なおき)

　大阪府立大学大学院人間社会学研究科博士後期課程修了。博士 (言語文化学)。京都外国語大学嘱託研究員、実践女子大学助教を経て、現在、京都教育大学教育学部准教授。著書に『コーパスから始まる例文作り』(編著、くろしお出版、2017)、『日本語並列表現の体系』(ひつじ書房、2015)、『日本語教育のための文法コロケーションハンドブック』(くろしお出版、2014) などがある。

中石ゆうこ（なかいし ゆうこ）

　広島大学大学院教育学研究科博士後期課程修了。博士（教育学）。広島大学大学院教育学研究科研究員、日本学術振興会特別研究員を経て、現在、県立広島大学総合教育センター助教。論文に「日本語を第二言語とする児童の算数科における語彙習得の課題─3年生・4年生の日本語指導の指導記録の分析を通して─」（共著、『第二言語としての日本語の習得研究』20、第二言語習得研究会、2017）、「中間言語からみた日本語教育文法─『わかる』と『できる』の区別を通して─」（『日本語学』32-7、2013）などがある。

小西　円（こにし　まどか）

　早稲田大学大学院日本語教育研究科博士後期課程修了。博士（日本語教育学）。早稲田大学日本語教育研究センター助手、国立国語研究所日本語教育研究領域プロジェクトPDフェローを経て、現在、東京学芸大学留学生センター准教授。論文に「日本語学習者と母語話者の産出語彙の相違─I-JASの異なるタスクを用いた比較─」（『国立国語研究所論集』13、2017）、「使用傾向を記述する─伝聞の［ソウダ］を例に─」（『日本語教育のための多様なアプローチ』ひつじ書房、2011）などがある。

渡部倫子（わたなべ　ともこ）

　広島大学大学院教育学研究科博士課程後期修了。博士（教育学）。岡山大学言語教育センター准教授を経て、現在、広島大学大学院教育学研究科准教授。著書・論文に『〈CLIL日本語教育シリーズ〉日本語教師のためのCLIL（内容言語統合型学習）入門』（共著、凡人社、2018）、Japanese as a Second Language Assessment in Japan: Current Issues and Future Directions（共著、*Language Assessment Quarterly*, 14, 2017）、「読みの流暢さ測定ツールの開発─初級修了レベルの日本語テクストと内容理解問題の検討─」（共著、『ヨーロッパ日本語教育』22、ヨーロッパ日本語教師会、2017）などがある。

麻生迪子（あそう　みちこ）

　九州大学大学院比較社会文化学府博士後期課程修了。博士（比較社会文化）。韓国、又松大学校専任講師、九州大学大学院工学研究院特任助教を経て、現在、東亜大学人間科学部講師。論文に「多義語派生義理解の知識源に関する考察─韓国人日本語学習者を対象に─」（『日本語プロフィシェンシー研究』4、2016）、「多義語の意味学習を促進する処理水準の効果」（『小出記念日本語教育研究会論文集』20、2012）などがある。

畑佐由紀子（はたさ　ゆきこ）

　イリノイ大学アーバナ・シャンペーン校博士課程修了。Ph.D.（言語学）。モナシュ大学シニアレクチャラー、アイオワ大学助教授・准教授などを経て、現在、広島大学大学院教育学研究科教授。著書・論文に『日本語の習得を支援するカリキュラムの考え方』（くろしお出版、2018）、*Nakama 1 & 2: Japanese Communication, Context, Culture*, 3rd Edition（共著、Cengage Publishing, 2015, 2018）、Japanese as a Second Language Assessment in Japan: Current Issues and Future Directions（共著、*Language Assessment Quarterly*, 14, 2017）などがある。

現場に役立つ日本語教育研究 6

語から始まる教材作り

2018 年 10 月 23 日　第 1 刷発行

編者　岩田一成
監修　山内博之

発行　株式会社　くろしお出版
　　　〒102-0084　東京都千代田区二番町 4-3
　　　TEL 03-6261-2867　FAX 03-6261-2879
　　　http://www.9640.jp　kurosio@9640.jp

印刷　藤原印刷株式会社
装丁・本文デザイン　工藤亜矢子（OKAPPA DESIGN）

©2018 Kazunari IWATA, Printed in Japan
ISBN 978-4-87424-781-5 C3081

乱丁・落丁はおとりかえいたします。本書の無断転載・複製を禁じます。